②

①

③

④

①花びら餅（相澤裕明撮影）　②汁椀、飯椀、向付（久保田康夫撮影）→【第12章「和食と教養」参照】　③八寸（会席料理の一品）（佐藤洋一郎撮影）　④海外の寿司の例…パリの握り寿司（左）とサンフランシスコのカリフォルニアロール（右）（佐藤洋一郎撮影）→【第1章「外から見た和食」、第6章　「和食と魚」参照】

⑤

⑥

⑤『酒飯論』（国立国会図書館蔵）　本膳・二の膳・三の膳が描かれている。　⑥報恩講のお斎（末原達郎撮影）→【第9章「和食と宗教」参照】

⑧

⑦

⑩

⑨

⑪

⑦『豆腐百珍』（国立国会図書館蔵）⑧異なる条件の組み合わせで調理した『ふはふは豆腐』の例（野中朋美撮影）→【第3章「江戸時代から学ぶ「未来の食」」参照】　⑨こなもん分類の「茹」（うどん）（熊谷真菜撮影）　⑩こなもん分類の「焼」（お好み焼き）（熊谷真菜撮影）　⑪こなもん分類の「蒸」（蒸しパン）（熊谷真菜撮影）→【対談「コナモンは和食である」参照】

⑬

⑫

⑭

⑮

⑫くじら汁（赤嶺淳撮影）　⑬本皮と赤身の刺身（赤嶺淳撮影）→【第5章「鯨食の地域性と保守性」参照】　⑭二十四節気「大暑」をテーマにした献立（櫻井要撮影）　⑮ランチボックスタイプの給食（櫻井要撮影）→【第11章「茄子の花と食育」参照】

知っておきたい和食の文化

佐藤洋一郎〈編〉……SATO Yoichiro

勉誠出版

はじめに――佐藤洋一郎

「好きな和食はなんですか？」

　和食がちょっとしたブームだ。ユネスコが、和食文化を無形文化遺産に登録したことが大きなきっかけになっている。加えて、最近急増しつつある外国人観光客が日本での楽しみの一つに食をあげているのもおおきな理由の一つかと思われる。この原稿を執筆している今（二〇二一年春）の段階では、新型コロナウイルス感染症の世界的な大流行により海外からの訪問客はばったりと途絶えたが、それでも、これが落ち着けば訪日客がまた増えるだろうと予測される。さて、では、その和食とはいったい何なのだろうか。

　マイボイスコムという会社がインターネットを通じて、「好きな和食」についてのアンケートをとっている。それによるとトップは寿司で、八割の人が「好き」と答えた。二位は刺身（七二パーセント）で、てんぷら、うどん・蕎麦、ごはん、丼物と続く。文化庁が行ったアンケートでも、あるいはサントリーが二〇一四年におこなった結果でも、似たような傾向が見てとれる。そしてこの順位は世代を越えて変わらない。それらによるとどうやら日本人は、寿司、刺身、天ぷらが大好きなようだ。

おもしろいことに、これらはどれも単品メニューである。そして寿司、天ぷら、蕎麦、丼は、江戸生まれの食べものである。江戸生まれの食べ物にはもともとファストフードの性質があったので、現代の日本人もまた、こうしたファストフード的な、どちらかといえばカジュアルな和食が好きだといえるのではないか。

カジュアルといえば、最近はフレンチでもカジュアル・フレンチが流行っている。テーブルマナーとか、ましてドレスコードなどと言われると面倒くささが先に立つ、ということなのかもしれない。イタリアンも、日本ではカジュアルな洋食として受け入れられているから、現代の日本人は、食に関してカジュアルを好む傾向があるといってよいだろう。

消えゆく和食

このようにカジュアルになりゆく日本の食であるが、その一方で伝統的な日本の食文化が失われつつある。ここではその伝統的な日本の食文化、これを和食文化ということにするが、和食文化が失われるとなぜいけないのだろうか。本書ではこの問題を中心に考えてみる。

カジュアルの反対はフォーマルだ。最近、このフォーマルが、日常からどんどん遠ざかって行っているように思える。フォーマルというと、たとえば結婚式のようなハレの行事、あるいは葬儀や法事のような祝儀ではない行事もある。しかし今は、結婚式も簡単に済ませるケースが多いし、葬儀でさえも「家族で密葬」というケースが増えた。人口減少も加わり、これらの行事はますます減ることだろう。さらに節供や七五三などの儀礼も簡単に済ませる家庭が多くなっているようだ。過疎化により地域の祭りもずいぶん減ってきた。社会の変化の後押しをしているのが、忙しさではないかと思われる。忙しくて地域の行事になかなか行けない、法事があっても、仕事が忙しくて帰省できない、このような声を聞く。

もうひとつ指摘されているのが人間関係の希薄化だ。行事も楽しくてよいが、それに伴う人間関係に巻き込まれるのが嫌だ、面倒だ、ということで、行事に参加すること自体をためらう風潮がある。とくに、田舎を出て都会で暮らすことを覚えると、都会のドライな感覚に妙に惹かれるようになるという人もいる。いきおい、行事について回っていた行事食への回帰、行事食を食べようという願望も低下する。

このような社会の変化が、食にも大きな変化をもたらした。とにかく忙しいのが現代日本社会である。ランチはコンビニ弁当、あるいはオフィスのデスクで、パソコンをいじりながら、カップ麺をすすりサンドイッチをほおばる、などと言う人が増えてきた。

家庭でも食の「時短」が進む。外食はもとより、かつて「できあい」と呼ばれた中食が隆盛を誇っている。節供、七五三、祭などの行事につきものの料理も、最近は保健所の指導もあって多くの人に食べものをふるまうことが難しくなりつつある。このように、フォーマルな行事につきものの食が省略、あるいは簡略化されたり、あるいは新しい社会の規範やルールに沿わないかつての習慣が受け入れられにくくなってきていることも、フォーマルな食が姿を消してゆく原因の一つであると考えられよう。

東京vs京都

わたしは六十五年あまりの人生のうち、二十五年ばかりをいわゆる東日本（若狭湾と伊勢湾を結ぶ線の東側）に、残りの四十年ばかりを西日本に住んできた。二十五年のうち、東京に住んでいたのは三年ほど。そして京都には二十五年、住んでいる。東京人からみても京都人からみてもよそもののわたしであるが、よそものにしかみえないものがある。

和食とは何か、という問いに対して、東京の人が持つイメージと関西の人がもつイメージはだいぶ違う。それ以外の土地の人びともそれぞれ和食のイメージを持っていると思われるが、象徴的な意味から、よそものとして東京と京都を比べてみよう。

東京と京都それぞれの街で相手の街の評価を聞いてみよう。ちゃんとした調査をしたわけではないが、互いの街の評価は二分すると思われる。「そうだ、京都行こう」というキャンペーンがあったように、東京には京都にあこがれを持つ人が大勢いる。いっぽうで京都を一地方都市くらいにしか思っていない人も大勢いるし、あるいはなんとなく敷居が高い、威張っている、というイメージで語られることもある。

京都の人びとの東京観も、また、さまざまだ。東京に行きたい、住んでみたいという若者は大勢いる。いっぽう、とくに年配の人のなかには「東京には住みたくない」「和食だったら、やっぱり京都。東京は足元にも及ばない」と公言する人も多い。

この例はすこしおおげさにいえば一種の文化的摩擦であるが、摩擦とまではいかなくとも、和食に対する考え方は二つの街で大きく違っている。東京で和食というと、寿司、蕎麦、鰻などの名前が出てくる。いずれも、江戸時代の江戸で生まれたか発達したものだ。いっぽう京都では（京）会席、精進料理、などが上のほうに来ると思われる。つまり、東京と京都とでは、同じ和食の語がつかわれながらも、意味するものはずいぶん違っている。おそらく地域を全国に広げて考えれば、和食の意味は地域によって相当に違っているものだろう。和食の定義がしにくい理由の一つはここにあるが、いっぽうこのことが和食文化を多様なものにしているように思われる。

「コロナ禍」がもたらしたもの

さて、このような状況下で、二〇二〇年早春におきたのが新型コロナウイルスによるパンデミック（世界的な大流行）であった。発生の時期は正確にはわからないが、二〇一九年の晩秋以降というのは確かだろうと思われる。そしてそれから一年ばかりの間に、感染者の総数は八〇〇〇万人を超えた。世界総人口の一〇〇人に一人が感染している。そして死者数も一八〇万人ほどになる。これほどのパンデミックは、感染者の総数が億を超えたといわれる一九一八年～一九二〇年の「スペイン風邪」以来のことだろう。

このパンデミックが、和食というものを大きく変えつつある。和食だけが変わりつつあるというのではなく、人類の食がおおきく変わろうとしているように思われる。

第一の変化は外食の低迷だ。とくに、「ケの外食」ともいうべき、カジュアルな店や居酒屋などが大きなダメージを受けている。とくに二〇二〇年の秋以降、飲食が感染拡大の鍵を握っていそうだといわれて、外食のダメージは一層はっきりしてきた。これに対し、外食店もただ手をこまねいていたわけではない。さまざまな感染症対策を講じたり、あるいは「テイクアウト」の販路を開いたり、様々な工夫を凝らしている。それでも外食産業への逆風は収まらない。感染流行が二年、三年と続けば、倒産する店や廃業する店もさらに増え、外食文化は大きく変容するに相違ない。

第二の変化は、それに伴う内食の増加である。「ステイホーム」といわれ、家庭で調理する機会が増えた。詳細は別（「和食文化研究」第3号）に書いたが、それを負担に思う人と、料理を楽しむ人にわかれたようだ。負担に思う人びとの間では「かんたん」「時短」がいっそう重視されることになった。「和食は難しい」という評価が定着してしまった今、パスタ、ピザなど、いわゆるイタ飯、簡単洋食と呼ばれるメニューが選ばれるようになっているようだ。

第三の変化が米の消費の減退である。「ステイホーム」により家で調理する人が増えたのだから、お米の消費量は当然増えるものと思われたが、予期に反して米の消費はさらに落ち込んだ。米の消費の大きな部分が外食に依存していたのだ。学校や会社の給食、コンビニのおにぎりや弁当などが消費の大きな部分を占めていたということだろう。

こうしてみると、この感染症が和食に与えた影響のおおきさがわかる。ただしこうした変化が、もっぱら今回の感染症によって生じたわけではない。変化は、この感染症の流行以前から起き始めていた。この感染症の流行が変化を加速させたといってよいだろう。

さてこのように多様な形をもち、また日々進化しつづける和食であるが、和食とはいったいどのようなものなのだろうか。ここではたった一つの和食の姿を追究するのではなく、いろいろな和食の素顔を様々な立場の専門家に語ってもらうことにした。

本書の構成

本書では次のように章立てをした。まず、今の日本の食文化、和食文化の姿をみる。ついで、和食の今に至る歴史について触れ、次いで和食の材料に触れる。そして最後に和食文化を守るための取り組みについて考える。具体的には以下のようである。

本書の大きな特徴は、様々な専門分野の研究者たちが、自分の周囲にいる当事者たちの声を聞いてそれをまとめたものだという点である。いわば「フィールドから学ぶ和食」というところだろうか。生きた和食について触れた本――これが本書のキャッチフレーズである。
一口に「和食」といっても、その意味するところや切り口はじつにいろいろだ。和食とは何か？　という問いになかなか答えが出せないのもやむを得ない。読者の皆さんには、一読後、自分にとっての和食、和食とは何か？　という問いに対し、考えをまとめてもらいたい。

参考文献・オンラインサイト
マイボイスコム
https://myel.myvoice.jp/products/detail.php?product_id=25702（二〇二一年7月26日閲覧）

目次

和食の材料

和食の思想・宗教・教育

和食の空間・和食のいろいろ

［第1章］——外から見た和食——アイスン・ウヤル槙林

はじめに

和食とは、何だろう。日本で意識されている和食と、海外で人気になっている和食（Washoku）とはどのように違うのか。また、タイ人がイメージする和食と、アメリカ人、ウガンダ人、インドネシア人がイメージする和食はどのように違うのか。近年、海外の日本料理店や和食レストランの数がかなり増えてきている。特に和食文化が二〇一三年にユネスコ（UNESCO／United Nations Educational, Scientific, and Cultural Organization・国際連合教育化学文化機関）無形文化遺産に登録された後、さらに注目さるようになっている。海外で日本料理店や和食レストランの数が増えたことは、和食や和食文化の国際化もしくはグローバル化と言えるのであろうか。また、和食文化の国際化やグローバル化はいつから始まったのだろうか。グローバル化は、単に和食が拡大したということだけでなく、他の地域や国との相互作用についてもみておく必要がある。

本章では、上記の問題意識のもと、和食と和食文化が、日本の「外」からどのように見られてきたかについて考えてみたいと思う。そのために、一九五〇年代の高度経済成長期、すなわち日本文化が国際化した時代と、それに続いて、より国際間の文化相互作用や文化複合がすすむ八〇年代における、和食への影響について論じる。さらに、ユネスコ無形文化遺産への登録と和食のグローバル化との関連性、和食の未来についてこれから考えるべき課題を中心に考察したい。

一……和食の国際化とグローバル化について

日本で明治時代に西洋料理が紹介されたように、日本料理も同じ時代・同じルートで「外」に出て、海外で注目される料理となった。その以前にも、もちろん日本の周辺国との交流の一端として食文化の交流はあったが、日本文化および日本の食文化のいわゆる国際化は、この明治維新のころと、そして戦後の経済成長の時代に飛躍的に進んだと考えられる。

五〇年代から七〇年代までの高度経済成長期に影響で、日本は東アジアと東南アジアの重要な経済的なアクターとなった。東アジアと東南アジアの周辺国や欧米に派遣されたビジネスマンと、海外に移住した日本人コミュニティーのために、食材などが日本から運ばれることで、日本食が外で食べられるようになった。もちろん、すでに周辺国や欧米に住んでいる日本人コミュ

表1　日本の経済成長と日本の文化と国際社会の交流

	1975	1980	1985	1990	1995	2000
総人口	1.119億	1.170億	1.210億	1.236億	1.255億	1.269億
年間GDP成長率（%）*	3.09	2.81	5.23	4.89	2.74	2.78
GDPの輸出割合（%）*	12.2	13.1	13.8	10.22	8.97	10.6
在留外国人数**	-	78.2万	85万	98.4万	140万	168万
海外在留邦人数	39万	44.5万	48万	62万	72.8万	81.1万
訪日外客数***	81.1万	131万	232万	323万	334万	475万
出国日本人数***	246万	390万	494万	1099万	1529万	1781万

出所：E-Stat、2019年
注：*世界銀行、2019年／**法務省、2019年／***JNTO、2019年

ニティーの日本料理店も活躍していたけれでも、それに加えて、急速に海外市場に進出して来た日系企業の影響で、七〇年代から八〇年代にかけて日本の食文化の拡大がさらに目覚ましくなった。

そのことが**表1**のデータから確認できる。七〇年代の後半から日本のレストランチェーンや料理店が多数、海外でオープンした。

加えて、九〇年代には、「健康」ブームもあり、健康食としての日本食が注目された。日本食は栄養や脂肪バランスが良く、食器の彩りや盛り付けがエキゾティックに見えたため、特に寿司屋や寿司バーは、米国を中心に日系企業がある国々で、大人気となった。

九〇年代の前半から海外に住む日本人が増えたことは国内外で言葉、ファッションや食文化など相当の文化交流や、日常生活に関するコミュニケーションが増えたことを意味し、その結果、日本料理店の出店だけではなく、食材の流通のための商社

図1　海外からの影響を受け出現した国際性ある和食の例、ちゃんぽんとピラフ（筆者撮影）

や調理・サービスを提供する料理学校などが特に欧米を中心に増加した。

さて、ここで「国際化（Internationalization）」ということを考えてみたい。国際化とは、国と国の間の境を意識しながら、その国境を越えて「外」である海外と取引や交流などを行う行動のことである。自国の文化、伝統や規範を意識しながら、「内」と「外」とが別々の存在でお互いに交流するという価値観を持ちながら、「外」に出るということである。日本の食文化の海外への進出も和食の国際化と言えるであろう。そのことは、逆に国内の食文化の変容を加速させた。家庭での料理の方法（冷蔵庫や電子レンジの普及や、インスタント食品や冷凍食品の出現）の変化や、外食における洋食（ファミリーレストランなど）での洋風化した日本料理が、海外から輸入された食材や調理法との融合（fusion・フュージョン）などが次々登場した（図1）。

次に、「グローバル化」、つまり「グローバリゼーション」（Globalization）について見てみたいと思う。グローバル化は国際化と別の意味を持っている。ある国、地域やコミュニティーとそのボーダーを越えて世界規模で、人、モノ、金、情報、文化、アイディアや価値観などが相互に作用し変化を引き起こし、そのインパクトがローカルなところまで影響するプロセスや現象のことを言う［スティーガー二〇一三］。グローバル化の特徴は、生まれて以来所属しているその空間と時間を超えて、相手を「外」や「他者」と意識せずに、コミュニケーションと相互作用を行うことにある。こうしたグローバル化の動きは、八〇年代後半からの、人の移動と情報の共有の急速な変化によって、明確に見えるようになってきた。実は、グローバル化はただ多様な交流だけではなく、そこから新しい交流レベルを作り出し、またある交流の場からグローバルな影響を及ぼす変化が次々に生まれてくるという側面も持つ。それゆえ、グローバル化にもいくつかの段階があって、インターネットも含めて情報と人の移動量のその速度の劇的な増加によるグローバル化のことを、「現代のグローバル化」と言うこともできる［スティーガー二〇一三］。

二……グローバル化の結果としてのユネスコ無形文化遺産への登録

グローバル化が、政府側のトップダウン的な政策と新自由主義の基準で統一化された市場であろうが、インターネットと輸送手段を介した相互接続の促進による大規模な社会的混合であろうが、そこで起こる文化の変容や均質化（fluidity）は、世界の全ての地域、国やコミュニティーの中ではあたりまえに感じられるようになってきた。このグローバルな接触は、個人レベルから、国、地域の様々なレベルで行われる。日本に来る外国人や、もたらされるモノやアイディアの影響で、日本の文化も徐々に変わる。また日本から海外に出る人々、モノや情報も現地で出会うそれぞれの文化や習慣と融合し、徐々にグローバル化していく。

表2　和食と和食文化の定義

1	多様で新鮮な食材とその持ち味の尊重
2	健康的な食生活を支える栄養バランス
3	自然の美しさや季節の移ろいの表現
4	正月などの年中行事との密接な関わり

出所：MAFF、2019年

このグローバル化の中で、「外」と「内（国内）」で様々な「和食・Washoku」が見られるようになったが、その「和食・Washoku」の定義はどうなるかというと、農林水産省がユネスコ無形文化遺産に登録申請した際に定めた定義によると**表2**にあるように四つの特徴がある。

それら定義には、五感で味わうという特徴が示され、現在の和食のイメージにつながっている。また、自然と密接に関わり、食べ物だけではなく食器、配膳具、それらとの色合いなどの全体的なバランスが重要であることも示されている。

しかし、考えてみると、このような特徴は実は他の国や地域の食文化にも少なからずあるのではないだろうか。例えば、新鮮な地元の食材、自然との関わり、季節の移り変わりや特別な行事の際に作られる伝統料理といった特徴は、多くの国の伝統的な食文化のなかにもみることができる。すなわち、和食のより具体的な特徴となると、日本の農産物や水・土壌で作られる食材そのものだと指摘されることもある。また、日本人が子どもの時から味わってきた味や、その味を目的として作る食を和食とすることもある。つまり、行政や学術レベルでの定義がある一方、全国の各地域にある気候、水質、食材や、伝統的なコミュニティーや地域によって異なる和食の特徴があるのである。出身、育ち方や世代によっても和食の受け入れ方や感覚が異なることもあるだろう。

このように、定義づけは難しく、国内と海外で議論されているところであるが、日本に住んでいる外国人が見る、食べる、イメージする和食と、外国人が海外や自分の国で出会う和食のイメージも異なる。その人なりの日本での生き方と出身国の食文化からの影響や、日本でみんなが期待する食文化へのイメージによって、実際に抱く和食のイメージは変わるからである。そのような外国人がよくイメージする和食は、お米、魚料理をメインにしたおかず、汁と漬物が組み合わさった、健康的にバランスもあり、味、彩りもよく考えて調理されるものである。しかし、面

図2　披露宴の場で季節とお祝いを伝える和食（筆者撮影）

図3　金沢の里山で外国人向けに出される郷土料理（筆者撮影）

白いことに、この一般的なイメージは外国人それぞれの日本における環境によって違いがある。例えば、留学生が最初に経験する大学食堂では、おかずが多い組み合わせになる。国際結婚の場合、日本人配偶者の手作りの和食を基本的な和食だと思うようになる。海外企業の派遣社員として来日し、文化も言葉も分からないまま生活して日本的なこともわずかしか生活のなかに入らない外国人だと、コンビニのお弁当と外食が多くなることで、和食のイメージが作られる。これは海外でも同様で、だれと、どこのどんな日本料理店や寿司バーなどに、どれくらい接触してきたかによって、和食イメージは大幅に変わってくる。

このように多様なイメージを持っている和食は、どのようにユネスコ無形文化遺産に登録されたのだろうか。ユネスコ無形文化遺産の定義とそれらリストをみると、長い歴史を持ち、その国や地域の伝統や生活習慣を保持していながらも、年々伝統が失われる危機的状態にあり、保護する必要のあるものがよく登録されているようだ。世界中で、寿司バーや高級レストランで知られている和食がそのように危険的状態で保護する必要があるのかという疑問が生じる。そうではなく、国内の和食文化のイメージと和食を生かせる国民の数が次々と減っていくという状況が、すでに様々な調査で継続的に明らかにされてきたことである。

和食への意識を高めたのは、海外における状況の変化だった。すでに述べてきたように、九〇年代から世界中で人気になった日本文化と食文化のイメージが強化されてきた。食文化について世界中で「健康的で、栄養バランスのある食べ物と食べ方」という視点がもっとも注目され、日本の寿司や豆腐をスーパーまで提供するような現象が特に欧米で広まった。また、日本が国際的なイベントや大会でアクティブに活動するようになり、日本に対するグローバルな興味がより深くなった。例えば、一九九七年に京都で開催された気候変動枠組条約締約国会議（COP3）とそこで採択され二〇〇五年発効された「京都議定書」や二〇〇二年に日本と韓国で開催されたFIFAワールドカップなどだ。このようなグローバルなイベントのホストとなり、その影響で、日本の食文化もどんどん拡大し、また内容も変化して行った。米国では高級レストランで品質の高い「日本食材ブランド」が人気となり、二〇〇〇年代には高級レストランから回転寿司屋やファミリーレストランにいたるまでの幅広い範囲の飲食店が普及した。こうしたなか、海外での「和食ブーム」について和食の意味と生かし方について再確認する必要が出てきた。

ユネスコの世界遺産に加えて、口承による伝統および表現、芸能、社会的慣習、儀式及び祭礼行事、自然及び万物に関する知識および慣習、伝統工芸技術の五つの分野を保護する目的で、無形文化遺産条約が二〇〇三年に採択、二〇〇六年に発効した。日本も二〇〇四年に締約し、二〇一九年十二月時点で二十一件の無形文化遺産が登録された（**表3**）。全ての加盟国で登録されたものは五四九件（二〇一九年十二月時点）で、その中の五十四件が食、食文化と関係する事業と伝統工芸技術となっている［ユネスコ 二〇一九］。

表3　ユネスコに登録されている日本の無形文化遺産リスト

2008	能楽、人形浄瑠璃文楽、歌舞伎
2009	雅楽、小千谷縮・越後上布、秋保の田植踊、題目立、奥能登のあえのこと、チャッキラコ、早池峰神楽、大日堂舞楽、アイヌ古式舞踊
2010	結城紬、組踊
2011	壬生の花田植、佐陀神能
2012	那智の田楽
2013	和食；日本人の伝統的な食文化―正月を例として―
2014	和紙：日本の手漉和紙技術
2016	山・鉾・屋台行事
2018	来訪神：仮面・仮装の神々
推薦中	伝統建築工匠の技：木造建造物を受け継ぐための伝統技術

出所：文化庁、2019年。ユネスコ、2019年。

和食のユネスコ無形文化遺産に登録するにいたった経緯には、主に二つの要因がある。一つ目は、和食と食文化の国際化とその後のグローバル化の影響で変わってきた和食のあり方に関係する。他の食文化にもあるように、和食も国内や海外で他の文化と接触しながら変容と同時に複合が起こった。例えば、日本ではもともとなかったカリフォルニアロールのような食品が米国で創られ世界で人気のある寿司となった。また、ピラフやオムライスのように（**図1**）、外から入ってきたトマトソースなどとともに日本の米食の中に融合したものもある。日本のほうじ茶がドイツでクリスマスの時に食べるシュトーレンケーキの中に混ぜ込まれ、以前から人気の生クリームとイチゴがのるクリスマスケーキと並び、最近では人気になっている。このように変容した日本の日常生活と食文化において、日本の自然と季節および歴史を背景にした本来の和食を再確認し、グローバルなレベルでより正しい和食文化を紹介する必要が出てきた。

二つ目の要因として、日本人の生活習慣から徐々に消えていく和食文化について国民の知識や興味を引き起こし、和食とその周りにある食文化を保護し、次の世代に伝える必要性が出て来たことである。さまざまな調査やアンケートの結果、豊かで多様性を持っている和食と関連する食材、調理、食器、セッティングなどの一連の食文化が徐々消えて行く状況が明らかになってきた。すでにフランス料理、地中海料理やトルコの祭祀料理や飲み物などがユネスコ無形文化遺産に登録され、保護・普及活動も活発になったという前例もあり、日本でも京都府やNPO法人「日本料理アカデミー」などが先導して無形文化遺産登録に向けた動きが出てきた。

実は、ユネスコ無形文化遺産に登録されるまでには、ユネスコの数々の条件を満たす必要があった。それら条件は、先に述べたユネスコの五つの分野のどれかに合致すること、世界的に文化の多様性を示すこと、人類の創造性に貢献すること、すでに国内や域内で保護活動をしていること、国の無形文化遺産にも登録されていること、多くの人の同意があることである［熊倉・江原二〇一八］。和食の場合、すでに大事な文化としてとらえられ、国内で保護活動とその必要性は高まっていた。申請に関わる初めての会議が二〇一一年七月に開催され、ユネスコ無形文化遺産保護条約の制度およびこれまでに登録された食文化の前例とそれら提案までのプロセスについて分析・検討された。それぞれに条件を満たすための活動も全国に進められ、「和食：日本人の伝統的な食文化――正月を例として――」が二〇一三年十二月四日にアゼルバイジャンで開催されたユネスコ第八回政府間委員会で登録されることが決定した。

三……ユネスコ登録後の和食の更なるグローバル化

それでは、ユネスコ無形文化遺産に登録された後はどのように変わってきたのであろうか。二〇一三年の登録後に、和食は世界的なニュースにもなり、短期的と長期的に分けて、様々なインパクトとそれに対する変化があったと言われている。

まずは、ユネスコへの登録の直接的な影響として、和食とその食文化保護へ意識と意欲がより高まったことである。ユネスコに提出された提案書でもあるように、和食は、さまざまなイベントや行事で日本人のアイデンティティを再確認する重要な役割を持っている。これまですでに保護活動をしていた関係者は、国内はもとよりさらに海外で活動するようになった。また、国内でも、家庭、料理人と地域コミュニティ、団体、NPO、学校食堂と教員、料理学校の教師、工芸製作家や地域自治体の関係者など様々な人々の間で、保護と継承に関わる活動がより活発になった。実は、和食の保護と継承については、国内と海外で活動している政府や非政府的な団体が二〇一三年の登録以前にも活発的に活動していた。和食のユネスコ登録までの準備にも関わった「食文化研究推進懇談会（二〇〇五年設置）」は国内外で和食文化を紹介し、登録の進め方についてサポートする重要な役割を担った。二〇〇五年に策定された「食育基本法」と二〇〇六年に策定された「食育推進基本計画」により、学校給食において米飯中心にアレンジする和食メニューが徐々に増えるようになった。

こうした動きもあって、登録直後に農林水産省が行った調査（二十歳〜七十歳向けのインターネット調査）によると、二〇一四年一月の時点で和食のユネスコ無形文化遺産へ登録について、対象者の八一・二パーセントが知っているという結果がでた［MAFF 二〇一九］。その後、食育における和食はとくに支持されるようになり、和食文化テキストの作成、子育て中の親向けの和食文化冊子の作成、学校給食のメニューをお米中心にするような改善と支援、和食を身近に作るためのホームページの設置、地域自治体中心に行う研究会、シンポジウムや相談会の企画など、全国的な動きが大幅に広がっている。これらの活動の内容としては、食材、食べ方、作法、マナー、保存や技術について具体的な情報が提供されている。また、二〇一八年に、特に子供向けの「Let's! 和ごはんプロジェクト」も開始した。

二〇一四年には「和食の保護と継承推進検討会」も設置され、食文化と国民からの和食に対する受容について調査や研究会を行っている。登録から一年後に実施した調査では、「和食が登録されたと聞き、関心を持って和食を食べる数が増えた」という答えが全体の三四・五パーセントもあった（同上）。それぞれの活動の結果、二〇一九年の調査では、「料理を受け継ぎ、次の世代に伝えて

表4　2000年代からの経済成長と人の移動による文化交流

	2005	2010	2015	2019
総人口	1.277億	1.280億	1.270億	1.268億
年間GDP成長率(%)*	1.66	4.19	1.22	0.78(2018)
GDPの輸出割合(%)*	14	15	17.6	17.7(2017)
在留外国人数**	201万	208万	223万	282万
海外在留邦人数	101万	114万	131万	139万(2018)
訪日外客数***	672万	861万	1973万	3119万(2018)
出国日本人数***	1740万	1663万	1621万	1895万(2018)
海外にある日本食レストラン****	2.4万店(2006)	5.5万店(2013)	8.9万店	15.6万店

出所：E-Stat、2019年
注：*世界銀行、2019年／**法務省、2019年／***JNTO、2019年／****MAFF、2019年

いる割合」は四九・六パーセント（二〇一八年データ）に上がった（同上）。和食の登録まで農林水産省の元で活動した委員会などは、二〇一五年から「一般社団法人和食文化国民会議」となって、和食の保護と普及についての活動を継続している。同会議は、十一月二十四日を「和食の日」にしている。

和食文化がユネスコ無形文化遺産に登録されたことは、海外にも大きな影響を与えている。国際的に和食が正しく広がるように、国内外でシンポジウム、研究会、人材育成のセミナーや食文化フェアーなどの国際的なコミュニケーションの場が作られている。近年では、来日する観光客が二〇一五年に一九七三万人と、二〇一八年時点で三一一九万人を超えた（**表4**）。それなりに、海外に住んでいる日本人も最近一三九万人を超え、海外に出る日本人も二〇〇〇万人に近づいている。登録直後の二〇一四年にＪＥＴＲＯ関係で農林水産省が発表した調査結果

図4　メルボルン・オーストラリアにある高級日本食レストランの料理（筆者撮影）

によると、外国人が好きな海外料理一位には六六・三パーセントの割合で日本料理がある（同上）。また、農林水産省と外務省が海外における日本食レストランを調査した結果、二〇〇六年に約二万四〇〇〇店だった海外での和食レストランの数が二〇一三年に約五万五〇〇〇店に増加した。また、二〇一七年に十一万八〇〇〇店だった海外での日本食レストランは二〇一九年十二月の時点で三割増えて十五万六〇〇〇店になったと報告された（同上）。店数の国別では、中国が最も多く、次に米国、韓国、台湾とフランスと続く。もちろん、これらの料理店の料理そのものも二〇〇〇年代から、和食の特徴である健康的で、栄養バランスが良く見た目も綺麗と言われるものになってきた。高級なイメージがあり高い値段で売れるということもあって、日本人料理人だけではなく、アジア系の人が運営している日本食レストランも年々多くなってきた。いまでは、高級レストラン（**図4**）から、アジア系のフュージョン料理店やテイクアウトのスタンド（**図5**）までの幅広い形態で和食を世界中で見ることができるようになった。

図5　ウィーン・オーストリアのベトナム料理店の人気物である「Sushi-Maki」（筆者撮影）

和食を教える料理学校や寿司のような和食の特定の種類を教授する専門的な教育活動もあり、特に米国やフランスでよく見られる。時々何が和食か混乱も伴う海外において、和食を保護し、外国人の料理人を育成し、和食文化を正しく伝えるために、二〇一六年に「海外における日本料理の調理技能の認定に関するガイドライン」が作られた。二〇一九年三月の時点で合計九一三名が認定された。また、「海外における日本産食材サポーター店の認定に関するガイドライン」も作られ、二〇一九年九月の時点で合計四四四九店が認定された(同上)。店数で見ると、中国、香港、米国、タイとシンガポールの順に、小売店では香港、タイ、ベトナム、ニュージーランドと米国が並ぶ。

このように、和食の定義と和食の食習慣が海外で徐々に普及してきたことは明らかで、上記の数字をみると、海外での和食がさらに拡大し「Washoku」という言葉や多様な日本料理店の存在はグローバル社会の一つのアイテムとなってきたように思われる。実際、和食はオリジナルの日本料理だけでなく、日本で生まれた社会的慣習や食文化全体を伝えるグローバルな食文化の一つともなったと言っていいであろう。文化は、個人から地域や国レベルにいたるまで、その実践者によって実行されるあらゆる習慣と経験によって構成かつ変容する現象である。その意味で、様々なレベルの人びとがどんどん「外」に出て作用しあうことでグローバルな社会のもの／アイテムになる。事実、国際機関であるユネスコも、「和食文化」に関わる活動によって、グローバル化に重要な役割を果たしているのである。

四……和食と他のユネスコ無形文化遺産の食文化との比較

前節でも紹介したように、ユネスコ無形文化遺産には、食や食文化に関係するものが五十四件登録されている。そのリストには、伝統の表現、祭礼の行事、食料の準備とその伝統工芸技術や食習慣なども入っており、直接、食と食文化に関係するものは二十二件ある（二〇一九年十二月時点、**表5**）。

このリストを見てわかるように、食文化に関わるものは、ある国や地域をまたいで幅広く取り扱われるもの（例えばフランスの美食術や地中海食など）や、地域的に小規模で存在するもの（例えばウズベキスタンのパロブ料理など）などがあり、文化の多様性や相互交流維持しながら、その地域の伝統が活かされている食文化や習慣が認められる。世界規模で知られ、他の国や地域の食文化に影響を与えているものには、二〇一三年以前に登録されたフランスの美食術、メキシコの伝統料理、トルコのケシケキ料理と地中海の料理などがある。二〇一三年以後に登録された遺産をみると、ベルギーのビールとイタリアのナポリピッザ技術以外のものが、他の地域や国へそれほど広がっておらず、グローバル的な影響も比較的に低いと言われる。逆に、フランス料理がふるまわれる場は、出産、結婚などの社会的な行事の一部になり、フランス人の気持ちや伝統を伝える価値観に根差している。さらに、社会全体の生活基準を表するものでもあり、毎日目に見えるかたちで徐々に変化しながらフランス人のアイデンティティを守るという役割を担っている。これは、和食と日本社会との関係に一番近い食文化の類型と言える。フランスでも登録後にフランス美食術の保護と継承のために「食の遺産と文化のフランス委員会」が設置され、食育や情報の提供に力を入れながら食文化の保護活動が展開している。

表5　ユネスコに無形文化遺産リストに登録されている食と食文化

登録年	国・地域	登録した指名
2010	クロアチア	ジンジャーブレッド
2010	フランス	フランスの美食術
2010	メキシコ	メキシコの伝統料理
2011	トルコ	トルコのケシケキ(麦粥)料理
2012	トルコ	メシルマージュヌ祭
2013	トルコ	
2013	日本	和食;日本人の伝統的な食文化―正月を例として―
2013	地中海(スペイン、イタリア、ギリシャ、モロッコ、2013年に追加したキプロス、クロアチア、ポルトガル)	地中海料理
2013	グルジア	古代ジョージアの伝統的な「ケヴリ」ワイン作る方法
2013	韓国	キムジャン;キムチを作り共有する伝統
2014	ギリシャ	マスチックの栽培
2014	アルメニア	ラバシュ(伝統的なパン)
2015	北朝鮮	キムチを作る伝統
2015	ナミビア	「オシッチ・ショウゴンゴ」マルラ果物祭
2015	アラブ首長国連邦、サウジアラビア、オマーン、カタール	アラブのコーヒー
2016	アゼルバイジャン、イラン、カザフスタン、キルギスタン、トルコ	フラットブレッドの作成と文化の共有する伝統:ラバシュ、カティルマ、ジュプカ、ユフカ
2016	ウズベキスタン	パロブ(ミクスピラフ)
2016	タジキスタン	オシ パラブ(キクスピラフ)
2016	ベルギー	ビール文化
2017	マラウィ	ニシマ(お粥)料理の伝統
2017	アゼルバイジャン	ドルマ(はっぱ詰めの料理)
2017	イタリア	ナポリピッツァのシェフとその技術

出所:ユネスコ、2019年

「地中海の食習慣」は地中海全ての領域ではなく、スペイン、ギリシャ、モロッコとイタリアにあるコミュニティが共同で提案した最も限られた地域を示す登録アイテムである（二〇一三年にキプロス、クロアチアとポルトガルも加えられた）。現地の野菜、魚とオリーブオイル中心に健康でバランスよくアレンジされる地中海料理は、これらの国以外の地中海地域（トルコやイスラエルなど）でも実は存在しており、地中海の海文化、季節の変わりや人間と自然の関わりを強調する、また栄養バランスの良い食文化と言える。**図6**と**図7**は、地中海の代表的な魚料理と野菜とオリーブオイルの煮込み料理である。こうした側面からみると、和食の四つの特徴と似ているところもある。地中海料理の登録に力を入れたスペインでは関係する各省のもとで設置された「地中海ダイエット財団」が食文化の食育と保護について活動を続けている［MAFF二〇一九］。とはいえ、「地中海ダイエット」は健康的な食文化として昔から有名であり、地中海から世界中に移民した人々の影響でどんな国でも日常生活の中に巻き込まれているものである。地中海料理や食材のグローバルへのインパクトが強く、すでにグローバルな食文化のひとつになっている。

地中海の北東に位置しているトルコはヨーロッパとアジアを繋ぐ多民族および多文化性の国として、食文化の豊かさもトルコのどの地域に行っても経験することができる。この多文化性からか、トルコからユネスコ無形文化遺産に登録されたもののうち、食文化だけでも四件もあり、ほかの国よりも多い。二〇一一年にケシケキ（麦粥）をはじめとして、トルココーヒー、メシル

図6　ユネスコ無形文化遺産に登録された地中海料理の魚料理、リズボン・スペイン（筆者撮影）

図7　ユネスコ無形文化遺産に登録された地中海料理の野菜料理、キプロス（筆者撮影）

マージュヌとユフカ（他の国と一緒に登録したフラットブレッド）が登録され、世界中でもトルコの食文化がすでに見られるようになった。**図8**は、ユフカにほうれん草を入れ焼いた薄いパン（ギョスレメ）と紅茶（チャイ）である。トルコの様々な食や地中海料理は、日本の和食と違って、それぞれの地域で生活の習慣の一部となって、広い範囲で存在しながらも地域でそのまま存在しているものと言える。トルコは、地中海や西アジアのグローバル化の影響をあまり受けることなく、各地域の食習慣として作られ、ユネスコ無形文化遺産に登録されても国内での反応もさほどあまりなく、しかしすでにグローバルなアイテムとなっている例と言える。

図8　ユネスコ無形文化遺産に登録されたトルコと西アジア地域のユフカ、イズミル・トルコ（筆者撮影）

まとめ

本章では、和食とそのグローバル化について考察した。もともとあった和食は、グローバル化の流れで様々な国、地域やコミュニティーとお互いに影響をおよぼし、徐々に、日本における和食も海外における和食も変容・融合しながら、よりグローバルなものになっていった。すでに五〇年代から国際化の過程で変容していた和食が、八〇年代からグローバル化の影響を受け、さらに変容・融合した。また二〇〇〇年代には海外と国内での変化や他の食文化との接触から失われつつある伝統的な和食を見直す契機となり、ユネスコ無形文化遺産へ登録された。これで、さらにグローバル化の象徴の一つにもなった。最近の和食に対する興味や意識が徐々に高まってきたのは、こうした背景があったわけである。こうした動きは、和食以外の食や食習慣が日本の中でも進展しつづけるなか、家庭、学校食堂の関係者、料理人、食材生産者、食品製造・加工と流通の関係者や、NPO団体、コミュニティー、地域や国の行政の実践者が和食を次の世代に伝える活動の後押しをしている。「和食文化国民会議」の議長であった熊倉功夫氏は、「日本の伝統的食文化(「和食」)は、自然を尊重しながら、海外の食文化を取り入れて発達してきた。つまり、「和食」は、日本の自然・風土の中から生まれたのですが、海外からの影響なしには今日の「和食」はありません」と述べている〔熊倉二〇一八、二六頁〕。その通りであろう。現在のグローバル化の中で、「日本国内で展開する和食」としてだけでなく、「海外に出る、海外にある和食」も含む「グローバル社会の中の和食」として、国内だけではなく、海外での和食と、また和食に関わる外国人も含めながらこの和食文化の未来について考える必要があるのではないだろうか。

引用文献

熊倉功夫・江原絢子『和食とは何か　和食文化ブックレット1』（思文閣出版、二〇一八年）

スティーガー・マンフレッド、B．（櫻井公人・櫻井純理・高嶋正晴訳）『グローバリゼーション』（岩波書店、二〇一三年）

Farrer, James, 2015, *The Globalization of Asian Cuisines*, New York: Palgrave Macmillan.

世界銀行、二〇一九年（https://data.worldbank.org/indicator/NY.GDP.MKTP.KD.ZG?locations=JP　閲覧日：二〇一九年十一月二十日）

文化庁、二〇一九年（https://www.bunka.go.jp/seisaku/bunkazai/shokai/mukei_bunka_isan/　閲覧日：二〇一九年十一月一日）

法務省、二〇一九年（http://www.moj.go.jp/content/001308162.pdf　閲覧日：二〇一九年十一月二日）

ユネスコ、二〇一九年https://ich.unesco.org/en/dive?　閲覧日：二〇一九年十一月一日）

E-Stat、二〇一九年（https://www.e-stat.go.jp/　閲覧日：二〇一九年十一月二日）

ＪＮＴＯ、二〇一九年（https://www.jnto.go.jp/jpn/statistics/marketingdata_outbound.pdf　閲覧日：二〇一九年十一月二日）

ＭＡＦＦ、二〇一九年（https://www.maff.go.jp/j/keikaku/syokubunka/index.html　閲覧日：二〇一九年十一月一日）

さらに学びたい人のために

石毛直道『世界の食べもの――食の文化地理』（講談社、二〇一三年）

ヘレン・C・ブリティン（小川昭子・海輪由香子・八坂ありさ訳）『国別　世界食文化ハンドブック』

和食の空間・和食のいろいろ

（柊風舎、二〇一九年）

演習問題

1. 日本にいる外国人が食べる、見る、イメージする和食と、海外で食べる、見る、イメージする和食の違いは何か。
2. グローバル化する食や食文化は、誰のものか。
3. 和食をグローバル化する必要はあるのか。
4. 和食のグローバル化を進めているのは誰か。日本の行政、国民、商社、海外での日本料理店のどれが担っているのか。

［第2章］

東の和食、西の和食

佐藤洋一郎

はじめに

和食の語には、何となく「一つのもの」という、ものごとを中心に寄せて考えようというニュアンスが感じられる。むろんそういう面もあって、だからそれを守ろうとする人びともいる。けれども、序文でも述べたように、和食についての人びとのイメージはいろいろである。

京都に暮らしていると、「和食といえば京都」という人が周囲には大勢いる。たしかに、京都には日本を代表する和食のお店がいくつもあり、それらのいくつかはミシュランの星をもっているほど高品質のサービスを提供している。「京料理」というジャンルは、名実ともに和食の最高峰のひとつになっている。料理はいうまでもなく、お店のしつらえ、店の人たちのお客への心遣いなど、どれをとってもさすがと思う。

でも、東京に住んでいたとき、周囲の人びとが「和食といえば東京」だと言っていたのを思い出す。東京にも、もちろん、京都の店のような和食のお店はたくさんある。けれども東京には、鰻、蕎麦、天ぷら、寿司などの単品の店がずっと多かった。つまり、東京で和食というとき、それら単品の料理をさすことが多いように思われる。つまり地域地域によって、和食の中身が違っているのではないだろうか。日本の各地には、ずいぶんいろいろな和食のスタイルがある。この章では和食に使われる食材を中心にして、和食の多様性を三つの角度から見てみることにしたい。

一……和食の東西

(1) 餅、肉じゃが、そしてネギ

あなたの家では、正月の餅はどのような形をしているだろうか。丸い餅だろうか。それとも、のした餅を切った角餅だろうか。じつは餅の形にははっきりとした地域性がある。少し大雑把な言い方だが、東京を含む東日本はおおむね角餅で、関西以西の地域はほぼ丸餅である。餅の形ほどではないが列島の東西で違っているものとして、ネギが挙げられる。あなたの地域では、すき焼きに入れるネギはどのようなネギだろうか。白い部分が大きい「白ネギ」の系統だろうか。それとも、青い部分が多い「葉ネギ」の系統だろうか。

「肉といえば、何肉?」この質問に対する答えも、東西で大きく異なる。「肉じゃが」や「カ

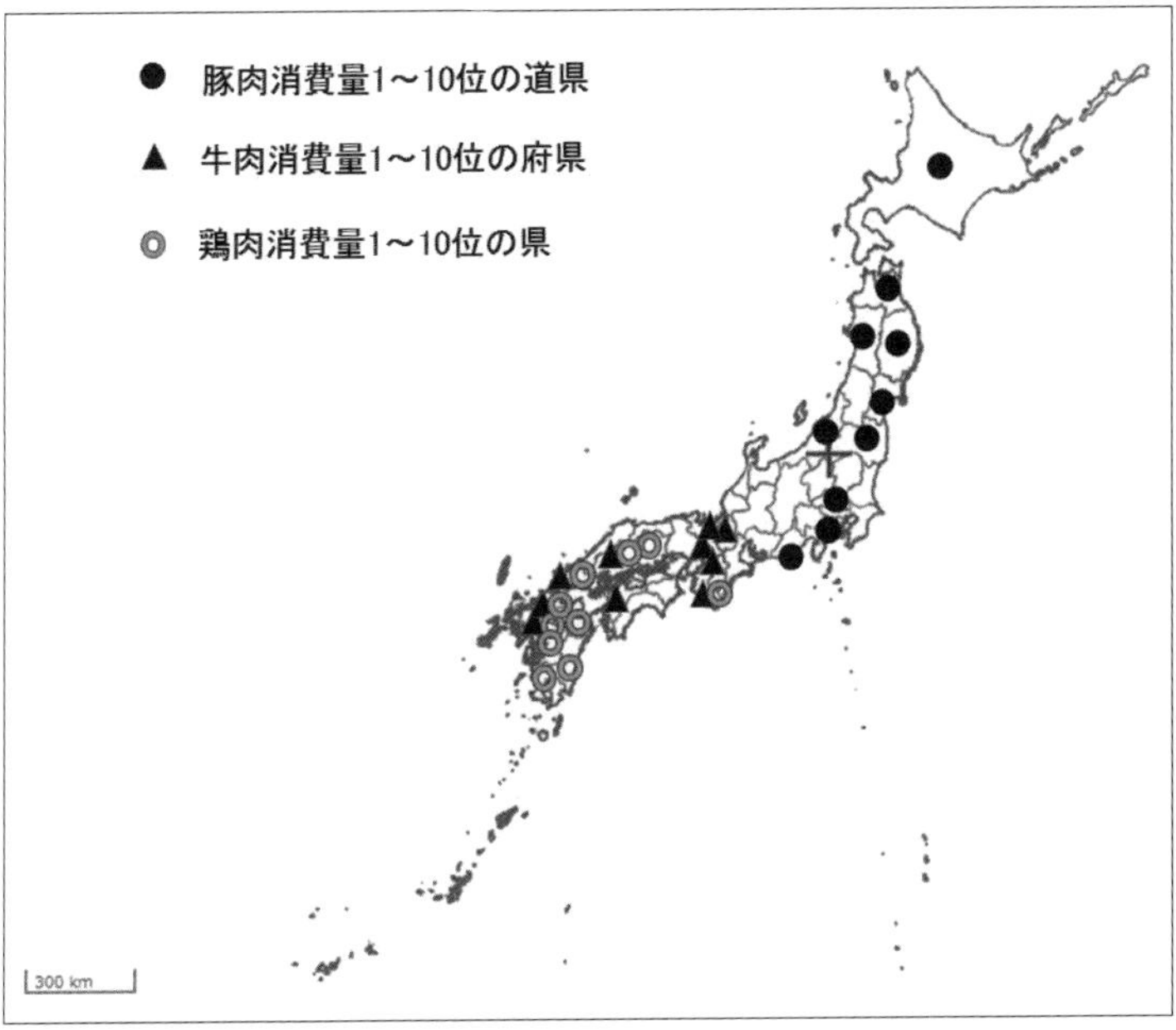

図1　牛豚鶏の県別消費量（2017年）

レー」に入れる肉を聞くと、関東や東北では「豚」という答えが多いが、関西では圧倒的に「牛」が多い。東京で、「関西では肉じゃがには牛肉を使う」と言ったところ、「それは肉じゃがではなくて牛じゃがだ」と反論されてずいぶん驚いたことがある。**図1**は、牛肉、鶏肉の県別消費の一位から十位を示したものである。図から分かるように、豚肉の消費は東日本で多く、牛肉と鶏肉の消費は西日本で多いことがわかる。ネギ、肉以外にも消費量や嗜好性が東西で異なる食材は他にもあり、日本列島全体に目を向けると、食材やメニュー、調理法や食べかたが、大きく東西二つに分かれる傾向がみられることがわかるだろう。

（2）都市の個性

質問はまだ続く。あなたの街の外食店のうち、どのようなジャンルの外食店が目につくだろうか。このような質問に対する答えに、客観的なデータを提供しているのが総務省の「家計調査」である。「家計調査」の外食の項には、四十七都道府県の県庁所在地と政令市五市を合わせた全国五十二都市の市民が八つのジャンルの外食店で、年間に一人あたりいくら外食したかを示す数字がある。これをまとめたのが**図2**である。図の縦軸は特定の品目への偏りを示す軸で、何か特定のジャンルの外食が（その都市に）あれば上にゆき、そのような特定のジャンルがない（いろいろなジャンルの外食店がまんべんなくある）都市ほど下方にゆくことを示している。横軸は外食が盛んか否かを示している。右にゆくほど外食が盛ん、左にゆくほど外食の消費が少ないことを示す。

これをみると、いくつか特徴的な都市の存在が浮かび上がる。もっとも左下に位置する長崎市は、いろいろな外食店があるが外食自体が低調だという特徴を持つ。長崎市といえば外食店が多いという印象を持つが、その多くは長崎市民のものではなく観光客のためのものということなのだろう。京都市も似た位置にある。そして長崎市同様観光客が多い。観光客向けの外食店が多い

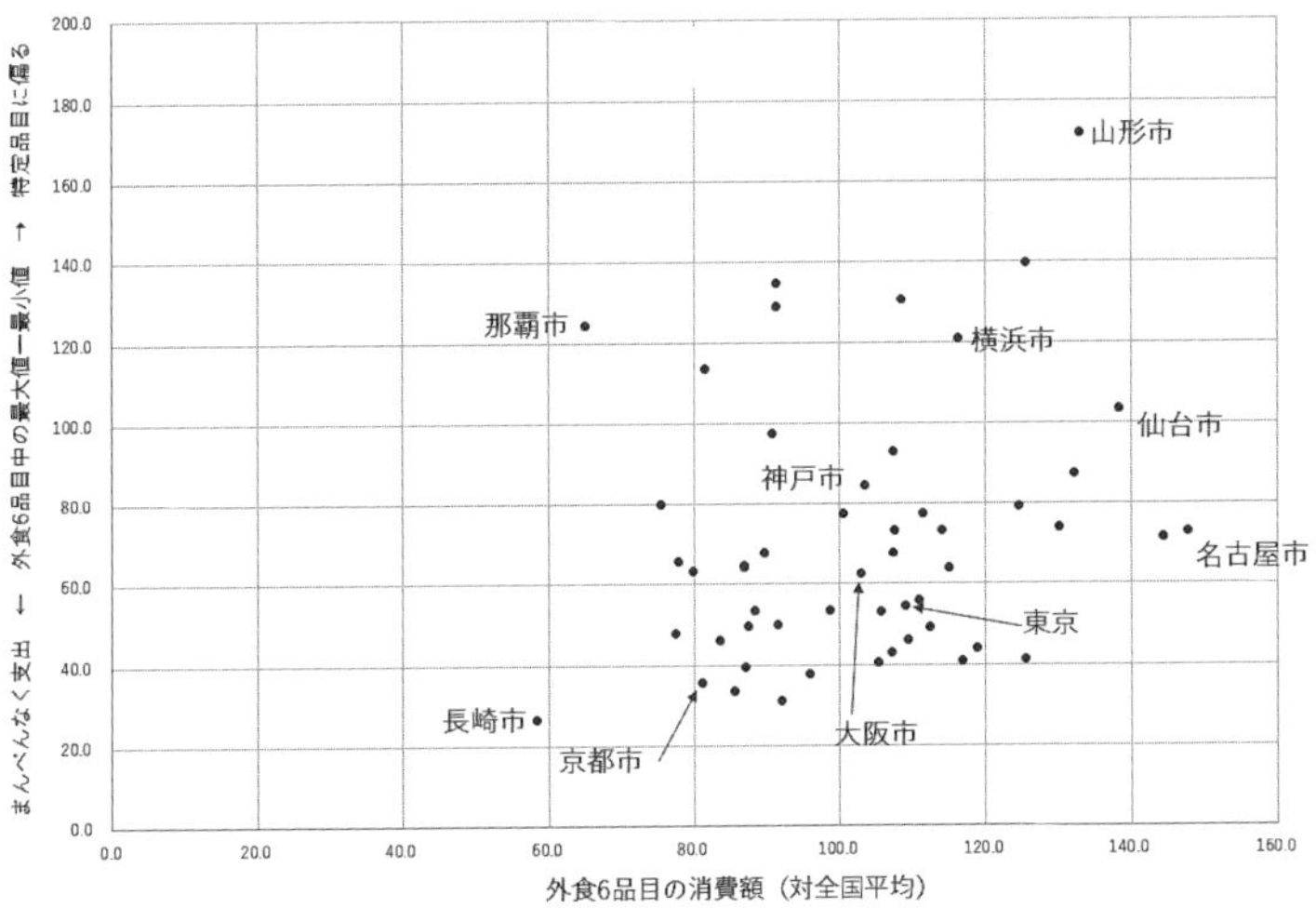

図2　政令市52都市における外食6品目（そば、ラーメン、寿司、和食、中華、洋食、焼肉、ハンバーガー）の支出額

ということなのだろう。その対極（右上）にあるのが山形市で、外食全般が盛んなうえ、突出した特定のジャンルがある。ちなみに突出しているのはラーメンである。東北地方の県庁所在地は山形市と似たパターンを示す街が多い。右下に来るのは、外食全体が盛んで、かつさまざまなジャンルの外食店が多い地である。名古屋市がこれに比較的近い位置にいる街である。最後に、左上にくるのが外食は低調ながらある特定のジャンルに偏る街である。那覇市がそれに該当する。この「特定のジャンル」はハンバーガーである。

このデータを使ってさらに分析を進めよう。**図3**は、この五十二都市からいくつかの都市を選び、レーダーチャートに

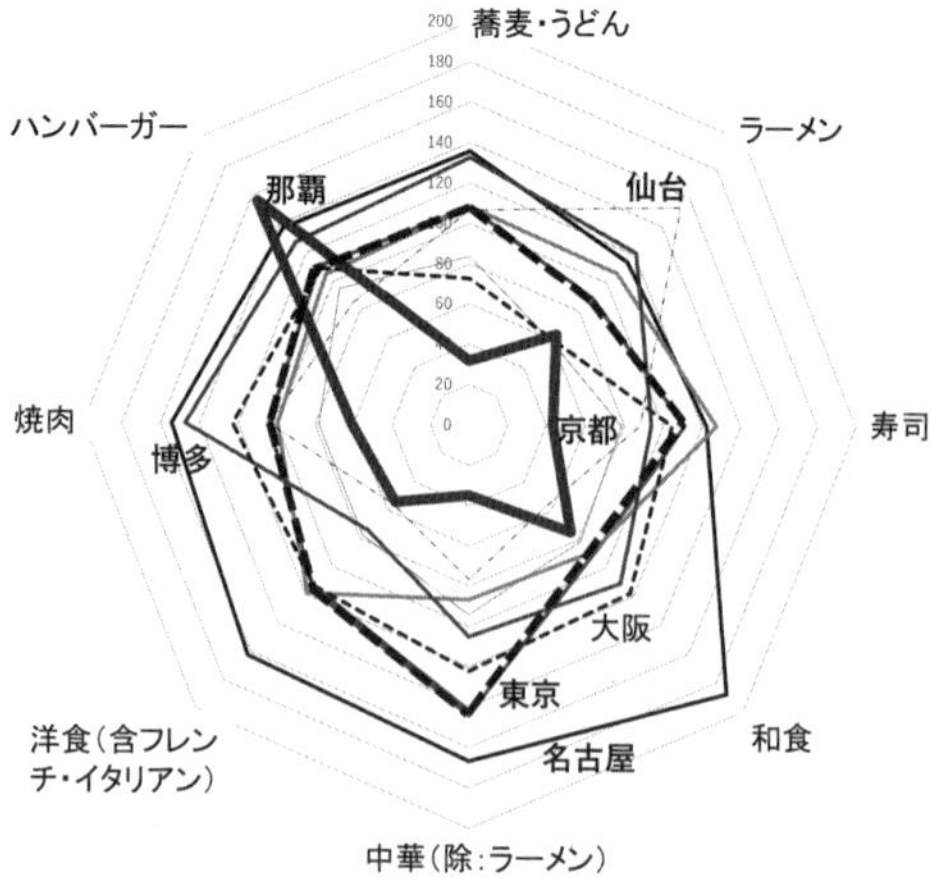

図3　7都市における8種の外食ジャンルのレーダーチャート

まとめたものである。選んだ都市は、仙台、東京、名古屋、京都、大阪、博多、那覇の七都市である。図の見方は、レーダーチャートが作る八角形の大きさが大きければ外食が盛んであることを示し、またこの八角形が円に近い形をしていればジャンルごとの偏りが小さい（まんべんなくいろいろな外食店がある）ことを示す。

まず目につくのは名古屋市で、ハンバーガーとラーメン以外の六品目で、全国トップかそれに肉薄するほど支出額が多い。先の**図2**で見たとおり、名古屋市が外食の街といってよいことがわかる。反対に、那覇市は八角形の大きさが小さく全般に外食は盛んでないが、例外はハンバーガーで、五十二都市中最も支出額が多くなっている。これを反映して八角形の形が正八角形から大きく崩れている。同じく八角形の形が崩れているのは仙台市で、先のように山形市同様ラーメンが突出している。

同じひずんだ八角形でも、大阪市と福岡市の場合は、どれかが突出しているのではなくて、どれかが大きくへこんでいる（出費額が小さい）。そして、へこんでいるジャンルは、大阪市ではラーメン、福岡市では洋食である。ラーメンはいわば「粉もの」の一ジャンルである。そして大阪市は、後に書く「粉もの」の中心都市なのだが、その大阪でラーメンへの支出額が少ないということは、粉ものの中に、ラーメンvs他の粉もの、という対比があることを示しているかのようである。

残りの京都市と東京都では、八角形は比較的円形に近く、これら二都市では様々なジャンルの外食が比較的均等に食べられていることがわかる。ただし、東京都の消費額はあらゆるジャンルで京都市のそれを上回っている。それにすっぽりとはまっている。繰り返しになるが、京都市の外食店は、京都市民ではなく観光客などによって支えられていることがよくわかる。

日本列島の食は均一化が進みつつあると指摘されているが、――そしてそれは事実ではあるが――そのパターンは都市間でずいぶんと異なることがわかる。

二……海・里・山

(1) 海と里と山

和食文化の多様性を考えるとき、もうひとつ大きな違いをもたらすのが海、里、山の違いである。日本のばあい、海といっても人間の生活圏は海に面した陸地とその周辺の海であって、大海の真ん中は含まれない。その意味では、ここでいう「海」とは「なぎさ」や磯くらいの位置づけだろう。大海原の水平線の向こうは、日本の文化の中では一部を除いて異界、つまり想像力の及ばないあの世だった。

海で暮らすとは、この「なぎさ」や磯の生きものを食べることである。食材の中心は歴史的にも海や川の魚介、海藻、陸域の水生生物などが中心であった。エネルギーのもととなる糖質は不足しがちで、それらは、米、イモなどの作物として、里に住む人びとから譲り受けていた。

現代日本に暮らす私たちは、海というものを「シーフロント」「ベイエリア」などの感覚でとらえがちだ。地方にいる人でも、海を、夜景のきれいな東京や横浜のそうした場所をイメージすることだろう。けれども以前は、海と陸の境界は、磯や砂浜、あるいは砂州や潟湖《せきこ》などが複雑に入り込むところであった。干潟もそうしたところの一つである。そして陸と海の境目である汀線《ていせん》は潮の干満で大きく動いた。けれども戦後特に東日本大震災以後は、海は陸からコンクリートの護岸ではっきり区別され、人間生活が海から隔離されるようになりつつある。

いっぽう、里や山の人びとは、タンパク質や脂質の確保に困っていた。とくに里に暮らす人びとは米作りを半ば強制されてきたためにタンパク質や脂質のもとになる動物性の食材は十分ではなかった。山に住む人びともそうで、米は十分に作れず、また動物性の食材にもこと欠いた。シカ、イノシシ、クマなどの野生動物はいたが、とくに里の人びとにはそれらを捕獲する時間も装置もじゅうぶんではなかったことだろう。牛や馬などの家畜もいたが、それらはもっぱら農耕馬であり食用ではなかった。そこに肉食に対するタブーが加わり、食用に家畜を飼うという習慣は根づかなかったのだろう。

里と山の人びとがさらに困っていたのが「塩」である。日本には岩塩がないので、塩は海の塩に頼らざるを得ない。海からは遠い里や山に暮らす人には、塩の入手が一大事であった。縄文時代頃にはすでに塩の運搬法が「藻塩」という形で成立していたといわれる。海藻を焼いてその灰を運ぶのだが、その際食塩などの塩類が灰に含まれるので、その灰を内陸に運んだのが藻塩とされている。山梨県には「煮貝」という食品があるが、これはアワビを醤油で煮て作った食品である。貝のタンパク質を煮ることによって保存しつつ、かつ塩とともに内陸に運んだものであろう。

魚に塩をして運ぶ技術は各地にあった。大阪や京都のサバ寿司（ただし大阪では「ばってら」ともいう）は、日本海側でとれた鯖に軽く塩をして京都や大阪に運び、そこで姿寿司に加工したものである。明治初期に東北地方を旅したイギリスの女性イザベラ・バードが書き記した『日本奥地紀行』によると、当時の東北地方の農村の人びとの食は、「米、粟、塩魚、大根」で支えられていたという。ここでもやはり魚は塩魚である。魚のタンパク質と塩を一緒に運んだのだろう。

(2) 海と陸域はつながっている

ここまでの説明のように、海の食と陸域、つまり山と里の食は大きく違いつつも相互に補完しあってきた。それればかりではない。海の食を支えてきたのは陸域の資源である。日本の里域の水田や畑から川を伝わって沿岸に流れ込んだミネラルなどが栄養塩としてプランクトンを育てる。そのプランクトンが小型の魚種や貝類などを育てる。それが中型の魚を育て、その中型の魚種を求めてさらにマグロなどの回遊魚を含む大型の魚種がやってくる。中型の魚種には、サバ、アジ、イワシなどが含まれ、日本の近海を回遊するものがおおい。そしてマグロなど大型魚種は中型の魚種を追って、さらに広い範囲を回遊している。それなので、淡水魚から海の魚にいたるまでの魚の資源量は、里における農業はじめ人間活動に依存している、ともいえる。

海のミネラルの一部は海底火山など、海域で供給される。しかし沿岸部ではミネラルを運ぶのは川なので、川の健全さが魚の資源量に影響を及ぼしていることは間違いがない。そして、川の健全さを支えるのは森と里の健全さである。日本では、森は山のものだから、森の健全さは山の健全さによっているということができる。加えて今のように里域の農業が衰退すれば、里のミネラルの減少が海の資源量の低下をもたらすことだろう。そして里のミネラのなかには、人間の排せつ物が含まれることはもちろんである。

逆に言うと、次のようになるだろう。山が荒れ、森が荒れれば、川は健全でなくなる。里の農業が衰退すればミネラルの供給が悪くなる。そして、山の荒廃、里の荒廃は、海の資源の停滞を招くだろう。

三……都市と農村

イソップ寓話に出てくる「田舎のネズミと町のネズミ」という話をご存じだろうか。町のネズミに招待された田舎のネズミが食べものの旨さに驚きつつも人間との緊張関係に嫌気がさして早々と田舎に帰る、という物語である。日本でも、意外なことに、食文化には都市と農村の間で大きな違いがあることがわかる。とくに近世以降、江戸や大坂などの大都市の出現は、「都市と農村」という明確な対比を生み出した。

その最大の要素は米である。米は戦国時代には軍事物資としての地位を固めていたが、江戸時代に入ると平和が訪れ、「米本位制」の導入に伴って今度は貨幣としての地位を与えられるようになった。米がとれる地域では米が、米が十分にとれない地域では地域の産品が米に換算され、税として納められた。多くの藩は年貢で集めた米を江戸、大坂などに米を運んで換金したから、大都市には多量の米が集まった。

江戸では、十七世紀後半には、市民一人当たり平均して一日五合（約七五〇グラム）の米を食べていたようだ。京でも平均三合（約四五〇グラム）の米を食べていたらしい。しかもこの時期には精米の技術が発達したから、都市民たちは白米を食べていた。だから、江戸市内では脚気《かっけ》が流行っていた。白米偏重によるビタミンB1不足が原因で起きる病気である。

集められた米の一部は酒にもなった。酒は個人で醸されていた。だから酒造りの記録は残されてこなかったが、京都では室町時代にはすでに専門の酒造業者ができていたといわれる。発酵の専門業界の早い時代からの創設が、日本を世界に誇る発酵技術の国にしたともいわれている。

農村ではどうだったのだろう。農村でも米がまったく食べられなかったわけではない。ただし地域による違いがおおきかったと考えられる。先にあげたイザベラ・バードの記録でも、新潟平野などでは、人びとは結構米を食べていたが、新潟県北部から山形県南部にいたる山村では米はなく代わりにアワが食べられていたとある。だから、同じ農村でも東北地方などでは米は貴重品だったのだろうと思われる。

米が比較的豊富だった西日本でも、農村では「白い飯」は盆や正月にしか食べられなかったのだろうと思われる。おそらく米は臼で搗いただけの「あらごめ」といわれる米、玄米と白米の中間的な状態の米や、あるいは未熟米など品質の低い米であった。米がとれる藩では、財政を支えたのは米を売って得たお金である。藩の米の評判が上がれば売価もあがり、藩の財政は潤う。江戸に運ぶ米の品質を高めるために、藩は農村に対して米の調整を厳密にするように命じていた。年貢割合として決められていた規定量の米を機械的に俵詰めして年貢として差し出すことは許されなかった。屑米や未熟米など商品価値の低い米粒の始末は、生産者に押し付けられたのだ。

農村の人びとは米だけを炊いて食べるのではなく、アワなどほかの雑穀やイモなどを混ぜて炊いた「糧めし」を食べていたようだ。つまり、西日本では、農村の人びとは、米が食べられなかったのではなく、白い米が食べられなかったのである。

大都市には、米以外の食材についても専門の市場ができて、周辺部からの食材が集められた。市場の規模は都市の人口規模に応じていただろうが、大規模な市場にはより遠方からの商品も届くことになる。それにつれ、集まる食材は多様化したことだろう。天下の台所といわれた大坂（当時は大坂と書いた）には、文字通り日本中から多様な食材が集まった。東北地方の米を大阪に運ぶために江戸時代初めに開設された「北前航路」は、その最終寄港地大阪に、日本海側の各地の産品を届ける役割を果たした。同時に、大阪や京都の文化を日本海側の各地に届け、遠隔交流を活発にさせることになった。

京都は、一二〇〇年余りにわたり都がおかれ、天皇や貴族が活動した地である。しかし京都自身は、それほど豊かな食材をもっている土地ではなかった。江戸や大坂と違い海に面しておらず、とくに魚を中心とした食料の確保には難があった。幸いに琵琶湖が近くにあり、淡水魚種の入手は比較的容易だった。また、大坂からは淀川を介して、また、日本海側の敦賀、小浜、宮津などから、北前航路の沿岸で水揚げされた昆布やニシン、サバなどが、いわゆる「鯖街道」を介して届けられた。京都の和食は使われる食材の豊富さの点で群を抜いているが、その豊かさのもとにはこのような高度な流通システムの存在があった。

前項では都市と農村という対比をしたが、同じ都市でも、都市による違いは歴然としている。

(1) 江戸と関西

江戸時代、江戸（東京）と上方（京、大坂、あるいは関西）の違いは極めて大きい。一例をあげれば、一日のうちいつご飯を炊くかが違っていた。具体的には江戸では朝に、上方では昼に炊飯した。上方の人びとは、朝食時に茶漬けを好んで食べたというが、前日昼に炊いた飯は、翌朝、茶漬けにでもしなければ食べられなかったのだろう。

米について書くなら、もうひとつ、江戸の米市場と大阪（堂島米市場）とでは流通する米粒の大きさに一〇パーセントもの開きがあった。関西の人びとは大粒の米を好んだといわれる。それもそのはずだった。十八世紀末から十九世紀中盤にかけて、西日本各地には大粒の新品種が相次いで登場している。そしてその一部は、今でも清酒用の米として細々とではあるが栽培されている。

粉ものは日本では大阪とその周辺に多い食品で、何やらこちらの方が特殊にもみえるが、全世界的にみると、穀類は、粉に挽いてから加工して食べられるケースが圧倒的に多い。世界三大穀類であるトウモロコシ、米、小麦だけをみても、トウモロコシと小麦のほとんどは粉にしてから調理される。米も、全世界的にみると粉食のウエイトが高い。日本でも、先に書いた商品価値の低い米粒や米蔵に貯蔵中に壊れてしまった砕米などの処理もあって、米粉の調理法は意外に多い。米粉を含む、米の料理法の一部を**図4**にまとめておいた。

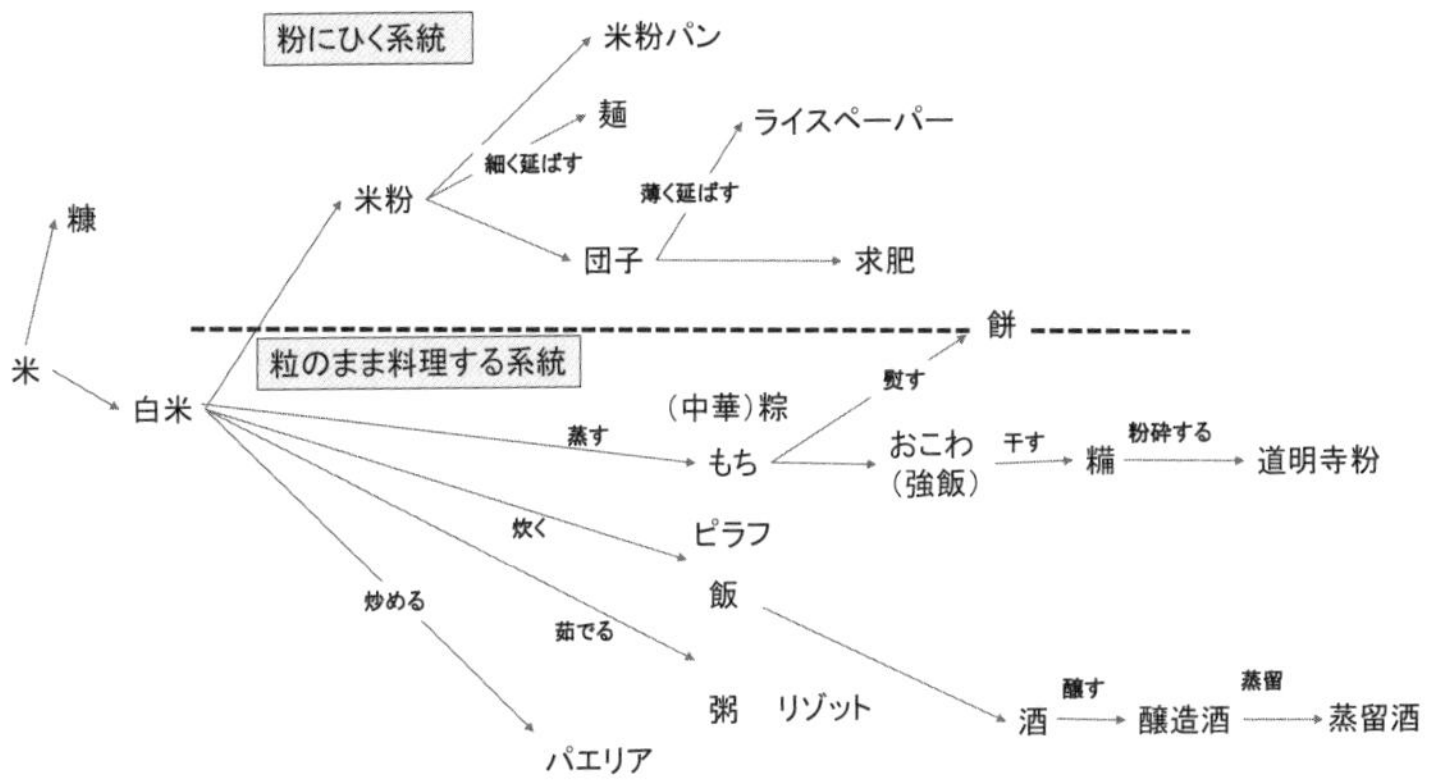

図4　米を使った料理の系列

さて、大阪周辺の粉ものである。

（2）粉ものを考える

「コナモン」は、「粉もの」の語がなまって「コナモン」になったのだと思われるが、コナモンもまた、和食の一部としてよいように思われる。コナモンのざっとした定義としては、「マメ類を含む穀類をこなにしたものを調理した食品」ということになるが、日本全国に多様なコナモンの存在が古くから知られている。多様な和食の一部としての関西地方のコナモンについて、次の対談で「日本コナモン協会」の熊谷真菜会長にうかがった。なお、「コナモン」という語が「粉もの」に代わって登場するが、その理由は対談の中身を読んでもらいたい。

おわりに

粉ものは、大阪付近を中心とする土地で発達した小麦を中心とする粉食のひとつである。人類の穀類の摂取の方法は大きく、粒食と粉食に分けられる。米は粒でも粉でも食べられるが、小麦はほとんどが粉にして食べられる。ここで取り上げた粉ものは、まさに粉食文化のひとつである。粉ものが、和食の文化の世界を大きく広げている。和食というと「一汁三菜」などのメニューやその歴史的な経緯などに重きを置いた議論が多いが、ここでとりあげた「粉もの」も和食の一ジャンルとして捉えてみたい。そうすれば、最近注目を集めたるご当地グルメの位置づけもおのずとはっきりしてくると思う。

さらに学びたい人のために

佐藤洋一郎『米の日本史』(中央公論新社、二〇一九年)
宮本常一『塩の道』(講談社学術文庫、一九八五年)
総務省家計調査 (https://www.stat.go.jp/data/kakei/index.html)

演習問題

1. 日本列島の東西で異なる食文化や食材の例をあげてみよう。
2. このような東西差はどのような要因によってできたものと考えられるか。

対談

佐藤洋一郎×熊谷真菜――「コナモンは和食である」

熊谷　まず、「日本コナモン協会」について紹介します。協会は二〇〇三年五月に発足した民間道楽団体（二〇一八年十五周年を機に一般社団法人化）です。全国の食関係の団体やキーパーソンとネットワークし、コナモンの魅力を、おいしく、楽しく、健やかに探究してゆくのが目的です。コナモンの歴史を紐解いたり、郷土料理のすばらしさを発掘、名店を訪ね歩いて店主のお話を伺い、いま世界が注目するコナモン文化の五十年後、一〇〇年後の食文化の行方を見守ってゆきたいと思っています。

佐藤　コナモンの定義はあるのでしょうか？

熊谷　穀類豆類などを粉にした食材でつくった食品や食文化をコナモンと考えています。コナモンを調理法別に「茹で」「蒸し」「焼き」「揚げ」の四つに分類しています（図1）。「茹で」には麺類や点心が、「蒸し」には麺、豚まん、蒸しパンなどが、そして「焼き」には窯焼き系のパン、ピッツァ、鉄板系のお好み焼き、たこ焼き、焼きそば、さらに「揚げ」には天ぷら、から揚げ、ドーナツなどが含まれます（図2・口絵⑨〜⑪）。しかし

コナモン分類学（代表的なメニュー）

茹　・中華麺類 ・蕎麦 ・点心 ・パスタ ・ニョッキ ・すいとん ・ペリメニ ・フォー ・ほうとう ・タピオカ ・葛切り

蒸　・麺類 ・豚まん ・小籠包 ・点心 ・おやき ・クスクス ・カオクリアップパークモー ・蒸しパン ・和菓子

焼　・パン ・ピッツァ ・パイ ・クッキー ・ナン ・ドーサ ・ロティ ・トルティーヤ ・点心 ・チヂミ ・お好み焼 ・たこ焼 ・焼そば ・パンケーキ ・どらやき

揚　・天ぷら ・からあげ ・カツ ・フライ ・コロッケ ・油條 ・点心 ・ゼッポリーネ ・チュロ ・揚げパン ・ピロシキ ・ドーナツ

図1　調理別によるコナモンの分類

これらは便宜的な分け方で、茹でてから焼いたり、焼きながら蒸すなど、調理法は複雑です。協会を立ち上げた時、相談役の石毛直道先生に伺ってみたのですが「コナモンは楽しみの食です。学会でもないのだし、活動してゆくうちに形が決まってくるでしょう」と指導いただき、気持ちが楽になりました。

佐藤　コナモンという言い方には大阪の、というか、関西独特のニュアンスがありますね。どこか、「パチモン」というか、主流ではない、みたいな、どこかハスに構えたようなところがあって、わたしは好きですけど。

熊谷　でも「コナモン」は大阪弁ではないんですよ。全国に「米どころ」があるように「粉どころ」がありまして、そのエリアでは「粉物」を「コナモン」と撥音便で使っています。発音しやすいように「モノ⬇モン」なんですね。日本にとってコナモンの故郷は中国になりますが、漢代に小麦粉を示す「麺」、小麦

焼（お好み焼き）

蒸（花巻）

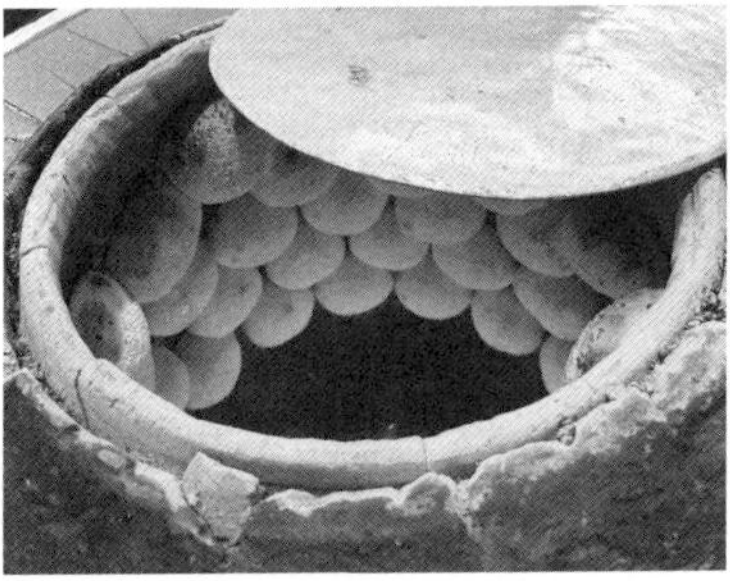

焼（竈の胡椒餅）

蒸（蒸しパン）

揚（唐揚げ）

茹（うどん）

図2　コナモンの分類と代表的なメニュー（熊谷真菜撮影）

粉をこねて作った食品を示す「餅」[1]が現れ、それまでは中国も粒食が主流だったようです。ところが日本語での「麵」「餅」は中国とは異なる訳なので、文化の伝播において勘違いされたまま言葉が定着するという現象があるようです。

また「粉もん処が、目に入らぬか！」というキャッチフレーズは、設立十周年に「水戸黄門」のパロディでポスターを作ったときから愛用しています。「この紋どころ」→「コナモンどころ」という一文字違いのダジャレなんですが、額に入れて飾る飲食店も各地にあるほど人気です。(笑)。

佐藤　うん、さすがはダジャレの街ですね。熊谷さんご自身はなぜ、コナモンの研究をするようになったのでしょう？

熊谷　子どものころから「たこ焼き」に関心があって、大学三回生から研究をスタートしました。当時、食をテーマにするのはあり得ない時代でしたので教授の評判はさんざんで、卒論も「ルポルタージュ崩れ」とか言われて。フィールドワークで店主に取材をお願いしても相手にしてもらえなかったり、と険しい道のりでした。が、誰もしない研究を続ければ第一人者になれる、という研究者仲間の励ましもあり続けられました。そのかいあって一九九三年には初の研究書『たこやき』を出版し、ＮＨＫニュースでも取り上げて頂くことができました(**図3**)。

佐藤　ところで、コナモンはなぜ、大阪はじめ関西の食文化になったのでしょうね。和食文化というと「米」が重要な役割を果たしてきましたが、大阪はちょっと特異なところがありますね。大阪には堂島米市場があって文字通り日本の米市場の中心地でした。だから米への理解が一番進んでいた土地だと思うのですが、いっぽうでは米はいくらでもあったからそれを特殊なものとみなしていなかったのではないかという南直人さんや末原徹郎さんの解釈もあって、面白いところだと思います。

図3　10年のフィールドワークで完成した『たこやき』初版と文庫版（熊谷真菜撮影）

熊谷　そうかもしれません。日本人にとって米粒の価値は特別なものですが、さまざまな穀物は粉にすることで自由度があがります。ほかの食材と変幻自在に使っても許される合わせ技が新しい美味しさを生み出すことに、天下の台所の人々は早くから気づいていたのではないでしょ

図4　タルトポム（熊谷真菜撮影）

うか。

　また江戸時代の大坂は「だし文化」が醸成されました。北前船[2]が運んだ昆布をベースに鯖節、煮干しなど複合的なうまみを出しています。それまでのうどんは、味噌や梅干しをあえて食べていましたが、おだしたっぷりのだしを味わうスタイルは十八世紀後半、大坂で確立されたと考えています。

　また明治期に宇佐美要太郎が考案したとされる「きつねうどん」は、手もみの麺に甘く煮た揚げを載せたもので、揚げの甘味がうどんのおつゆに移り、食べ進む間にだしの味わいに変化があります。麺、だし、お揚げの三位一体で味わう、複合的な美味しさを演出できた一杯だったからこそ、今ではビーガン[3]も好むUDONカテゴリーの定番メニューになったのだと思います。

佐藤　うまいものに貪欲、というようなことはあるでしょうか。かつて「くいだおれ」という店をやっていた会社の柿木央久さん（本書コラム「関西のパン事情」執筆）は、大阪はうまいものに対する追究が半端ではない街だ、というようなことを言っていますが、そうなのでしょうか？

熊谷　その通りですね。関東とは異なる、江戸時代からの食都ならではの、客と店主との切磋琢磨が、世界も注目する味覚文化を発展させたと思います。二〇一三年十二月に「和食文化」がユネスコの無形文化遺産に登録され(4)ました。麵類はだしによって完成されましたし、たこ焼きやお好み焼きの生地はだしで溶きます。そして焼き上がりにはだしのきいたソースや節類、青のりをかけて、香りと味わいのハーモニーを楽しみます。また美味しさのキーワードともいえる食感に注目すると、外はカリッ、中はトローリ、タコのプリッの三つの食感「カリトロ」がたこ焼きの魅力であることをお伝えしてきました。だし（UMAMI）を基本にした複合的な食感を持つジャパニーズコナモンは今後さらに注目されることでしょう。

佐藤　いま、おいしさ、つまり味覚の面からのお話が聞けましたが、他にまだ、大阪という町がもつ社会的な要素もあるように思います。例えば同じ関西でも、京都には天皇を頂点とする貴族社会がありましたが、大坂はどちらかというと商人の街、庶民の街という性格があったように思います。それがカジュアルというか、らくちんな文化を生んだというような。

熊谷　建前より本音、合理的な感覚は強いと思います。奥の厨房から長い廊下をわたって運び入れて冷めても美味しい料理ではなく、「カウンター割烹」のように目の前で食材の鮮度も客が確認しながら、料理人との会話も味わいのうちと考える大阪スタイル。すでに世界もオープンキッチンの流れが主流でして、鉄板一枚を置いて調理を見せる大阪スタイルは当たり前になっています。そもそも屋台文化はその先駆けといえますね。

佐藤　「一汁三菜」というような決めごとというか形式が希薄だ、という点も指摘できますね。大阪や関西で特徴的なメニューに「うどん定食」というのがありますが、あれは「一汁一菜」あるいは「一汁二菜」だとわたしは思います。ごはんとうどんと、漬物とかだし巻き卵がついたもの。自由なのですね。ところで、世界はコナモンをどう見ていますか？　粉を食べる文化は世界的にはむしろ主流で、米のように粒のまま穀類を食べる食文化はむしろ特殊です。日本でも、縄文時代までは粉食文化だったわけで、その意味からもコナモンを受け入れる素地はあったと思います。

熊谷　そうなんです！　海外ではコナモンが主流ですからG20(5)のときも大阪のコナモンは大きな話題になりました。ロンドンの知人のお好み焼店主によれば、これまでは東京や京都に行きたいという人が多かったけど、ここ数年は大阪にお好み焼きを食べにいきたい、という人が増えているそうです。一九四八年日本生まれのお好み焼きソースは「ジャパニーズソース」として好む人が多いのも嬉しいです。

NYでは、RAMENのサイドメニューに唐揚げ、たこ焼きが人気ですし、UDONもじわじわと勢いをみせています。北京では日式拉麺コンテストが開催され、鉄板系コナモンへの関心も高まっています。世界にはパン、パスタ、ピッツァが広がっていますが、これからは麺類と鉄板系、加えて点心系の餃子、豚まん、小籠包もその技とスタイルが定着していくはずです。ニューヨークのストリートで開催される「KONAMON Festival」二〇一九年の第三回目では、大阪の人気店主らで開発した「道頓堀やきそば」を現地の店が提供して話題になりました（図5）。「だしツッコミ！」とだしをふくませて焼き上げる

図5　ニューヨークの「KONAMON　Festival」（2019年）（熊谷真菜撮影）

もっちり食感の麺がだしのきいた道頓堀ソースとからんで好評でした。このように食感豊かな日本のコナモン、和食のアイドル?ともいえるコナモンが、今後どんな展開をみせてくれるのかワクワクします。

佐藤　これからもコナモンが広がってゆくことでしょうね。ありがとうございました。

注

（1）餅：小麦粉を水に溶いてこねたもの。これを発酵させたりして焼いたり、薄く延ばしてピザ台のようにしたり、あるいは切る、引っ張るなどして細いひも状にして麺にするなど、さまざまなコムギ料理のもとになる。

（2）北前船：江戸時代に、幕府によって開かれた日本海航路。またはこの航路で使われた船のこと。東北地方の日本海側や北陸地方と関西の間でモノや文化の支え手になった。代表的な産物に昆布が挙げられる。

（3）ビーガン：可能な限り、動物を人間の衣食住のために犠牲にしない生き方。またはその人のこと。

（4）無形文化遺産：有形の文化遺産や自然遺産ではなく、歌、踊り、祭、食文化、制度など形をもたない文化財を保護するための制度。ユネスコの事業であるが、各国が条約に基づいて保護に取り組む。日本では、和食（二〇一三年）のほかに和紙（二〇一四年）などが登録。

（5）G20（ジー・トゥエンティ）。主要国首脳会議に参加する七か国、ロシア、EUと十一カ国の新興国で構成。二〇一九年六月には大阪でG20サミット（首脳会議）が開かれた。

［コラム］

外国人の見た和食

朝倉敏夫

「朝日新聞グローブ」に二〇一六年四月から「世界を食べる」というエッセイを連載しているフード・ジャーナリストのマイケル・ブース。彼の著書に『英国一家、日本を食べる』『英国一家ますます日本を食べる』（亜紀書房、二〇一三年、二〇一四年）がある。二〇〇七年に延べ一〇〇日間にわたって家族とともに食文化に関するさまざまな場所を訪れ、日本の食文化を世界に紹介した本であり、これをもとにテレビアニメや漫画版も作られている。

マイケル・ブースは、単純に日本の料理を称賛するのではなく、それぞれの料理の奥にある背景や地域の歴史、特色にも目を向け、それを少し毒のある独特の表現で綴っている。私たちは、実は自分たちの料理についてあまり知識を持たず、あるいは持っていても特に振り返らずに、暮らしている。マイケル・ブースの著作は、彼の目と言葉を通じて、ふだんは見落としてきた日常の奥にあるものを甦らせ、知識を新たにさせてくれるのである。

こうした外国人視点から、私たちの食文化に焦点を絞って書かれた本はこれまでほとんどなかった。しかし、遡ること四〇〇年、戦国時代に来日した宣教師ルイス・フロイスが残した「日欧文化比較」（『フロイスの日本覚書』、中公新書、一九八三年）に「日本人の食事と飲食の仕方について」が記されている。「われらは、すべてのものを手をつかって食べる。日本人は男女とも、幼児のときから二本の棒で食べる」に始まり、六十項目にわたり彼らと日本人の比較をしている。なかには「日本人は、野犬（?）、鶴、大猿、猫、生まの海藻を好む」「われらは犬を遠ざけ、牛を食べる。彼らは牛を避け、薬と称してきれいに犬をたいらげる」といった当時の日本人の肉食についての証言もある。

また、江戸時代に隣の国、朝鮮から十二回の通信使が訪れた。そのなかに一七一九年の第九回通信使一行の製述官・申維翰が著した紀行文『海游録』（東洋文庫、一九七四年）がある。その本篇には具体的な食についての記載はほとんどないが、付篇の「日本聞見雑録」に「飲食の制は、飯は数椀、おかずも数品にすぎず、きわめて草草（手軽い）としている。食うにしたがってさらに添え、遺す余地はない。飯後には清酒を飲み、ついて果物を進め、その後に茶を啜って罷める。」「饌（お料理）としては、杉煮（すき焼）をもって美食となす。魚肉、蔬菜などの百物を雑用し、酒や醤を和して爛煮する。我が国の雑煮（チャプタン）のようなものである」とし、杉煮（すきやき）の名の由来を「昔、群倭が杉の木の下に雨宿りしていたとき、飢えが甚だしく、各自がもっていた物を合わせて一器に投じた。そして杉の木を焚いてこれを煮た。その味が好かったのでこの名を得たという。日本語音で杉を勝枝（スキ）という。ゆえに俗に勝枝冶岐（スキヤキ）という。冶岐はまた、煮ることの訛言である」といった記載がある。明治に入って、魚肉が牛肉に変わったのだろうか？

一方、朝鮮通信使を招いた日本側からの記録をもとにした高正晴子の『朝鮮通信使をもてなした料理』（明石書店、二〇一〇年）には、その饗応料理の内容や彼らの好物が書かれ、「通信使の饗応料理は日本料理の饗応様式をとりながら、料理の数々の中に朝鮮人の好物である獣肉料理をとり入れ、鳥肉料理も朝鮮料理の料理法で作った高麗煮をはじめ南蛮煮、てんぷらなど通信使に好まれる料理をとり入れ」とある。ちなみに「てんぷら」は鳥肉料理の揚げ物として記載されている。えびのてんぷらはなかったのだろうか？

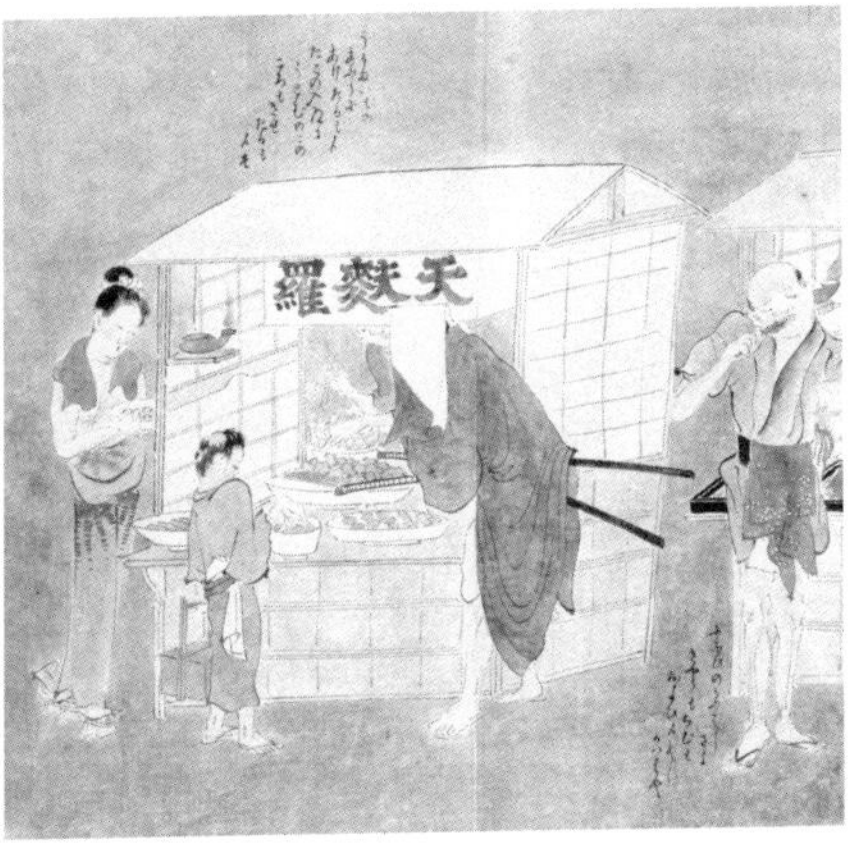

図1　江戸の天麩羅屋（『職人盡繪詞』第1軸より）　国立国会図書館蔵　絵画などからは当時のようすを知ることができる。

当時の「すきやき」や「てんぷら」がどのようなものであったのか、あらためて他の文献にあたらなければ具体的に知ることはできないが、その名前が江戸時代に登場してくることがわかる。「傍目八目」ではないが、外国人の目による日本料理の記述から、私たちが気づかないことが見えてくる。

［コラム］
関西のパン事情

柿木央久

総務省の統計によれば、日本国内でパン消費の多い都市は関西に集中している。世帯あたりの消費額では、神戸市が一位、ついで京都市、大阪市と続く。

日本で「パン」というと、ふつうは四角や山型のいわゆる「食パン」や、クリームパンなどの菓子パンなどを指すことが多いと思われるが、そのほとんどはメーカーが大きな工場で作って卸しているものである。スーパーマーケットなどで、工房を置いて焼きたてのパンを売っているところもあるが、ほとんどの場合、そのパン種は工場から仕入れたものだ。工房ではパン種を作ることはなく、仕入れたパン種を焼くだけ。日本で出回っているパンのほとんどは、製パンメーカーの製品というわけである。

「パン」はもともとヨーロッパのものだが、日本のお米と違いヨーロッパでは「主食」という観念が希薄で、それほどたくさんのパンは食べない国が多い。英米でも日本と同じく製パンメーカーのパンがほとんどで、一人当たりの消費量も日本とくらべてさほど多いわけではないし、もともと小麦が育たなかった北ヨーロッパでは伝統的にパンよりもじゃがいもなどが多く食べられている。

その中で、「パン大国」というべき、パンを「主食」とする食文化を持っているのがフランスとドイツである。フランスのパンは小麦と塩、酵母、そして水だけで作るもので、クロワッサンのようにバターなどの副材料を使ったものは「パン」とは呼ばれない。一方ドイツのパンは小麦や大麦、ライ麦など材料の種類が多く、副材料としてバターなども使い、何百種類もあるのが大きな特徴である。

さて、パンの消費額にあらわれるように、関西のなかでも「パンの本場」といえば神戸であろう。なかでも西宮市から神戸市東部にかけての阪神間はおいしいパン屋が集中していることで知られている。それも工場からパン種を仕入れるのではなく、自分の店でパン種を仕込んで焼き上げる、フランスやドイツと同じ職人生産によるパン屋がたくさん根付いている。

図1　くるみとレーズン入りライ麦パン（筆者撮影）

神戸は、幕末に外国の船や人々を受け入れる港のひとつとして開かれた。外国人技師が指導する製鉄所や造船所などの工場も建てられ、神戸の外国人居留地は、横浜や大阪などほかの居留地に比べると格段に大きなものになった。

日本におけるパン作りは神戸が最初ではなかったが、大正時代に戦争捕虜として日本にやってきたドイツ人のパン職人が開いた「フロインドリーブ」が大成功して、今に至るまで神戸を代表するパン屋として知られている。十九世紀までのパンは、大きな塊で焼いたものを一週間かけて食べるというもので、毎日のように焼きたてのパンが食べられるという技術は二十世紀に入って普及したものである。「フロインドリーブ」はそうした当時最先端のパン屋だった。

そして現在の阪神間のパン事情の基礎となったのが、一九七二年に芦屋市に開店した「ビゴの店」。フランス国立製粉学校の教授から推薦され、東京の見本市でのデモンストレーションのために来日した若き職人ビゴを、神戸のもうひとつの老舗のパン屋「ドンク」が雇い入れて、本格的なフランスパンを焼き始めた。

ビゴが焼くパンは本場フランスの水準からみても優れたもので、ビゴが「ドンク」の店舗を譲り受けてフランスパン専門店を開店するとたちまち顧客を増やし、支店ももうけ、また優れたパン職人も数多く育ててきたのである。

神戸・阪神間にはほかにも、ドイツ本国でも珍しくなった「マイスター（親方）」の資格を持った職人のドイツパンの店なども生まれ、二十一世紀の今も次々に個性的なパン屋が生まれてしのぎを削っている。

今、日本では東京を中心に何度目かの「パン・ブーム」だという。一九六〇年代にも東京で大きなフランスパン・ブームがあったが、それでフランスパンが東京に根付いたということはなかったらしい。くりかえし「ブーム」が起きているということ自体、パンというものがまだ根付いてはいないということだろう。

その一方で、なぜ神戸・阪神間では本格的なフランスパンやドイツパンが根付いてきたのだろう。おそらく、人の入れ替わりが激しい東京などと違い、神戸・阪神間では、外国人を含めたコミュニティが古くから育まれてきたことが理由ではないか。コミュニティの中で外国の食材や料理が受け入られ、その食文化の中で「主食」としてのフランスパンやドイツパンが根付いたということではないだろうか。関西、特に神戸・阪神間におけるパン事情はパンだけの問題ではなく、食文化の一環なのである。

図2　ビゴ・バタール（筆者撮影）

和食の歴史・和食の変遷

［第3章］

江戸時代から学ぶ「未来の食」

鎌谷かおる・野中朋美

一……江戸時代の料理はどのように描かれたのか

（1）江戸時代の料理書

私たちは、過去の料理をどのように知ることができるのだろうか。江戸時代には、多くの料理書が刊行された(1)。長い歴史の中で、広く一般の人々が、料理分野の本を手に取る機会ができた最も古い時代が江戸時代だと言える。では、当時の料理書と、現在の料理書には、どのような違いがあるのか。それを考える前に、まずは江戸時代の人々は、当時の料理をどのように「書き残したのか」を探ってみたいと思う。

（2）料理書が描かれた背景

日本において、本格的に出版文化が成熟したのは、江戸時代中頃になってからのことである。草双紙・赤本・青本・洒落本等々、さまざまな種類の本が刊行され、滝沢馬琴の『南総里見八犬伝』のように、長期に渡りベストセラーになったものもあった。しかし、いくら出版文化が華やいだ時代とはいえ、当時は、幕府による出版の取締りや、出版部数や流通販路の拡大にも限界はあり、「売れる本」を出版するための対策が取られたことは言うまでもない。そして、時代を経るにつれて、高額な教養本より生活に必要な教養本が増え、読者層は庶民層へと次第に広がった。それは当時の人々の知識の向上にも影響しただろう。そのような背景の中、料理書はどのような位置を占めたのだろうか。

江戸時代の料理書については、日本史分野はもちろんのこと、調理学や栄養学等の分野で様々な研究蓄積があるが、ここではその成果を整理することは省略し、料理書から私たちがどのようなことを読み取れるのかを整理したい。

（3）料理書から何が読み取れるのか

例えば、『料理物語』は、日本で作成された最も古い料理書である。寛永二十年（一六四三）に刊行されたこの書は、前半に素材と料理名を書き連ね、後半に料理名と実際の調理方法が記され

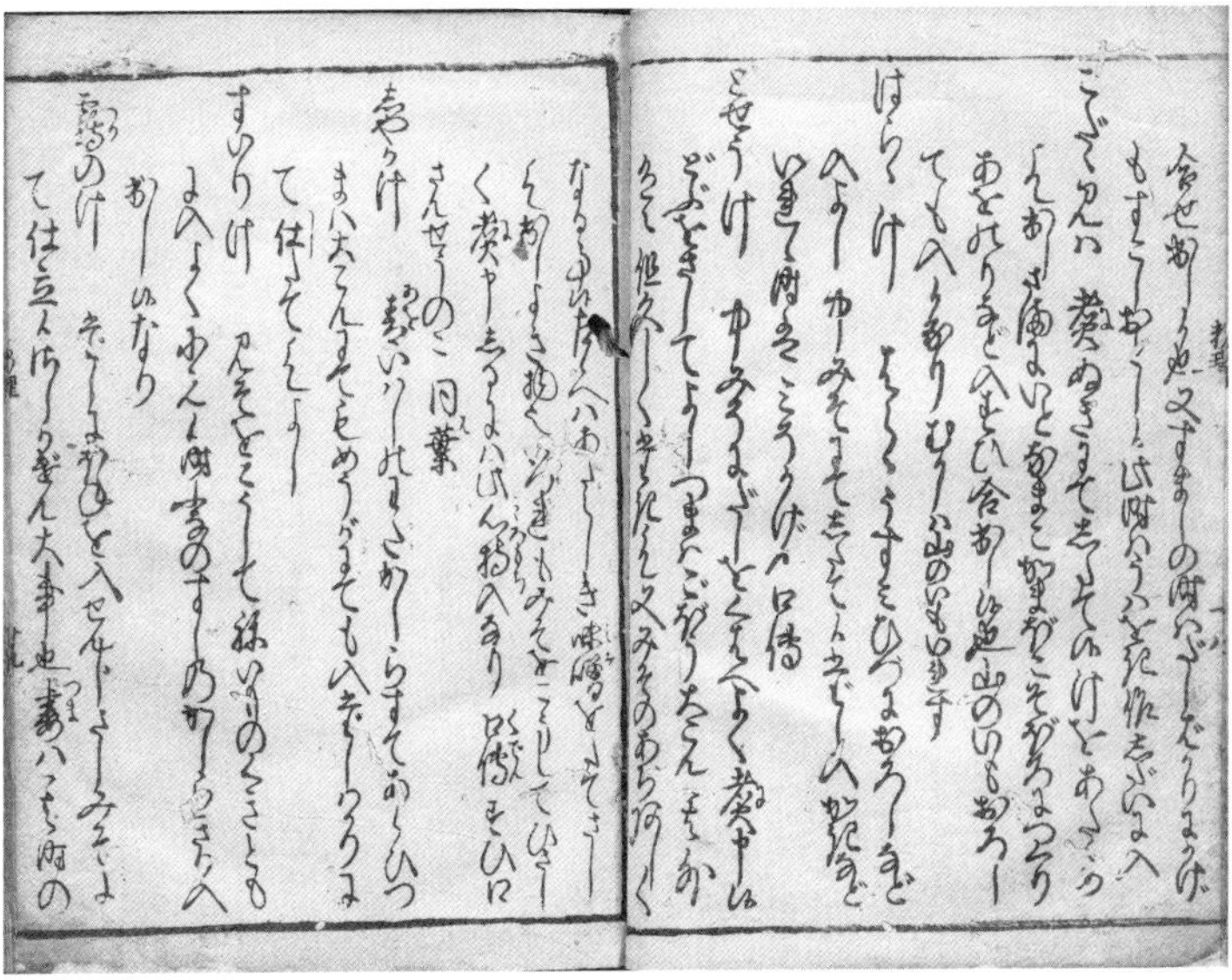

図１　『料理物語』『日本古典籍データセット』（国文研等所蔵）提供：人文学オープンデータ共同利用センター　http://codh.rois.ac.jp

ている。私たちは、この書から、①どのような食材が存在し、②その食材にどのような調理法があり、③代表的な作り方がどのようなものであったのかを知ることができる。実際、『料理物語』は、数度の重刻本が刊行されており、当時の人々の関心の高さを伺わせる。しかし、この書に描かれる食材や調理法が、どの程度一般庶民の食生活を反映しているのか、当時の調理法の到達点が料理書に反映されていたのかと言う点については、料理書のみで解明することは難しい。なぜなら、当時の人々が料理本を手にする理由は、単に自らが調理の助けのためだけでなく教養や楽しみ目的もあったからである。とはいえ、江戸時代の人々が料理そのものに関心を抱いていたことは間違いない。「売れる本」しか刊行しない当時の社会において、いくつもの料理書が刊行されたこともそれを裏付けている。

(4) 記録に書き記された料理

では、料理書のように刊行されたものではなく、実際に作られた料理はどのような形で「書き残されて」いたのであろうか。**図2**は、文久二年(一八六二)から翌年にかけて、近江国滋賀郡本堅田村(現滋賀県大津市堅田)で記された記録である。この史料は、加賀藩の藩士一行が、本堅田村の寺院や民家に宿泊した際に、その詳細を記録したものである。これによれば、滞在あるいは行き来する藩士たちに食事を提供していたことがわかる。また、**表1**は献立帳から作成した藩士に提供された食事の一覧である。これを見てみると、焼物の小鮒の子持ち・平の鯉筒切・吸物の鯉骨切・八寸の小鮎等、地元琵琶湖で捕れたと思われる魚がふんだんに使用されていたことがわかる。

当時の人々が実際にどのような料理をしていたのか。日常の食、非日常の食。その全てを知ることは難しい。しかし、料理書のみでは知り得ない実態を解明するためには、このように各地に残る古文書や記録類の中に記される料理記述を拾い集めていくことが重要である。例えば、今回紹介したこの記録からは、単に献立が読み取れるだけではなく、①地元の産物が献立の中でどのような調理法で登場するのか、②当時のもてなし料理はどのようなものであったのか、③一度の料理の品数、④食材の数やバランス等、様々なことが読み取れるのである。

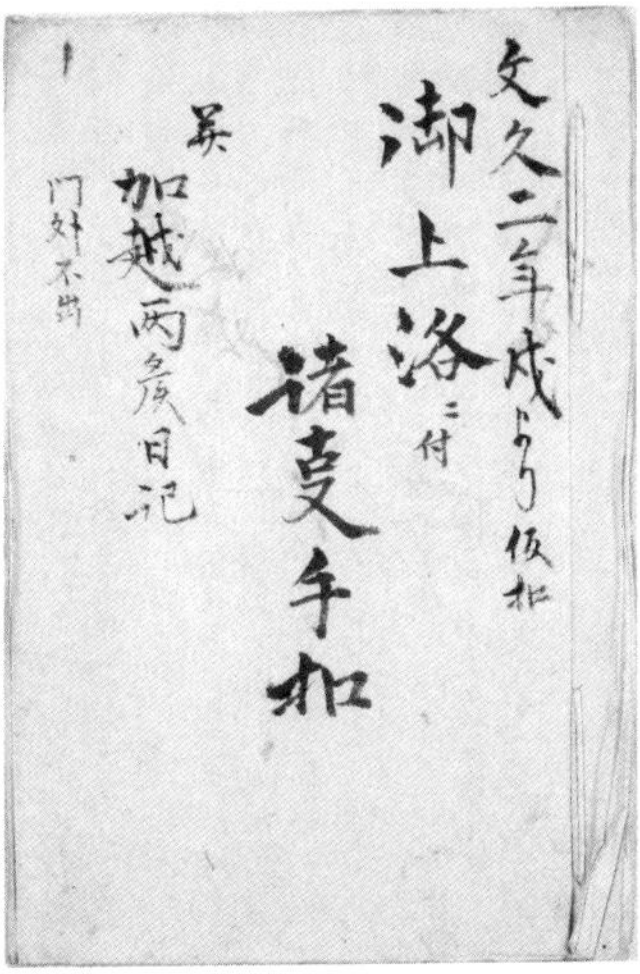

図2 「文久三年献立之控帳(部分)」(本福寺蔵)

表1 元治元年(1864)5月9日の献立一覧

種類	内容
焼物	煮びたし生姜　小鮒の子持
汁	中味噌　海老
猪口	蓼酢若和布　胡瓜
平	鯉筒切　筆　三つ葉
飯	
酒	
吸物	鯉骨切
八寸	小鮎田楽　蒲鉾　巻玉子　高野豆腐
鉢肴	針生姜鮒の煮付
作り身	山葵醤油　鰤男　胡瓜
茶菓子	大ツこの花まんぢう（大津この花饅頭）

出所:「文久三年献立之控帳」(個人蔵)

二……現代の料理レシピとの比較

　私たちが普段料理をつくるとき、まず何から始めるだろうか。献立を決めて、必要な食材を買い出しに行く、あるいは、冷蔵庫の中に入っている食材から今日何をつくろうかと考える、献立や調理レシピを検索して新しい料理に挑戦する、そのために必要食材を買いに行くなどさまざまな場合があるだろう。献立選びにおいては、普段つくり慣れた料理をつくることや、祖父母や父母など家庭に代々伝わる料理をつくる場合、あるいは雑誌やインターネットに掲載される料理レシピをつくった経験もあるのではないだろうか。近年では、書籍や雑誌などの紙媒体以外にも、インターネットやSNSなどを通じて様々な料理レシピを掲載するメディアが増えてきた。従来のテキスト情報や写真だけでなく、動画や音声などを利用したレシピ情報サイトも増えている。

(1) 調理レシピとはなにか

　ここで、調理レシピとは何かを考えてみよう。レシピ（recipe）とは、料理などの調理法のことを指す。そこにはその料理をつくるために必要な情報が記載されている。具体的には、必要な食材情報や調理のプロセス（つくる工程）が記述され、調理者はそのレシピから得られる情報をもとに記述された料理を再現しようと試みる。記述される媒体は、紙のみならず、伝聞により地域やコミュニティの中で口頭で伝えられるもの、直接的には媒体に記述されずに頭の中で暗黙的に記憶されるものなど様々な場合がある。近年では、生活スタイルや嗜好に合わせて料理を推薦する研究［Minoら、2009］［Karikomeら、2010、Freyeら、2010］や、料理画像を認識し深層学習により、調理レシピと含まれる栄養素などの情報を推定する研究［Jingjingら、2016］、レシピデータを活用したビジネスなども進んでいる。

Salvadorらは、料理画像から調理レシピを生成するInverse cooking（逆調理システム）を提案している［Salvadorら、2019］。料理画像から生成される情報は、料理名、食材、調理方法の説明（Instruction）である。料理画像から料理を構成している材料を総合的に判断し、スライスや攪拌、ほかの材料と混ぜるなどの調理の工程を変換過程として捉えて、画像と材料の間の相互作用として推定を加えながら調理レシピを生成していく。ここで、料理画像を完成形として逆方向に調理方法が推定されるプロセスに着目すると、与えられる料理画像は、料理の完成状態を示しているといえる。この完成状態に向かって、調理過程を遡りながら調理前の食材を起点として、画像と材料間の関係性を推定する、すなわち再現を志向していると言い換えられる。ただし、一般的に、人が調理レシピの情報をもとに料理を行う場合を考えると、調理者が調理レシピの情報にどの程度忠実に作業を行うかは調理者自身の裁量に任せられると考えられる。調理レシピ通りに料理を進める場合もあれば、調理者が家族や自分の好みに応じて、味付けや火加減を変更することや、入手可能な食材の範囲で材料を代替することなどは珍しくないだろう。

　ここで、調理レシピを工場での作業や、事務作業において標準化された作業を効率的に行うために用いられる作業指示書として捉えてみよう。すると、従来の生産性と品質向上を目指し作業を標準化し記述する多くの作業指示書とは異なり、調理レシピは、調理者の料理の目的に応じて使われようは多様であることに気づく。そこで本節では、調理工程に着目して、調理レシピのありようが料理の再現性や発展性に与える影響を分析する。調理レシピにおける情報提示や作業指示の方法が、調理者すなわち作業者の創意工夫や発想をどのように促すのかを考察することを目的に、昔の調理レシピをシステムエンジニアリング手法を用いて分析し、現代の調理レシピと比較する。具体的には、江戸時代に刊行された料理書である『豆腐百珍』（天明二年（一七八二）刊行）を事例に、記述方法の曖昧性を分析し、現代の調理レシピを比較しその特徴を考察してみる。

（2）調理レシピのシステムエンジニアリング分析

　本節では、江戸時代に刊行された料理書である『豆腐百珍』（図3・口絵⑦）を対象にシステムエンジニアリング分析を行う。本書の二十一番に記載されている「ふはふは豆腐」を事例として、調理レシピ中の記述方法における曖昧性を分析する。分析手順は、まず、レシピ中に陽に文字情報として記載されている表現を抽出し、調理プロセスを実行するにあたり、陽に指示される記述内容と、曖昧な情報を整理する。

まず、「ふはふは豆腐」に記述された文字情報を翻刻し（図4）、現代語訳を行う。本分析では文字情報を対象とする。

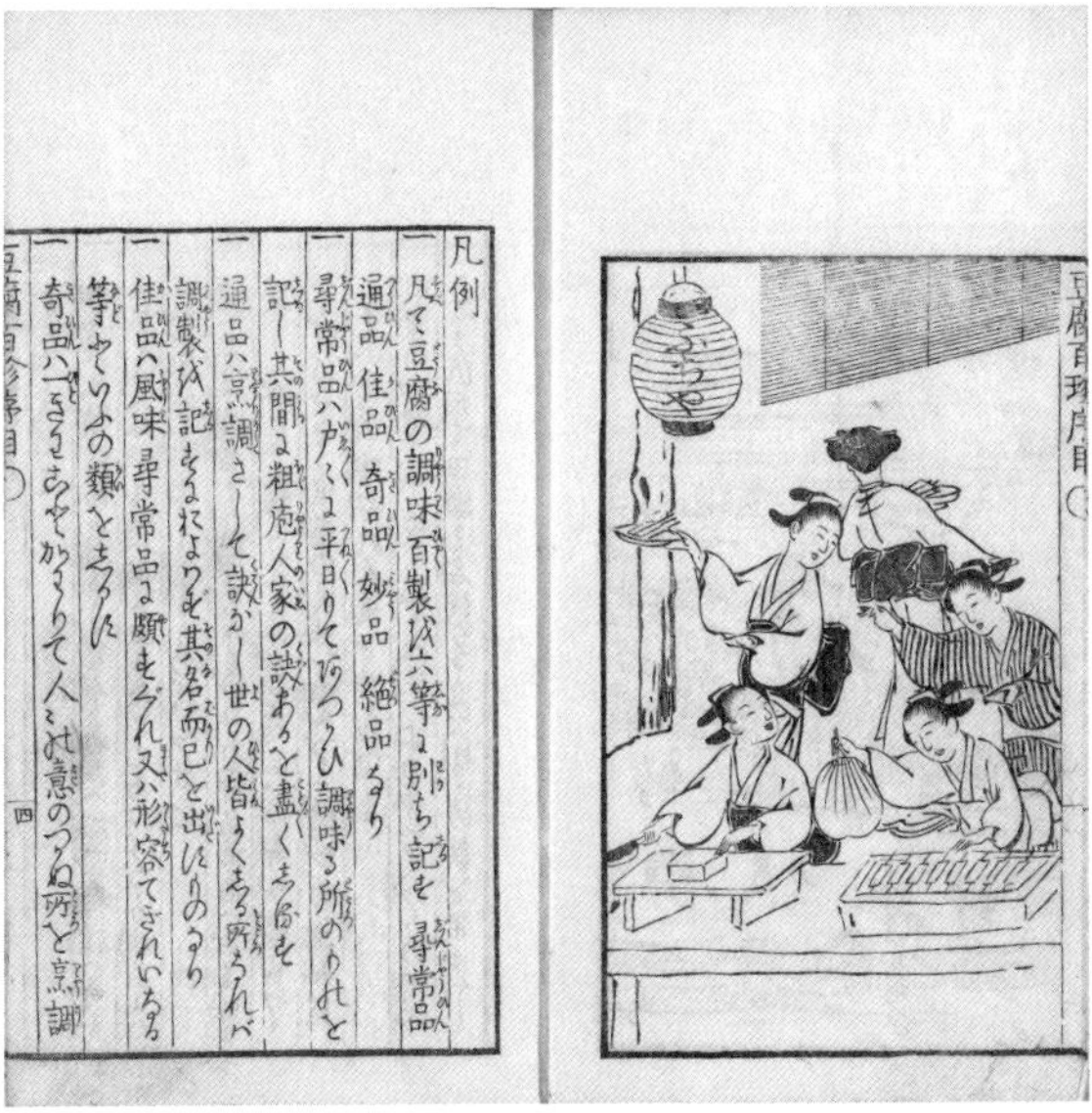

図3 『豆腐百珍』（国立国会図書館蔵）

廿一　ふハ〳〵豆腐　鶏卵《たまご》ととうふ等分《とうぶん》にまぜよくすり合せ
ふハ〳〵烹《に》にする也、胡椒《こしょう》の末《こ》ふる○鶏卵《たまご》のふハ〳〵
と風味変わることなし、倹約《けんやく》を行ふ人専《もっぱ》ら用《もち》ゆべし

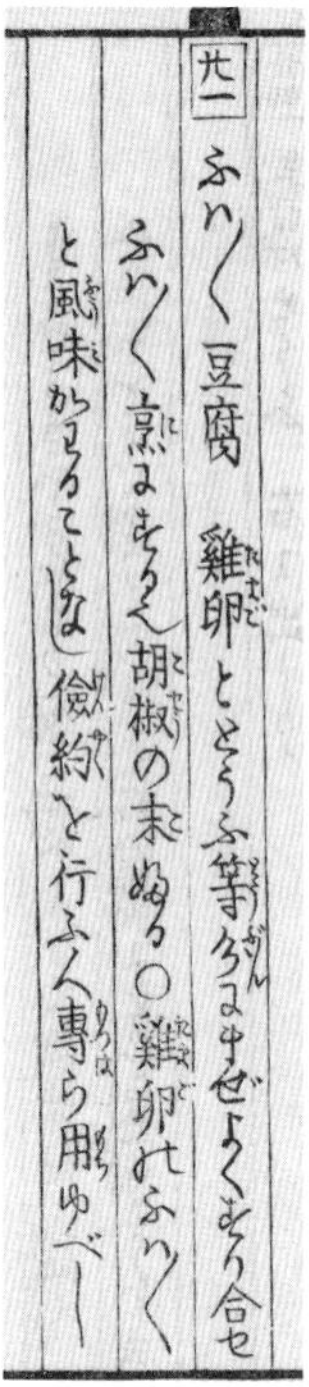
ふハ〳〵豆腐　雞卵ととうふ等分にまぜよくすり合せ
ふハ〳〵烹にするなり胡椒の末ふる○雞卵のふハ〳〵
と風味かハることなし儉約を行ふ人専ら用ゆべし

図4　左：『豆腐百珍』（国立国会図書館蔵）、右：翻刻

現代語訳した文字情報を用いて、次の手順で分析します。

STEP1）調理レシピに陽に記述されている情報抽出

調理レシピ中に陽に記述されている文字列を抽出し、形態素に分割する。ここには、食材の名詞句や、工程を表す動詞句などが含まれる。

STEP2）プロセス記述

抽出した形態素を用いて、プロセス図を記述する（**図5**）。名詞句を四角、動詞句を丸で、それ以外の語句はテキストとして記述する。

STEP3）調理再現のために一意（ひとつの条件）に定まらない情報特定
記述したプロセス図を元に、調理再現を試みる際に、一意に定まらない情報を整理する。具体的な分量、火加減や混ぜ加減を示す、動詞句に対する頻度や程度などの副詞表現などが挙げられる。

STEP4）曖昧情報からの推定

ここで、STEP3で、調理再現において一意に定まらない情報に着目する。この情報を本分析では、曖昧情報と定義する。これは、調理者が、実際に料理をつくろうとして、作業指示書としての調理レシピを見た場合に、具体的な調理作業を特定できない状態を誘引している、あるいはその可能性があると解釈できる。調理者は、調理レシピ中に陽に記述されている前後の情報や、当該料理に対して有するコンテクストなどから曖昧情報を推測しながら調理を進めるか、調理者独自の考えや工夫として情報を補完する必要があると考えられる。

ここまでに示した四つのステップを、『ふはふは豆腐』に適用してみる。プロセス図の左から、手順に沿って説明する。まず、最初の手順として、卵と豆腐を同量混ぜることが記述されている。ただし、ここに具体的な分量は記述されていない。よくすり合わせ、ふはふはに煮るでは、「よく」や「ふはふは」の表現が具体的にどの程度を示すのかが曖昧である。泡立て器で角が立つくらいまで、卵のこしが無くなるまで混ぜるなどの現代の調理レシピに見られるような具体的かつ詳細な記述がなく、また、その様子を確認できる画像情報も与えられていないために、調理者は調理作業をのうち、どの程度の強度や時間でその作業を実施すればいいのか、作業の程度や分量を一意に特定することができない。最後に、胡椒を振って完成と記述されている。また、煮る作業に対しては、出汁や水などの液体を加える作業が記述されていないために、調理者は料理名から連想するあるいは共有するコンテクストや、前後情報から作業を想像する必要があると考えられる。

（3）曖昧情報の推定

曖昧情報を含む調理レシピを料理する場合、調理者は、前節に示したように前後の文脈やコンテクストから作業を推定することが必要となることが考えられる。本節では、推定アプローチのひとつとして、調理レシピを最適設計問題として捉えてみる。

STEP1において調理レシピ中に陽に記述された情報をもとに、目的変数と説明変数を設定する。例として、『ふはふは豆腐』では、料理名に含まれる「ふはふは」という記述に対して、いかに料理の完成形をふはふは状態にするかを目的に、ふはふは状態の最大化問題として仮定してみよう。次に、STEP3において一意に定まらない曖昧情報を説明変数として設定する。本例では、

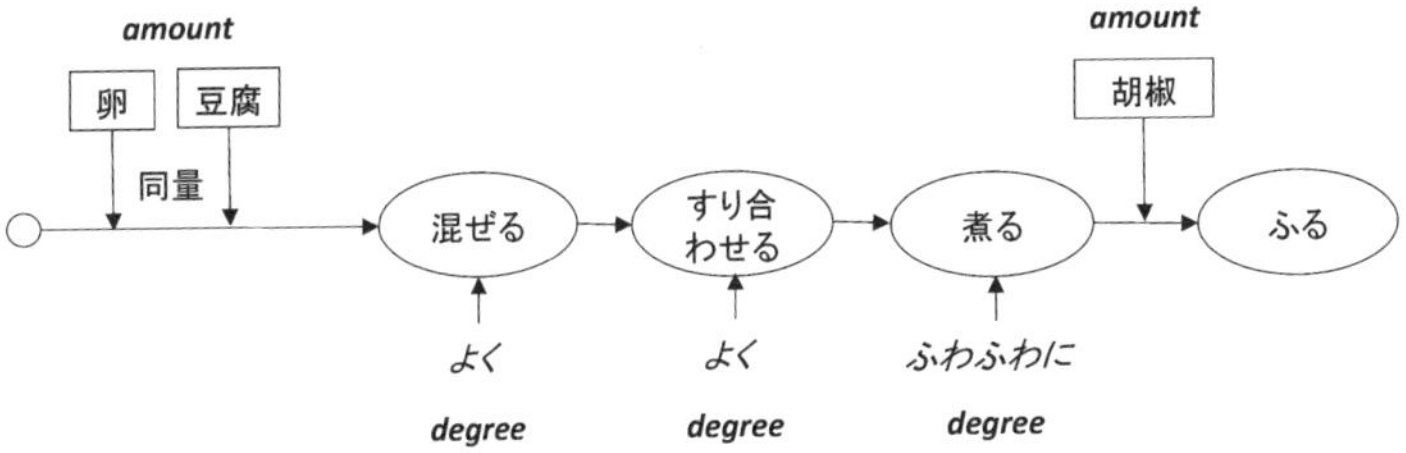

図5　『ふはふは豆腐』を対象としたプロセス記述図の例

図6　異なる条件の組み合わせで調理した『ふはふは豆腐』の例（野中朋美撮影）

「よくすり合わせる」における混ぜ具合と、「煮る」における火加減と加熱時間とした。説明変数を複数条件仮定し、それら条件を組み合わせた調理を実施することにする。

複数仮定した条件を組み合わせて調理した結果、条件の組合せによって、料理の出来上がりがスクランブルエッグやパンケーキのような異なる見栄えになった（図6・口絵⑧）。また、出来上がった料理を、近赤外線分光分析法を用いて非接触型の栄養分析装置で分析すると、調理過程の条件の組み合わせの違いによって、水分量や含有タンパク質など栄養成分が異なることが観察された。これは、火加減や加熱時間、混ぜ加減などの条件の違いによって、調理損耗（調理に伴う栄養成分の損失）への影響が異なったことが原因であることが考えられる。

（4）料理レシピと料理の発展可能性

前節では、調理レシピを作業指示書として捉え、曖昧性に着目しシステムエンジニアリング分析した。過去の調理レシピを分析すると、曖昧性が含まれており、具体的な分量や、動作の程度など、調理者の作業を一意に規定するような表現はあまり多くなかったことがわかる。ではここで、現代の調理レシピを考えてみよう。たとえば、動画レシピは、作り方が連続したコマ送りの静止画として表現されていると捉えられる。動画レシピを見た調理者は、食材をどの程度加熱したらいいのか、混ぜたらいいのかなどを、食材が変化していく過程の様子、すなわち状態変化の過程の様子を情報として得ることができる。手元の食材の状態や調理の様子が、動画におけるある時点と同じになるように確認しながら作業することができるため、画像情報から得られる情報という点では曖昧性は極めて少ない情報であるといえる。それでは、動画以外の現代の調理レシピ情報における文字情報ではどうだろうか。江戸時代の料理レシピと比較すると、食材の分量や加熱時間における定量表現が豊かになっていることがみてとれる。現代において具体的な分量や温度をより詳細に記述できるようになった背景には、それらを計測する技術の発達が挙げられる。温度計測や食材の状態を把握するセンシング技術と、計測結果に基づく制御技術の発達によって、新たな調理家電が開発されたり、低温調理などの新しい調理法が生まれている。

ただし、これらの曖昧な情報は料理の発展に寄与していた可能性も考えられる。曖昧性を含む情報であったことが、当該時点の環境や食材の状態に応じて調理者に創意工夫することを促したり、あるいは、伝聞や伝達の過程で地域の郷土食や家庭料理の発展・変異性に寄与していた可能性も考えられる。曖昧性が、調理者の創意工夫や料理の発展・変異性に与える影響を分析し、料理レシピを取り巻く技術発展と、曖昧性による効果を生かした新たな料理レシピの設計手法の構築が今後の課題としてあげられる。料理の歴史や文化といったコンテクストを料理レシピに何らかの情報として埋め込んでいくことができれば、新たな食文化の発展に、料理レシピ設計の観点から貢献できる可能性もあるのではないだろうか。

三……食とサスティナビリティ

(1) 食への注目の背景

江戸時代の料理書と、現在の料理書には、どのような違いがあるのだろうか。本章では、それを知るための方法として、歴史学とシステム学の二つの視点から考える手法を紹介した。近年、研究の世界、一般社会に問わず、多方向からの食への視線が注がれている。それは、食が私たちの生活にとって切り離せないものであるからだけでなく、これからの社会の様々な課題を解決するための糸口として食へ注目が集まっているからなのかもしれない。現に、数十年先の未来の食への不安や課題が多くある中で、私たちは過去の食から何を学び、読み解けば良いのだろうか。

(2) 過去から学ぶ

「過去から学ぶ」という言葉は、聞き覚えのある、使い古された言葉でもある。しかし、この言葉には多くの意味が潜んでいるのではないだろうか。「過去に何を食べていたのか」の歴史は、今現在の私たちが「何を食べているのか」につながるものである。連綿と続く長い歴史の中で、食文化が成り立ち、地域ごとに多様な食習慣が育まれた。「何を食べてきたのか」は、どのような食材を選択し、それをいかなる方法で調理し、いつどこでどのように食べたのか、という歴史でもある。その繰り返しが今につながっているのであれば、今の食を、過去の食文化や食習慣と切り離して考えるわけにはいかないのである。そうであるならば、今の食は未来の食を左右するものであるのではないだろうか。これから先の食のあり方を考える上で、過去そして今の食から考えられることは、もっとあるはずである。

（3）江戸時代の料理から何を読み取るか

そのような視点に立って考えてみると、江戸時代の料理から読み取れることも増えてくるはずである。例えば、先に紹介した『料理物語』の獣の部を見てみると、鹿や鴨など今でも食する食材が登場する一方で、カワウソやイヌなど、慣れ親しまない食材も登場する。鳥の部を見てみても、一番に登場するのはツルで、今の感覚とは異なる。ただ単に何を食べていたのか、という目線で考えるのではなく、当時の社会において、どのような食材が選択され、それがどのように活かされていたのか、そして、それを食することにいかなる意味があったのかを考える必要が出てくるだろう。それは、これから先、食の選択を迫られる未来社会において、何らかの手助けになるのではないだろうか。

注

（1）江戸時代に刊行された料理本については、吉井始子『翻刻江戸時代料理本集成』のシリーズを参照されたい。

引用文献

Y. Mino, I. Kobayashi, Recipe Recommendation for a Diet Considering a User's Schedule and the Balance of Nourishment, Proc. of IEEE International Conference on Intelligent Computing and Intelligent Systems 2009, Vol.3, pp.383-387, 2009.

S. Karikome, A. Fujii, A System for Supporting Dietary Habits: Planning Menus and Visualizing Nutritional Intake Balance, Proc. of the 4th International Conference on Ubiquitous Information Management and Communication, No. 56, pp.1-6, 2010.

J. Freye, S. Berkovsky, Intelligent Food Planning: Personalized Recipe Recommendation, Prof. of the 2010 International Conference on Intelligent User Interfaces, pp. 321-324, 2010.

C. Jingjing, N. Chong-wah, Deep-based Ingredient Recognition for Cooking Recipe Retrieval, Proc. of the 24th ACM international conference on Multimedia, pp.32-41, 2016.

A. Salvador, M. Drozdzal, X. Giro-i-Nieto, A. Romero, Inverse Cooking: Recipe Generation from Food Images, Prof. of the IEEE Conference on Computer Vision and Pattern Recognition (CVPR), pp. 10453-10462, 2019.

さらに学びたい人のために

鎌谷かおる「人は食に何を求めるのか――『おもてなし』と『ごちそうさま』から考える江戸時代

の食」（『立命館食科学研究』6号、立命館大学食マネジメント学会、二〇二一年）
新村猛、野中朋美『食の設計と価値づくり』（昭和堂、二〇二一年）
Service Engineering for Gastronomic Sciences: An Interdisciplinary Approach for Food Study Takeshi Shimmura, Tomomi Nonaka, Satomi Kunieda Springer

演習問題

1．本章で調理者の想像や工夫を引き出す可能性のある「曖昧性」を含む昔の調理レシピとして紹介された江戸時の料理書の名前は何か。

2．昔の料理から私たちは何を学ぶことができますか。今の「食」を考える際に、過去の知見を活かすことの意味を考えてみよう。

付記　本章は一・三節は鎌谷かおるが担当し、二節は野中朋美が担当した。

[第4章]——

戦後家庭料理の変遷

この章は、伝承料理研究家の奥村彪生さんが二〇一九年七月二十八日に和食文化学会が主催して京都府立大学でおこなわれた講演「社会が変わる・台所が変わる」の記録を文字に起こしたものを基に構成されている。和食という概念は、今から一五〇年ほど前の明治維新の時に、欧州の料理が導入されたことを期に生まれたものといわれる。肉やミルクを中心とするその食が日本の伝統的な食との違いを際立たせたのであろう。

それから一五〇年。日本人の食は大きく変わった。そしてこの一五〇年は、第二次世界大戦の終戦というできごとを境に、前半の七十五年（戦前）と後半の七五年（戦後）とにわけられる。前半の七十五年は、もちこまれた欧米の食が、「洋食」という形で和食の一部として進化させた時期であった。洋食屋といわれる飲食店で出される料理には「ライス」または「パン」とメインのプレート（ここに肉料理やフライなどがのる）とスープがつく。「めし屋」の「定食」では、パンはなくご飯が定番で、スープではなくて味噌汁がつく。要するにそれは一汁三菜のスタイルをとり、今に至っている。

それでは、後半の七十五年の和食はどう推移したのだろうか。奥村さんにはここに焦点をあてて話を頂いた。

（佐藤洋一郎）

社会が変わる・台所が変わる

奥村彪生

一……戦争が終わって

第二次世界大戦が終わった一九四五年は大食料難の年でした。米や野菜の生産はまったく止まってしまったわけではありませんが、労働力の不足などで生産は落ち込んでいました。加えて流通が大きな痛手を受けたために、生産地の生産物を都市に運ぶ手段が大きくそこなわれていたのです。すでに戦前から米などは配給制になっていました。配給制など、今の若い人たちには分からないでしょうが、要するに食料不足に対応するために国が食料の流通を管理し消費の制限をする制度が配給制だったのです。

一九四五年に終戦を迎えた時の米の配給量は一人一日二・一合（三一五グラムほど）でした。その後一九四七年には二・七合（四〇五グラムほど）に増えましたが、米は白米で一〇〇グラムが三六〇キロカロリーくらいですから二・一合では一一三〇キロカロリー、二・七合でも一四六〇キロカロリーほどで、必要量にも、また基礎代謝量（じっとしているだけで消費されるカロリー。体格、性別や気温によっても変わるが、成人で一二〇〇〜一六〇〇キロカロリー）にも足りません。とくに大都市ではほかに食べるものなどなく、闇市（非公認の市場）がはやります。闇市で着物などと食べ物を交換せざるを得ないほど、食料は足りなかったのです。すいとんと呼ばれる水っぽい小麦粉の団子汁や、豚や牛の内臓を焼いたり（東京のモツ焼・大阪のホルモン焼）や煮たもの（東京のモツ煮・大阪のホルモン煮）などしか手に入りませんでした。ところが一九六五年ごろになると焼肉と名を変え少片に切った肉を焼きながらタレを付けて食べる新しい文化が誕生し、大阪万博の時には焼肉定食が流行《はやり》ました。

二……高度経済成長始まる

一九五〇年代に入ると、朝鮮戦争の影響などで需要が高まり、日本の景気は一気に上向きます。工場などの労働力が不足し、地方から大都市の工場などへの集団就職が始まります。好景気が続き、いわゆる高度経済成長の時代を迎えます。若者たちは「金の卵」と呼ばれていました。中学を出ると、あるいは高校を出ると、列車に乗って東京へ、大阪へと向かったのです。都会には、独身の男女がどんどん集まりました。一方、地方では人口減少が始まります。

こうしたなかで、一家に三世帯以上が住む大家族制がだんだん衰退してゆきます。故郷の家庭料理の伝承が失われてゆきました。都会に集まった若者たちはやがて結婚適齢期を迎えて結婚し、新しい家庭を築いてゆきます。新しい家庭は必ずしも故郷の料理の伝承をしませんでした。祖母や母から（孫）娘へという生活技術の伝承が途絶え始めたのです。その代わりに新しい食文化が生まれてゆきます。それを支えたのが、ちょうどこのころから普及し始めたテレビでした。一九五六年には、NHKが「今日の料理」を始めます。第一回目は「カキのグラタン」だったそうで、日本人向けにアレンジされた洋風、中華風の総菜に力がそそがれたようです。

一九五〇年代の後半になると、流通にも大きな変化が起きます。一九五七年には大阪市の千林に日本初のスーパーマーケットが登場しています。後のダイエーです。スーパーはその後大発展

図1　発売当初のチキンラーメン（日清食品ホールディングス（株）提供）

を遂げ、全国に展開してゆきます。統一規格の大量の食材を大量に仕入れて全国のチェーン店に展開するスーパーのシステムは食材の均一化、脱季節化を招きました。同時に、野菜などの輸入も始まり、地場野菜などが次々と姿を消してゆきます。社会全体が、地場産の食材を軽視し、外来のパン食や欧風化がもてはやされた時代だったのです。そしてこの動きは、車社会とともに発展してゆきます。アメリカ型の消費社会が全国津々浦々に広がっていく時期であったのです。

一九五八年には、チキンラーメンが登場しました（図1）。今のインスタントラーメンのはしりで、スープをしみこませた乾麺をどんぶりに入れ上から熱湯をかけるだけの簡便さが大うけしました。食のインスタント化の始まりだったといえるでしょう。大都市への人口集中はさらに続きます。人口密度はどんどん高まり、中層の集合住宅が登場します。住宅公団が提供したいわゆる「公団住宅」では、ステンレスの流し、換気扇が整備され、炒め物や揚げ物が家庭でも簡単にできる道筋ができました。油ものが普及してゆきます。油で汚れた調理道具や器、台所をきれいにするために洗剤が発達し、そのために河川が汚染され公害が問題になりました。

燃料革命もおこりました。それまでの薪や炭（薪炭《しんたん》といいます）、練炭などの燃料が、プロパンガスや都市ガスへと移行します。プロパンガスは農山漁村にも普及しました。この時代まで、日本の山ははげ山のところが多かったのですが、燃料革命以後は森への介入がめっきりと減ります。森の荒廃がこの時期に始まったのです。同時に、天然物のキノコ、山菜などの減少も目立つようになりました。

その後もスーパーマーケットの進出が進み、一九六三年には全国で五〇〇〇店に達しました。自家用車もさらに普及し、買い物はそれまでの商店街から、郊外の大型スーパーへという流れができたのです。買い物も日々市場に出かけてゆくスタイルから、休日に車で郊外のスーパーに出かけてまとめ買いするスタイルが出現します。商店街がシャッター街になり始めたのはこのころからのことでした。

三……東京オリンピック前後から

一九六四年の東京オリンピックは日本社会を大きく変えました。交通の発達にはめざましいものがあり、前年に開通した新幹線は東京—大阪間を四時間で結びました（のちに二時間三〇分に）。オリンピックが終わった一九六六年、カップヌードルが登場します（**図2**）。インスタントラーメンでは必要だった鍋も丼も要らなくなって、熱湯さえあればいつでもどこでも食事をとることが

図2　発売当初のカップヌードル（日清食品ホールディングス（株）提供）

可能になったのです。外食では、ファミリーレストランが登場し大繁盛しました。ここでも、全国一律の洋風メニューが広がりを見せました。そして、ハンバーガー、フライドチキンなどのアメリカン・ファーストフードが上陸します。これと軌を一にするかのように、厚生省（当時）が、「生活改善普及運動」を展開します。油脂と動物性タンパク質の摂取が奨励されます。「タンパク質が足りないよ」というテレビコマーシャルが大流行しました。これにより、肉、卵、乳製品の消費が飛躍的に伸びてゆきます。このことが日本を長寿社会へと導くのですがひずみが出ています。生活習慣病のまん延です。

経済成長は社会を忙しくしました。都会のサラリーマンは「モーレツ社員」となり、「マクドナルド」などのファストフードなどの食事スタイルが増えてゆきます。電気炊飯器や電気洗濯機が普及すると、家事労働が楽になります。できた時間を使って、家庭の主婦も外に働きに出るようになります。これが、家庭料理の時短を招きます。そして、次の大量消費の時代の大型冷蔵・冷凍庫の普及と相俟って、冷凍食品の爆発的な流行へとつながってゆくのです。

この時代はまた、料理教室がブームになった時期でもあります。若い女性たちの「花嫁修業」に料理がくわわった時代の産物だったのです。メニューや調理技術を家庭内で伝承する機会が減り、おふくろの味が失われてゆきました。なお、一九七四年、初のコンビニ（セブンイレブン）が登場しました。

四……大量消費時代（一九七五年ころ〜）

先にも書いた大型冷蔵冷凍庫の普及に伴って、食品は生鮮品が主流になりました。それまでの乾物や漬物、佃煮、発酵食品などの保存食が消えてゆきます。冷凍食品も増えましたが、鮮度が重要視され急速冷凍法が編み出されました。漬物などは、「糠臭い」「高塩分」などの理由から生産も消費も減りましたし、また家庭で作られることもなくなってゆきます。土間がなくなった団地の台所では、漬物は作りにくいのです。

このころから、システムキッチンが普及します。台所は、料理する場からインテリアになってゆきます。汚れのつきやすい揚げ物は敬遠され、それらは外で買ってくるものになってゆきます。皮肉なことにシステムキッチンは料理を上達させなかったのです。

昭和の終わりころになると、炒め物、サラダ用のカット野菜、少量パックの総菜の売り上げが伸びてきます。調理時間の「時短」が求められるようになります。パックの総菜の中で、野菜の煮物やあえ物は、野菜らしくないとして敬遠されます。食の洋風化に伴う生野菜の「信仰」が広まっていったことの裏がえしでしょうか。

そしていっぽうでは孤食（個食）化が進んでゆきます。「ちゃぶ台」を一家で囲む食事スタイルは姿を潜め、子どもも大人も、一人で食卓に座って黙々と食べるスタイルが広がってゆきました。

家庭での料理はどんどん簡略化します。家庭での調理時間は四十五分〜五十分へと短縮化されました。働く主婦と、料理を苦手とする若い主婦のために、下ごしらえされた生鮮食品や料理の素、たれ、ソース、ドレッシングが多様化し、しかもそのどれもが売れています。冷凍商品の技術が進歩し、かつ多様化して売りあげが増えました。これは、電子レンジや、電子レンジとオーブンをセットにしたオーブンレンジの登場とセットになっています。

五……平成の時代

この時代は、いわゆる飽食の時代です。コンビニが全国展開し、いつでもどこでも食べ物が手に入るようになってゆきます。元日でもお盆でも、食べ物が手に入らないことはなくなったのです。しかしこれによって、食は均一化し、食事タイムがなくなります。夜中にコンビニに行って缶ビールとつまみを買ってきて少人数で家で飲む「家飲み」が流行します。いつでも満腹感に浸ることができるようになって、食の感動が失われてゆきました。

コンビニのさらなる普及に伴い、弁当が、それまでの携帯食から家で食べる中食へと変容してゆきます。オフィスのデスクでキーボードをたたきながらカップ麺やコンビニ弁当を食べるという風景が見られるようになります。弁当を家に持ち帰り、一食にする単身世帯がぐんと増えました。夫婦と子供の世帯でも、昼食や夕食に、スーパーやコンビニの弁当を利用するようになりました。加えて、テイクアウトや宅配食が普及して、家庭料理そのものの外部化（社会化）が進みました。

一方で、家庭料理は次第に趣味化してきました。「キャラ弁」や「インスタ映え」などの語が示すように、料理はファッション化します。と同様にＴＶのグルメ番組が遊戯化していき、食べるという営みが、とても軽くなってきたのがこの時代の特徴と言えます。

忘れてはならないのが、飽食の時代にひそかに進行する貧困の広がりです。多くの市民が飽食している一方で、貧困や病気のため餓死する人が後を絶ちません。このことも忘れてはならないと思います。

おわりに

このように戦後の家庭料理を改めて眺めてみると、その変遷は、伝統的な準菜食型（時々魚を食べ、日常は米と野菜、乾物、大豆製品中心のフィッシュベジタリアン）から肉類（卵、ミルク、乳製品を含む）と油脂中心型へと移行した時代であり、主食と副食が逆転し、おかず食いになって飯は添え物化し、家庭料理の簡略化、食の外部化へと移行した時代と言えましょう。和食は大きく様変わりした時代――そのように言えるでしょう。

（佐藤洋一郎）

さらに学びたい人のために

阿古真理『「和食」って何？』（ちくまプリマー新書、二〇一五年）

演習問題

1. 祖父母の代の人びとに、「若かったころの食について印象に残っていること」について聞き取り、まとめてみよう。

［第5章］

鯨食の地域性と保守性
――コールドチェーンが変えた鯨食文化――

赤嶺　淳

一……冷蔵庫のない生活など、想像できるだろうか？

驚くことなかれ。まさに五、六十年前の日本は、そんな時代だったのだ。東京オリンピックが開催された一九六四年、日本は高度経済成長にわいていた。いや、戦後わずか十数年で復興し、さらなる経済成長を遂げようとする活気を披露するために東京オリンピックは招致されたのだ。

本章では、冷蔵庫とスーパー（マーケット）の存在に着目して、高度経済成長の前後で、いかに日本の食をとりまく環境が変化したかについて考えてみよう。

ガイド役はクジラである。いわゆる「捕鯨問題」は、種々の問題が相互に絡まりあった問題群である。生息数に関する科学的論争をはじめ、鯨食についての倫理的是非など、論者によって問題視するポイントは異なってくる。たしかに食べたいものが何でも入手できる現代日本において、わざわざ鯨を食べる必要はないのかもしれない。しかし、カロリーベースの食料自給率が四割をきる一方で、食品を大量廃棄する食環境こそが問題視されるべきではなかろうか。そうであるならば、飽食を生みだすにいたった歴史過程を再検討し、わたしたちの食環境を更正していくべきであろう。

以下、規格と効率を重視するスーパーの浸透が鯨食慣行にあたえた影響についての私見を提示し、鯨食のみならず多様な食環境を維持／創造していくためには熟練したプロの技が不可欠であることを主張したい。同時に、なにかと喧伝される「鯨食は日本の伝統文化」という言説にも、批判的な検討をくわえ、鯨食文化の地域性と保守性、ひいては日本料理の可能性についても再考してみたい。

二……消えたヨッちゃん

わたしごとからはじめよう。わたしは一九六七年、大分県南部の盆地で生まれた。以来、一九八六年に大学進学のため故郷を離れるまでの十九年間、そこがわたしの小宇宙であった。

物心ついたときには、家にカラーテレビはもちろんのこと、冷蔵庫も洗濯機もあった。洗練度の差はあろうとも、パソコンやインターネット、携帯電話をのぞけば、現在の生活と基本的にはおなじである。しかし、まちにスーパーが登場したのは、ずっとあとのことで、小学校低学年のころだった。広くて明るい売り場を走り回ったことを覚えている。

両親が共働きだったこともあり、わたしは同居していた母方の祖母に育てられた（二〇一二年に一〇三歳で他界）。祖母が買い物と料理を担当していたため、祖母の台所仕事がわたしの日常であった。漬物を漬けたり、味噌を仕込んだりするのを手伝った（邪魔した？）ものだ。

野菜や肉類はどうしていたのかさだかではないが、不思議と魚屋のことは記憶している。短く刈り込んだ四角張った顔つきのヨッちゃんというおじさん（お兄さん？）の顔も思いだすことができる。ヨッちゃんは、氷漬けにした魚を積んだ軽トラで一日おきにやってきた。ヨッちゃん号に乗せてもらい、近所を一周するのが、わたしの楽しみだった。

だが、スーパーが進出してきた前後から、ヨッちゃん号は消えてしまった（もっとも、わたしも小学校にあがり、移動販売と在宅のタイミングがあわなくなっただけかもしれない）。しばらくは店舗で営業していたようだが、わたしが大学に行くころには、店もたたんでしまっていた。自家用車が家庭に普及すると、もともと車の往来を念頭に整備されていなかった商店街に出向くよりも、駐車場をそなえたスーパーに人びとは足を向けるようになった。どこの町でも聞く話だ。

スーパーの特徴は、規格化された商品を大量に効率よく販売することにある。だから、魚でも肉でも、切り身がパックに詰められている。売り場面積を十二分に活用するためには、規格にそった商品を販売するのが合理的である。そのため、はるばる遠くで獲れた魚や養殖された魚がストックされることになる。マグロしかり、サーモンしかり。他方、ヨッちゃんはといえば、市場で仕入れた旬の魚を売る商法である。田舎町の魚屋さんのこと、おなじものを大量に仕入れる資金力などあろうはずもない。もちろん、スーパーのように事前に「○○日はサンマが特売」などという広告もうてるはずもない。あくまでも、その日の入荷次第なのだ。

魚介類にかぎらず、商品が生産地から消費地まで運ばれてくるネットワークをサプライチェーンと呼ぶ。冷凍したり、冷蔵したりする魚介類の場合は、コールドチェーンと呼ばれることもある。

おわかりだろう。ヨッちゃんの記憶を紹介したのは、スーパーこそが、コールドチェーン経済の中核であることを再確認してもらいたかったからである。

現在、冷凍された魚介類が世界中から日本に届けられている。まさに生産地から消費地までを「超低温」と呼ばれる零下五〇度以下で流通させる船舶や輸送車、冷凍庫の存在なくして語れない経済活動である。安定した電力供給と高速道路網の整備あってこそのことでもある。日本でこうした社会全体の構造変化が生じたのが、一九五〇年代後半から一九七〇年代初頭にかけての、いわゆる高度経済成長期のことだ。

三……捕鯨問題群を分解する

クジラの仲間は世界で八十五種が知られているが、歯をもつハクジラ類七十一種と歯の代わりにクジラヒゲと呼ばれるヒゲをもつヒゲクジラ類十四種に大別できる。イルカ類（四十三種）も、すべてハクジラ類にふくまれる。

アジア大陸の北東部に位置し、暖流と寒流にあらわれる日本列島周辺は、豊富な水産資源に恵まれた海域でもある。鯨類も例外ではなく、鯨類の半数ちかい四十種が列島周辺を回遊している。したがって、日本列島の住民が鯨類を利用してきたのは、故なきことではなかった。たとえば石川県の真脇遺跡では、およそ六〇〇〇年前とされる縄文時代前期の地層から二八六体のイルカ類が発掘されている（頭骨が発見されたので、頭数を数えることができる）。そのうちカマイルカが五六パーセント、マイルカが三五パーセントというように特定の鯨種に集中していることから、それらは偶発的に捕獲されたのではなく、季節的に回遊してくるイルカ類を真脇人たちが組織的に捕獲したものと推察できる。

時代はくだるものの、文献からは戦国時代後期の一六世紀後半、専業化した鯨組《くじらぐみ》が各地に成立したことが知れる。集団でクジラを銛で突く、突取法《つきとりほう》と呼ばれる方法が定着したためである。古式捕鯨と呼ばれるものだ。とはいえ、せっかくの獲物も取り逃がすこと、しばしばであった。捕獲効率が向上したのは一六七七年、クジラに網をかけ、クジラの動きを鈍くさせてから突取る方法――網掛突取法《あみかけつきとりほう》――が太地《たいじ》（現在の和歌山県）で考案されてからのことである。その後、江戸時代を通じ、西日本を中心に古式捕鯨は隆盛をみた。

十九世紀末から二十世紀初頭にかけ、エンジンつきの船の舳先《へさき》に捕鯨砲を設置し、鯨類を追いかけて砲殺する近代捕鯨法がノルウェーから伝わった。その結果、沿岸にやってくる鯨類を捕獲する受動的な操業から、漁場を沖合まで拡大するとともに、従来は捕獲できなかった大型の鯨種も積極的に捕獲するようになった。その後、一九三四／三五年シーズンには、地球上の鯨類の七割が集住するとされる南極海への進出を果たし、日本は捕鯨大国への道を歩みはじめることになる。鯨類資源を管理する国際捕鯨委員会（ＩＷＣ）によって捕鯨が一時停止されたことをうけ、一九八七／八八年シーズンより調査捕鯨を実施してきたものの、二〇一九年六月末をもって日本はＩＷＣを脱退し、同年七月から捕鯨を再開するにいたっている。

後述するように戦後の一時期、わたしたち――正確にいえば、わたしの両親の世代――は鯨肉を食べて命をつないできた。これはまぎれもない事実である。しかし、現在、鯨肉自体が稀少であるし、学校給食をのぞき、みずからの意志で鯨肉を食したことがある人はどれほどいることだろう。

よく知られているように現在は強硬な反捕鯨国として有名な英国や米国も、かつては捕鯨大国であった。そうした国ぐににおける捕鯨と、日本の捕鯨のちがいは、どこにあるのだろうか？ 日本の捕鯨の特徴をあきらかにするためにも、捕鯨をグローバルな視点から捉えなおす作業が必要となる。

捕鯨とは、鯨肉のみならず、鯨油を生産する産業でもあるわけだから、その点を見落としたまま、捕鯨や鯨食の是非を論じるのは危険である。このことは近代捕鯨を確立し、かつ南氷洋捕鯨の覇者たるノルウェーの捕鯨史をふりかえれば、あきらかとなる。同国は、世界商品であった鯨油生産を目的としてシロナガスクジラやナガスクジラなどの大型鯨類を北極海や南極海で捕獲してきた一方で、沿岸では国内で食されるためのミンククジラを捕獲してきた歴史をもつ。世界の鯨油市場が崩壊し、一九六〇年代後半に南氷洋捕鯨を中止したものの、ノルウェーは現在でも近隣海域で鯨肉生産のためのミンククジラを捕獲しつづけている（**図1**）。南極海の場合は、母船と呼ばれる搾油工場ごと出漁する大規模な専業タイプであったが、沿岸の場合はミンククジラを捕獲する夏期以外にはタラやニシンなどを捕獲する小規模漁業者による複合操業である（**図2**）。

鯨油と鯨肉では、生産・精製にかかるコストはもちろん、流通経路も異なってくる。その点、古式捕鯨から近代捕鯨への転換を経験し、かつ古式捕鯨時代も鯨油と鯨肉が生産され、南極海でも鯨油と鯨肉の両方を生産してきた日本の捕鯨は、どの側面から「捕鯨」を捉えるかが問題となる。

つまり、捕鯨を考察する際には、油目的のものなのか、肉目的のものなのか、あるいはその混

図1　クロミンククジラとシロナガスクジラの実物大図。シロナガスクジラは最大体長33メートル、最大重量150トンにもなる、世界最大の動物（2008年10月、下関市内の小学校にて筆者撮影）

図2　ノルウェーの捕鯨船。漁期以外は捕鯨砲をはずして漁船化する（2018年8月、スヴォルバにて筆者撮影）

合型なのかを整理する視点が必要となる。目的によって対象とする鯨種が異なるからだ。同様に沿岸でおこなわれる小規模のものなのか、それとも南極海まで出向く大規模な操業形態なのかという資本の規模も要注意である。

四……偏在する鯨食文化

農林水産省の『食料需給表』によれば、二〇一六年度に供給された鯨肉は四〇〇〇トンであった。国民ひとりあたり、年間にわずか三三グラムの鯨肉しか食べていない計算となる。薄っぺらなハンバーガーのパテ一枚分——しかも焼く前のもの——にひとしい重量だ。牛肉の六キログラムはいうにおよばず、豚肉の一二キログラムと比較すれば、鯨肉消費はゼロにひとしい（魚介類は二五キログラム）。

むろん、これは統計上の話である。調査捕鯨用の船団を提供していた共同船舶が二〇〇八年に試算した推定値によると、年間ひとりあたりの鯨肉消費は、長崎県の一九七グラムを筆頭に、佐賀県一六八グラム、宮城県一四八グラム、山口県一三三グラム、福岡県一二〇グラムとつづいた。いずれも調査時の全国平均四二グラムの三～四倍である。宮城県は近代捕鯨がはじめて定着した土地だし、それ以外の四県は、いずれも古式捕鯨が栄えた地域——西海捕鯨文化圏——である。

このように鯨食の特徴のひとつは、地域的偏りにある。しかも西海捕鯨文化圏の鯨食は、消費

図3　九州北部では鯨肉専門店もめずらしくない。（2011年12月、北九州市で筆者撮影）

量をほこるだけではない。驚くべきは、その多様性にある。市場や商店街に構える鯨肉専門店（！）には、赤肉以外の、白手物《しろてもの》と称される皮や脂肪、はては各種の内臓など、まさに「鯨一頭を食べつくす」かのようなバラエティに富んだ部位が勢揃いしている（**図3**）。だから、お正月や節分などのハレの日はもちろん、日常の食卓まで、TPOに応じた選択が可能となる。

　わたしは「大分県人」であり、「九州人」であることを誇りとしている。ところが、鯨肉を食べた記憶はお粗末なのだ。炊事を担当していた祖母が秋田県人だったからかもしれない。生まれも育ちも大分の父に訊いてみても、鯨肉へのこだわりを感じることはない（ちなみに先述の調査では、大分県と宮崎県は一〇グラムと平均の四分の一である）。唯一わたしが記憶するのは、一九七九年、中学校一年生の夏休み、貧血の対処法として皿いっぱいの刺身を食べさせられたことだ。捕獲できるヒゲクジラはミンククジラだけとなっていたから、あの血がしたたっていた肉塊はミンククジラであったはずだ。

巷に流布する「鯨食伝統文化」説は、こうした地域文化の固有性に触れることは少なく、戦後の一時期に「鯨を食べた」事実だけが強調されがちである。しかし、着目すべきは、むしろ鯨食慣行の地域的濃淡ではないだろうか？　そうした濃淡こそが、それぞれの地域における鯨類とのかかわりの歴史の多元性を示していると考えるからである。

五……捕鯨黄金時代のパラドクス

図4を一瞥すれば、①一九六二年に二三万トンもの鯨肉が市場に供給されたこと（同年のひとりあたりの年間鯨肉消費は二・四キログラムで、鯨肉をのぞく肉類は七・二キログラム）、②一九五七年から一九七五年までの十八年間にわたって鯨肉生産が一〇万トンの大台にあったことがわかる。

この一〇万トンもの鯨肉が供給されていた「捕鯨ニッポン」黄金期は、日本が高度成長を遂げた時期でもある。このことからすれば、豊かになった以上、「ほかにも食べる物がある」という批判も一理ある。事実、豚肉の消費量が鯨肉の消費量を凌駕するのは一九六四年であった。東海

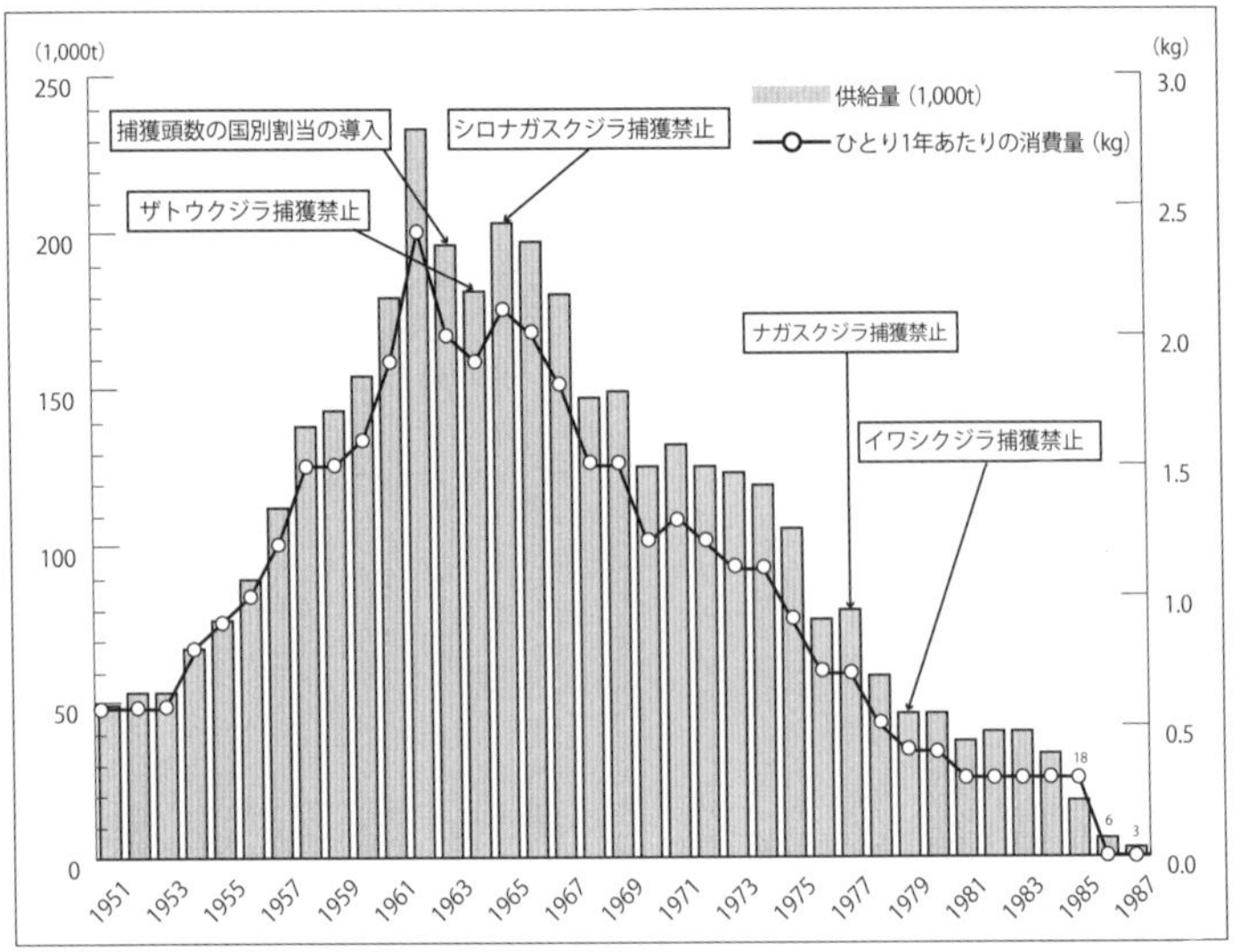

図4　鯨肉の供給量（1000トン）と年間ひとりあたりの鯨肉消費量（キログラム）。出所：『食料需給表』より筆者作成

道新幹線が開通し、東京オリンピックにわいた年だ。つづいて一九六六年に鶏肉が、一九六九年に牛肉が鯨肉の消費量を追い越している（**図5**）。やはり、鯨肉はチープ故の需要だったのか？

しかし、ことは簡単ではない。結婚に際し、お見合いと恋愛とが逆転したのが一九六〇年代前半であったように、一九五〇年代後半以降、わたしたちの価値観や生活様式が激変したからである。食生活も例外ではありえなかった。一九五七年に「きょうの料理」がはじまり、新たな食情報が発信されるようになった。一九六〇年にはステンレスの流し台が登場したし、一九六二年には都市ガスの普及が五〇〇万戸を突破……

この種の事例は枚挙にいとまがない。なかでも注目すべきは、一九六五年に科学技術庁が出した「コールドチェーン勧告」である。生活文化史家の村瀬敬子によれば、同勧告は「穀類や芋類、塩蔵品などの常温で保存しやすい食品に偏っている日本人の食生活の改善を目的として、生産現場から家庭までを低温でつなぐコールドチェーンの整備」を提唱したものであった（『冷たいおいしさの誕生』）。つまりは、日本人の食生活に不足気味とされていた動物性たんぱく質の摂取を奨励するために国家が「流通体系の合理化」を命じたわけである。

　この勧告に呼応し、冷蔵・冷凍食品を積極的にあつかったのは、当時、成長途上にあったスーパーであった。対

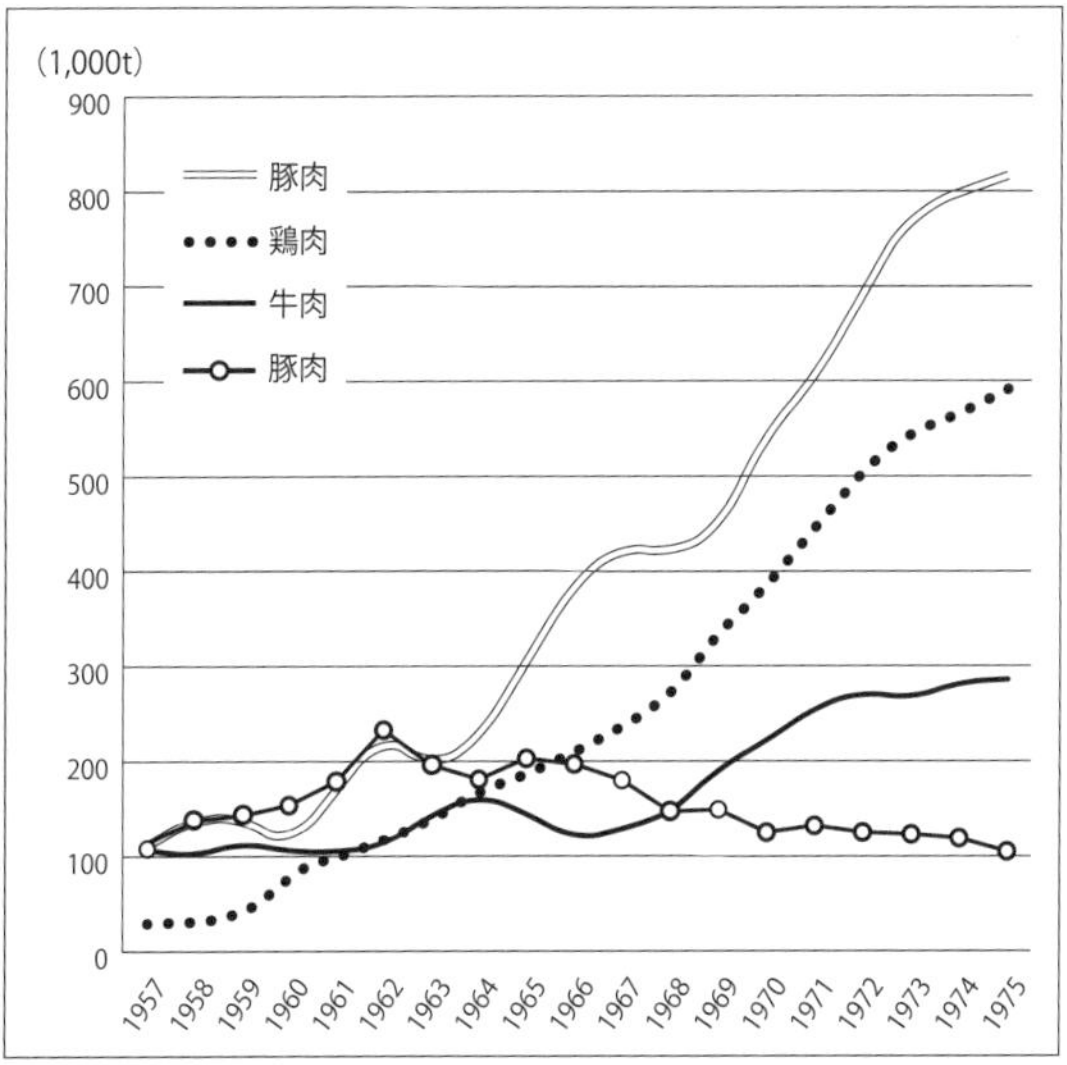

図5　「捕鯨ニッポン」黄金期における鯨肉と食肉の供給量（1000トン）。出所：『食料需給表』より筆者作成

面での計り売りではなく、規格にそってパック詰めされた食品をセルフサービスで多量にさばけば、人件費も節約できる。そんな時代の寵児に顧客の孫にまでサービスを提供していたヨッちゃんが太刀打ちできるはずはなかった。

六……目利きあってこその鯨食文化

南氷洋で生産される赤肉は、浮かんだ工場（工船）で成形され、冷凍される。その意味では、コールド・チェーンの旗手たるスーパーこそが鯨肉にとって最適の売場となりえたはずだ。しかし、実際はそうではなかった。なぜか？　冷凍鯨肉が、成形した複数の肉塊を接いだものだったからだ。何万トンもの肉塊を処理するわけだ。当然ながら、規格が必要となる。それが、ケースとよばれるもので、一ケースは一五キログラムとされた（現在は一〇キログラム）。ぴったり一五キログラムの塊もあったが、大半は半端な部分を接ぎあわせて一五キログラムとされた。部位や肉質はもちろんのこと、この「接ぎ」の多寡によっても等級は決まった。北九州市の旦過市場で鯨肉専門店を構えて五十年超の岡崎敏明さんはいう（図6）。

接ぎが多いと、その分、塊の一個、一個が小さくなるっちゅうことです。そりゃぁ、塊の方がええに決まってます。接ぎ目を無視して切ったら、刺身やったときに、もうバラバラですよ。屑みたいになるやないですか。それじゃぁ、プロの仕事やない。スーパーなんかは、接ぎなんか外しきらんし、外したりせん。外したらロスが出るけんね。だから、解凍して、そんまま電気ノコでバーンってやるだけですよ。そしたら、この接ぎ目にあたったときは、もう、ボロボロになるんです。もともとは別々の肉やったわけやけん、あたりまえやわね。お客さんが買うて、運のいい人は接ぎはないけど、悪い人は接ぎだらけでしょ？　鯨の人気がイマイチなんは、運の悪いところを摑まされたっていうこともあるんやないですか？　わたしら、この接ぎをきれいに外して商売する。で、接ぎを外すために削ったら、切り身ができ

図6　岡崎敏明さん（1941年門司生まれ）（2015年8月、旦過市場にて筆者撮影）

ますよね。それは、また、それで使えるんですよ。それが、プロの商売っていうもんです。

そうなのだ！　専門店であろうと、魚屋さんであろうと、鯨肉は知識と技術をもったプロ――目利き――があつかってこその食材だったわけである。接ぎの多い肉を摑まされた客が離れていき、豚肉や牛肉へ流れていったものと察せられる。

七……魚肉ソーセージがつないだ肉食文化

だが、畜肉への移行は、そう簡単ではなかった。奈良時代より明治五（一八七二）年に明治天皇が肉食解禁を公言するまで、日本は公式には畜肉を食べない文化だったからである。

明治期における肉食は、かつてから食されていた鶏肉をのぞけば、ほとんどが牛肉であった。豚肉需要が増大するのは、大正時代（一九一二〜二六年）に入ってからのことである。ホテルやレストランなどの需要により、ハムとベーコンが普及したためである。さらに一九一八（大正七）年に海軍の兵食にハムが採用されたことが、豚肉需要を喚起した。

こうしたハム・ソーセージの需要拡大をうけ、一九三五年、農林省水産講習所（現東京海洋大学）は、カマボコの製造技術を応用し、マグロ類の夏期の値下がり対策としてツナハムの試作に成功した。しかし、日本独自といってよい魚肉ハム・ソーセージの需要が顕在化したのは一九五四年のことであった。日本食文化史研究の第一人者である原田信男は、その契機について「一九五四年のビキニ環礁での水素爆弾の実験による被爆で、マグロの値段が暴落したことから、処分にこまったマグロを魚肉ソーセージに加工して売りだしたところ、爆発的な人気を博した。これを契機に魚肉ソーセージは驚異的な伸び」を示しはじめたという（『和食と日本文化』）。

原田の説明を裏づけるように、前年二二九トンにすぎなかった魚肉ソーセージの生産は、第五福竜丸事件の年には一九九五トンと九倍に伸び、さらに翌年にはその五倍、その後も倍々ゲーム的に増大していった。当時の快進撃を伝える新聞記事を見てみよう。

商工界　魚肉ソーセージ　肉屋の領域へ　肉屋の商売領域に魚屋が攻撃を仕掛けている。魚肉ソーセージの進出がそれ。春ごろからこの売行きがぐんぐん伸び出し、食品界での当り商品に数えられそうだという。／材料はマグロ、クジラで大洋、日本水産、日魯、日本冷蔵、極洋の大手筋五社が乗出したものだが、いまのところ月産八〇〇万本、このうち五〇〇万本が五社製品で秋風が吹きはじめるとともに一〇〇〇万本台にはねあがる見込み。／三〇匁～三五匁一本が三〇円～三五円というお手軽なところが受けたのだろう。（中略）肉屋の領域に食い込むだけならよかったが、このソーセージどうやらこのごろでは同業のカマボコをおびやかすまでになり、カマボコ屋の中には早くもソーセージへの転向組も現われている。最近魚肉ソーセージ組合が発足、大いに品質の向上につとめるという。

〔『毎日新聞』一九五五年九月二十四日、朝刊、四頁、傍点引用者〕

この記事には、原田説を裏づける情報が出揃っている。ビキニ環礁での水爆実験との関係性には言及してはいないが、①魚肉ソーセージの流行が一九五五年の春あたりからであり、②材料にマグロ類と鯨類をもちいているうえ、③魚肉ソーセージの製造技術の根っこはカマボコ製造技術にある（ものの、すっかり「庇を貸して母屋を取られる」的な状況におちいりそうな）ことの三点である。

なお、尺貫法が匁《もんめ》（三・七五グラム）や貫《かん》（三・七五キログラム）からグラムやキログラムに切り替わったのは、一九五一年六月である。しかし、記事では慣用的な匁が使われているように、商取引での度量衡にメートル法の使用が法的に義務づけられたのは、一九五九年一月であった。この記事が書かれたのは、その過渡期だったわけだ。ちなみに三〇匁～三五匁は、一一二・五～一三一・二五グラムに相当する。当時のＬサイズのソーセージである（Ｍソーセージが九〇グラム、Ｓソーセージが五〇グラム）。

魚肉ソーセージが一九五〇年代なかば以降に大流行したことは、つぎの記事からもうかがえる。とはいえ、一九五八年の時点でも、新聞が購買指南をつとめねばならなかったということは、まだ馴染みの薄い商品であったということでもある。

今週の食品　魚肉ソーセージ　すばらしい売行　お節句も過ぎてそろそろ行楽シーズンだが、この二、三年魚肉ソーセージの売行きはすばらしい。去年の全国生産高は一九五四年の十倍で約一〇〇〇万貫（三万七五〇〇トン）。五四年は畜肉ソーセージより五割少なかったのが、去年は逆に三倍近く多い。原料はたいてい南海物のクロカワカジキ（マグロの一種）で、刺身にむかないものが多く使われる。しかし、「魚肉ソーセージは冷蔵庫のない乾物屋で半年置いても腐らないように原料の鮮度は十分気をつけています」と東京銀座の魚肉ソーセージ協会は説明に一生懸命。魚肉をすりつぶし豚の脂身を一割、デンプン、香料などをまぜ、塩酸化ゴムの袋につめて八五度に熱して出来上る。（後略）

［『朝日新聞』一九五八年三月四日、朝刊、四頁（傍点引用者）］

一九五〇年代半ばに生産が本格化した魚肉ソーセージは、まさしく高度経済成長を象徴する食品であった。その理由のひとつが、記事にもある「冷蔵庫なしでも長期保存できる」ことにあった。電気冷蔵庫の世帯普及率が過半数を超えたのは一九六五年であった（**図7**参照）。それが、わずか六年後の一九七一年には九割を超えるまでいたっている。本統計は内閣府による「主要耐久消費財普及率」からとったものであるが、電気冷蔵庫は二〇〇二年の九八・九パーセントを最後に調査項目からはずれている。統計をとる必要がなくなったほどに普及したためである。

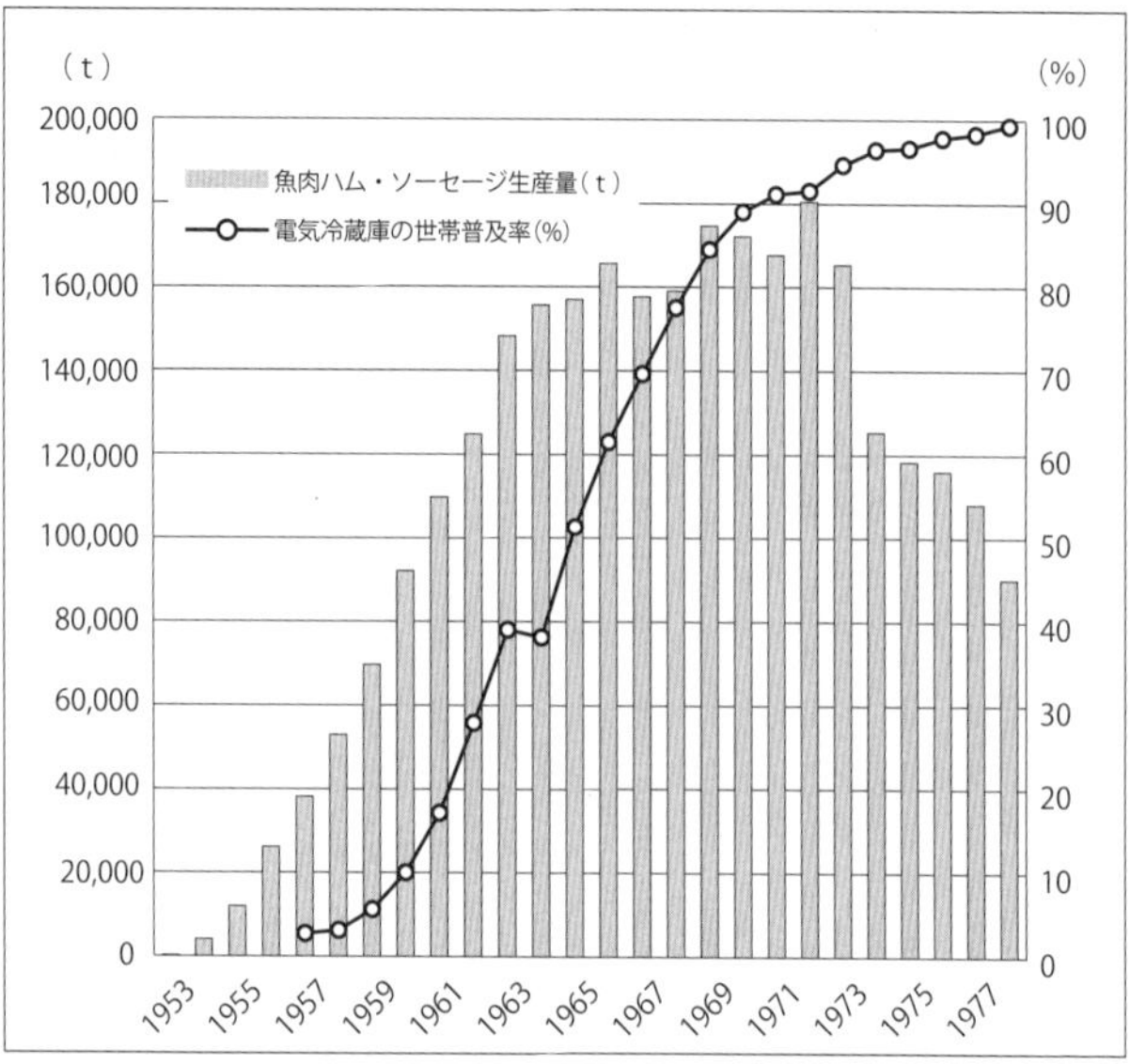

図7　魚肉ハム・ソーセージの生産量と電気冷蔵庫の普及率。出所：『内閣府消費動向調査・主要耐久消費財普及率』と日本缶詰びん詰レトルト食品協会魚肉ソーセージ部会資料をもとに筆者作成

食に関する消費者意識の向上は、製造者の想像を上まわるスピードであった。『日本水産の七〇年』（一九八一年）によると、それまで全国販売数量で畜肉ハム・ソーセージを上まわっていた魚肉ハム・ソーセージが、一九六三年前後に逆転しはじめたという。この背景について同書は、「生産者側も、消費者の生活水準の向上、嗜好の変化に追随しきれなかったことが指摘できるし、消費構造の変化がそれ以上に速かった」と自己分析している（傍点引用者）。同書が回顧するのは、まさに東京オリンピックにわく日本で豚肉を筆頭とする畜肉が鯨肉消費に逼迫しようとするころのことである。

しかし、依然として畜肉に馴染みの薄い層も存在していたことを看過してはならない。そうした人びとに魚肉ハム・ソーセージが受容されていた事実をふまえ、原田は、「そうした人びとにとって、魚肉ソーセージは、まさしく魚ではなく肉として食され、魚肉から畜肉への転換を潜在的に支えた」と魚肉ハム・ソーセージの果たした役割を評価している（『和食と日本文化』）。

ここで注意したいのは、「橋渡し」役をつとめたのが鯨肉であったことである。当時、下関市で魚肉ソーセージの加工に従事していた常岡梅男さんによれば、魚肉ソーセージに三五パーセント、魚肉ハムに三八パーセントの鯨肉がふくまれていたという。魚肉ハム・ソーセージの生産が一八万トンのピークに達した一九七二年、わたしたちは六万三〇〇〇トンから六万八〇〇〇トン程度の鯨肉を「見えない」形で消費していた計算になる。同年度の鯨肉生産一二・五万トンの半分ちかく――まだ国民が飢えていた一九五四年の鯨肉生産総量に匹敵――が魚肉ハム・ソーセージとして利用されていたわけである。

そんな鯨肉を主原料とする魚肉ハム・ソーセージも、一九七〇年代なかば以降に姿を消すこととなる。理由はふたつある。①一九六三年にはじまった南氷洋捕鯨への規制強化により、一九七六／七七年シーズンからナガスクジラの捕獲が禁止されたこと、②ベーリング海を主漁場とする北洋において、スケトウダラが大量に漁獲されるようになり、魚肉ソーセージの主原料が鯨肉からスケトウダラへと転換したことである。

八……食文化の保守性

大正末期から昭和初期（一九二〇年代）に台所を預かっていた全国の女性五〇〇〇人にインタビューした貴重な資料がある。農山漁村文化協会による日本の食生活全集五十巻がそれである（以下、食生活全集）。都道府県ごとに生業や文化的なまとまりによって四〜十地域にわけ、正月や祭りなどのハレと日常的なケの食事について聞き書いたものだ。一九八〇年代に七十歳〜八十歳だった女性にインタビューをおこない、およそ五十年〜六十年前の料理を再現してもらった料理のデータベース集である。

はたして鯨料理（イルカ類をふくむ）は、二十七道府県に登場する。各巻末にある索引によれば、記載された品数の多い順に佐賀県二十一品、山口県十五品、福岡県十三品、長崎県と和歌山県十一品となる。和歌山県は網掛突取法発祥の地であり、現在もゴンドウ類やイルカ類など小型鯨類を対象とした沿岸捕鯨が活発な太地を擁している以上、不思議はない。それ以外の四県は、さきに述べた西海捕鯨文化圏に属している（**図8・表1**参照）。つまり、鯨食の偏在性を指摘した県ごとの鯨肉消費の推定値とほぼ同一傾向を示している。鯨食の盛んな地域では、量だけではなく、質的にも多様なのである。

しかし、両者のデータの差異には日本の捕鯨史を理解する鍵が潜んでいる。それは近代捕鯨の

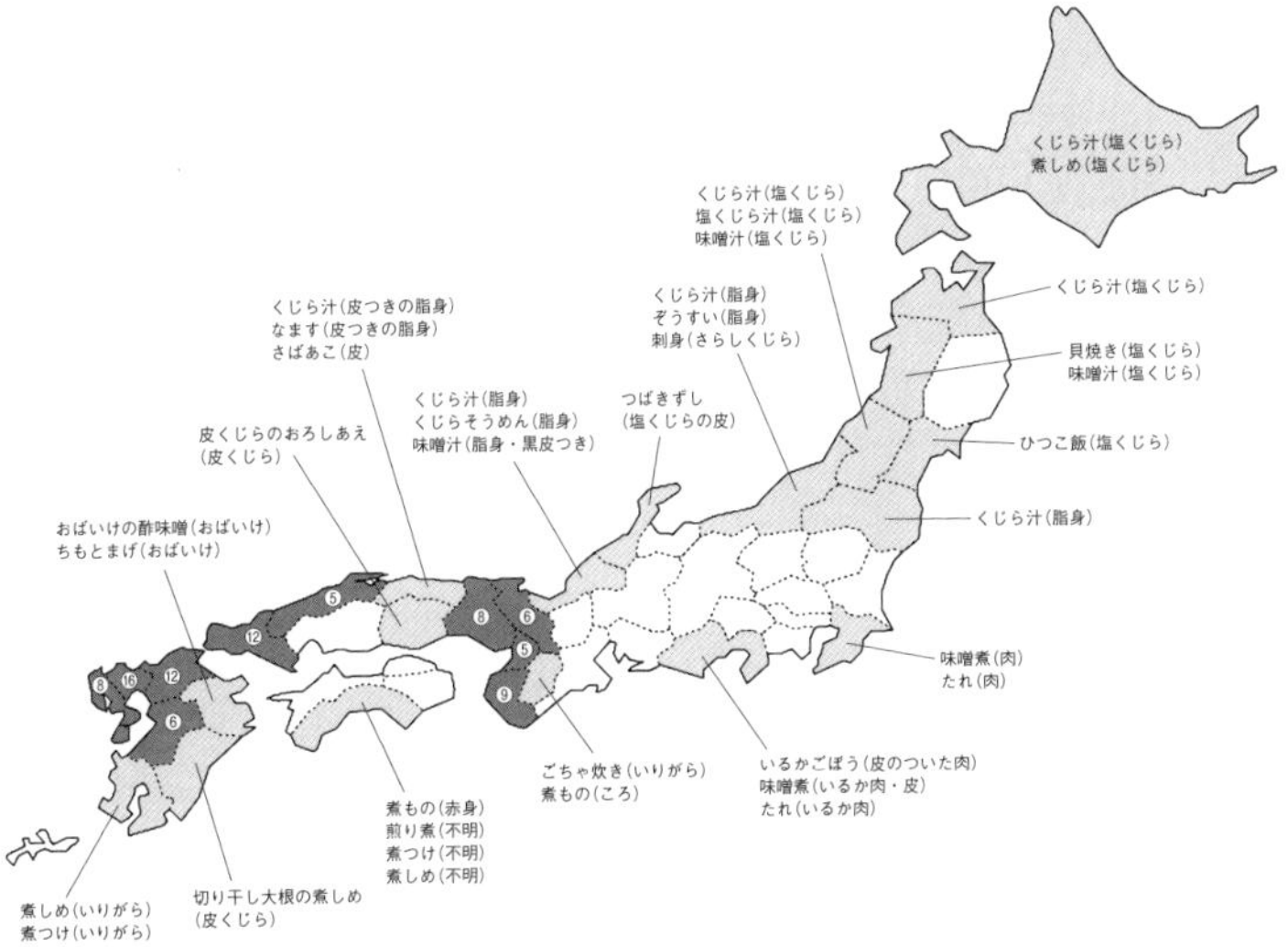

図8　日本の食生活全集に記載された鯨料理（利用部位）の分布。出所：食生活全集より筆者作成。

存在である。日本に近代捕鯨が定着したのは一九〇六年、宮城県は牡鹿半島突端の寒村・鮎川であった。同地に白羽の矢がたったのは、欧米の捕鯨者たちに「ジャパン・グランド」として知られていた黒潮（暖流）と親潮（寒流）のぶつかる潮目、金華山沖漁場に鮎川が接しているからであった。鮎川が捕鯨バブルにわいた様子は、当時全国に十二社あった大手捕鯨会社のうち、九社が鮎川周辺に存在したことからも推察できよう。以来、現在でもツチクジラとミンククジラが水揚げされているように、鮎川は一貫して「クジラのまち」でありつづけている。そんな鮎川を擁する宮城県なのに、鯨食に関する

表1　食生活全集に記載された鯨料理のうち、一府県内で五品以上が記載された府県と料理名、利用部位、おもな季節。出所：食生活全集より筆者作成。

府県名	料理名	利用部位	おもな季節＊
京都府　6品＊＊	水菜の煮もの	ころ	冬
	はりはり鍋	くじら肉	冬
	大根炊き	いりがら	冬
	さつまいもの蔓の煮もの	いりがら	秋祭り
	えび尾(刺身)	えび尾(尾の身・塩漬)	夏祭り
	えび尾(味噌汁)	えび尾(尾の身・塩漬)	夏
大阪府　5品	すき焼き風	ころ	(冬)＊＊＊
	さらしくじらの酢味噌あえ	さらしくじら	夏
	関東炊き	ころ	冬
	はりはり鍋	赤肉・尾の身・本皮	冬
	水菜とくじらの水炊き	不明	冬
兵庫県　8品	おばけ	おばいけ	夏
	しゃぶしゃぶ	赤身	(冬)
	粕汁	ころ	冬
	関東煮	ころ	秋～冬
	雑煮	皮くじら	正月
	ばりばり鍋	脂身	(冬)
	煮ごみ	皮くじら	夏～秋
	混ぜごはん	皮くじら	冬～春
和歌山県　9品	いでもの	内臓	
	鯨油		
	いりかす	ごんどう	
	ごまあえ	ごんどう	
	ねぶか煮	ごんどう／いるか	
	塩焼き	生肉	
	ちぢくり	おばいけ	
	つくり	尾の身／わきの身	
	干もの	生肉・赤身	
島根県　5品	くじら汁	皮つきくじらの脂身	冬・大晦日
	大かぶ汁	塩くじら	大晦日
	くじらべか	くじらの白皮(脂の多い皮)	冬
	くじら飯	くじらの脂身	冬

	煮つけ	塩くじら(脂)	冬
山口県　12品	おばいけ	おばいけ	大晦日・節分
	混ぜごはん	赤身？	年越し
	こんにゃくの南蛮煮	くじら肉	節分
	南蛮煮	赤身(＋はずし)	大晦日
	なます	白身	
	刺身	赤身	大晦日は必ず
	つけ焼き	赤身	不明
	煮ぐい	山皮(塩をする前の生のもの)	(冬)＊＊
	ぬたあえ	(塩にした)山皮	(冬)
	味噌煮	判断できず	冬／節分
	煮もの	白身	不明
	炒めてから炊く	白身	不明
福岡県　12品	刺身	赤身・おばいけ	大晦日
	味飯	黒い皮がついたくじらの脂肉	夏以外
	運そば	不明	大晦日
	三月ねぎの味噌和え	おばいけ	春／冬
	がめ煮	皮くじら	
	野菜の煮つけ	皮くじら	
	きゅりもみ	おばいけ	
	せんぶきの酢味噌和え	おばいけ	雛節句
	年取りくじら	おばいけ	大晦日
	七草汁	くじら肉	正月
	福入りぞうすい	不明	1月
	煮つけ	皮くじら	(秋)
佐賀県　16品	刺身	赤身	
	いりやき(すき焼き風)	皮くじら(背側)(無塩も)	
	おばやきの煮しめ	おばやき	
	皮くじらの煮しめ	皮くじら	
	かのこくじらの煮しめ	鹿の子	
	黒皮なます	皮くじら(無塩)	ハレ／正月
	じゃがいもとおばの煮つけ	おば(塩)	
	新じゃがとおばの煮しめ	おば(皮くじら)	
	油いため	皮くじら	
	たけのこのでんがく	おばくじら(くじらの脂身)	

	つんきーだご汁	くじらの畝	
	ねばだご汁	皮くじら	
	ぶなのでんがく	皮くじら	
	湯かけくじら	尾羽・黒皮・畝	
	塩くじらの焼きもの	塩身くじら(くじらの肉の部分を塩漬け)	
	松浦漬け		
長崎県　8品	あえもの	尾羽くじら／うねくじら	ハレ／正月
	おつけ	塩くじら	
	くじらずーしー	くじらの脂どころ	
	野菜の煮しめ	塩くじら(畝須・畝)	
	煮ごみ	煮しめくじら(だし用)	
	ぬっぺい	塩くじら(だし用)	
	ぶなぞうめん	塩くじら(不明)	
	湯かけくじらの酢味噌	尾羽(塩くじら)	
熊本県　6品	薬焼き	棒くじら(白身くじらの塩漬)	
	だご汁	皮くじら	
	煮しめ	皮くじら	
	塩くじらの焼きもの	塩くじら(塩漬したくじらの身)	
	身くじらとせんもとのぬた	身くじら	
	身くじらの刺身	身くじら	

＊：記載がない料理は、通年を意味する。
＊＊：品数は県府内で重複した料理を引いたもの。
＊＊＊：(　)でくくった季節は、本文から筆者が推察したもの。

記述が希薄なのはなぜなのか？

興味深いのは、『宮城の食事』には、農作業時用の弁当「ひつこ飯」しか記載されていないことである。「ひつこ」と呼ばれる木製の容器に麦飯を詰め、そのうえに焼いた塩くじらを載せ、漬物を添えたものだという。ひつこ飯は、岩手県との県境にちかい内陸部の食である。同書には鮎川に隣接し、ともに二〇〇五年に石巻市に編入された旧雄勝町の食も記載されているが、海藻をふくむ豊富な魚介類をもちいた料理が多数紹介される一方で、鯨肉の記載はない。調査者が聞きもらした可能性も否定できないとはいえ、つぎのようにも考えることができる。鮎川における捕鯨シーズンは夏期であった。当時は、冷蔵も冷凍も十分ではなく、ほとんどの鯨肉は塩漬けされるか缶詰に加工されていた。食用加工の許容量を超えた分は、肥料用にまわされた。鮎川の鯨バブルを耳にしていた雄勝の人びとであったが、道路が整備されていなかった時代、わざわざ新参の食材を利用するまでもなく、従来どおり前浜からあがる海の恵みを享受していた……。

すでに見たように宮城県は、年間のひとりあたりの鯨肉消費量が全国第三位を占める鯨肉の大消費地である。だが、鯨肉が県下の広域に普及していくまでに一定程度の年月を要したことがわかる。食文化の保守性の好事例であろう。

九……獣脂の利用

全国の捕鯨関係者を訪ねていて、面白いことに気づかされた。地方によって「塩くじら」の指す食材が異なっているのだ。食生活全集は説明していないものの、塩蔵鯨肉を意味する「塩くじら」には、赤身と脂身の両方が存在している。西海捕鯨文化圏の塩くじらは、生食に不向きなマッコウクジラなどのハクジラ類の赤肉の塩漬けである。かつて高温・高湿度の炭鉱で働く人びとの弁当は塩くじらと決まっていた。当時は水分をふくみえないほどカチカチに塩漬けされていたらしいが、いまでは手で曲げることができるぐらいにソフト化している。（わたしのように塩分を気にする中年男性でも）呑んだあと、お茶漬けに食べたくなる逸品である。

他方、山陰地方から北海道南部での「塩くじら」は皮つきの脂肪で、くじら汁や味噌汁をつくる。宮城県のひつこ飯に使用される塩くじらの詳細はわからないが、福島から北海道南部を経て日本海側では鯨肉といえば、「塩蔵した脂身」を指すので、ひつこ飯も塩漬けされた脂身を焼いたものであったとわたしは考えている。

面白いことはまだある。概して秋田県や山形県、新潟県、福井県は土用を中心とした夏にくじら汁を食べるのに対し、北海道や青森県、鳥取県、島根県などは冬にくじら汁を食べる傾向にあることだ。福島では「年中食べられるが、新ジャガイモができ、長ネギの新芽が伸びたころが一番おいしく食べられる。夏は労働による疲労もあり、脂っこいくじら汁を食べて元気づける」とされている。さしずめ鰻が普及する以前の、「土用の鯨」といったイメージである。事実、『福井の食事』には「土用には、なすとくじらの脂身をいれたくじら汁を食べる」とある。

くじら汁の本場は新潟県と山形県だとは聞くものの、わたしが食す機会に遭遇したのは秋田市であった。二・五センチメートル丈に切ったミズという山菜とナス、ニラのシンプルなものであった。だからこそ、味噌仕立ての濃厚なスープとミズのシャキシャキとした歯ごたえ、ナスのキュッキュッとした食感が妙にしっくりくる一杯であった（**口絵⑫**）。

図9　島根の郷土食くじら飯も脂皮が決め手（2021年7月、捕鯨母船日新丸にて筆者撮影）

どうしたことか、食生活全集には鯨食のさかんな山口県から九州北西部にかけては、くじら汁なる料理の記載はない。九州の料理でくじら汁にもっとも近いようにみうけられるのは、長崎県の「おつけ」かもしれない。おつけとは、「具たくさんで汁がたっぷりの煮もの」で、「イワシの煮干

図10　秋田市民市場で売られていた房総産のツチクジラとアイスランド産ナガスクジラの脂皮（2015年7月、筆者撮影）

し一尾を二つか三つに割って大鍋に入れ、水を加え、大根、里芋、ゴボウなど季節の野菜を何種類か大切りにして入れる。生魚やイワシのかまぼこ、揚げ豆腐、塩くじらの一品でもあればなおよく、弱火でゆっくりと煮て、醤油で味を少し濃いめにつける」料理である。ここでの塩くじら自体が脂身なのか赤身なのかは明記されていないが、そもそもイワシの煮干しで出汁をとる点でくじら汁とは異なっている。山陰から東北地方にかけてのくじら汁のポイントは、脂身が醸すコク——つまり出汁——だからである。

　わたしは塩肉と塩脂のちがい——ふたつの塩くじら——を発見し、悦にひたっていた。その背景には、「西海捕鯨文化圏こそが鯨食文化の先進地」たる先入観があったことは反省しなくてはならない。もっとも、こうした地域で脂皮が忌避されているわけではない。むしろ皮と脂肪は白手物と総称され、珍重されている。これらの地域では薄く切った脂皮を赤身肉と一緒に刺身で食べる（口絵⑬）。脂の甘さと皮の歯ごたえが、しっとりした赤身肉の食感と共鳴するのだ。脂皮と赤身を海

図11　尾の身のユッケ風（2021年7月、捕鯨船第三勇新丸にて筆者撮影）

苔でまいて食べる人もいる。海苔の香りが彩りをそえてくれる、贅沢な食べ方だ。

こんな経験から貴重な鯨皮を出汁につかうなんて想像できなかったわけだ。ところが食生活全集は、同捕鯨文化圏でも脂皮を味つけとしていた事実を伝えている。「皮くじらは塩もので、大きいのを一本まとめて買う。これを切ると手がべとべとするが、煮つけの味だしにおいしい」（『福岡の食事』）といった記述が少なくないのである。

食は保守的である。その一方で文化である以上、うつろいも必定である。コールドチェーンが未発達だった一九二〇年代、脂皮にしろ、赤身にしろ、産地でさえ刺身で食べる機会は少なかった。そんな刺身が全国化したのは高度経済成長期にコールドチェーンが発達してからの、わずか五十〜六十年間のことにすぎない。それ以前、鯨類の脂皮は、旬の野菜を美味しく食べるための必須アイテムだったわけだ。それが東北では汁物へ、九州では煮物へと発展していったということなのだろう。

まとめよう。食生活全集からは、①脂皮利用に特化したくじら汁文化圏と、②西海捕鯨文化圏や和歌山県など脂皮と赤身肉の利用に富む産地地域、③ハリハリ鍋と呼ばれる鍋文化に象徴される関西の消費地地域の大きく三つに分類できる。高度経済成長を経て、スーパーが浸透したり、ほかの選択枝が増えたり、鯨肉の価格が高騰したりで、こうした地域でも、鯨肉を食べる機会も量も減ったかもしれない。しかし、鯨食じたいは健在である。

日本料理の出汁の基本はコンブ、カツオ節、シイタケだとされる。奈良時代以降獣肉が忌避されたこともあり、獣脂の利用はマイナーな位置づけどころか、無視された感さえある。たとえば、二〇一三年十二月に和食がユネスコの無形文化遺産に登録された際に、農林水産省が発行したリーフレット『和食――日本食文化を、無形文化遺産に。』を見てみよう。そこには、和食の特徴として①多様で新鮮な食材と素材の味わいを活用、②バランスがよく、健康的な食生活、③自然の美しさの表現、④年中行事との関わりの四点があげられている。具体的に②では、「一汁一菜を基本とする日本の食事スタイルは理想的な栄養バランスと言われています。また、「うま味」を上手に使うことによって動物性油脂の少ない食生活を実現しており、日本人の長寿、肥満防止に役立っています」と謳っている（傍点引用者）。だが、鯨類の脂皮利用に着目すれば、この説明が誤りであることは、あきらかである。

自然志向・健康志向のつよい今日的感覚で日本料理を規定し、その線にそって洗練させていくことそれ自体が、逆説的に日本料理の多様性を削ぎ、日本料理の将来を細くしかねない、といえないだろうか？　かつてのケの食がハレの食へと転換してしまいかねない飽食時代だからこそ、日本列島の多様な恵みを発掘し、いまいちど評価してみたい。

まとめ

量的にも質的にも鯨食を「日本の伝統」と考えるには無理があるかもしれません。しかし、日本各地には鯨食を継承してきた地域があるのは事実です（鯨食の偏在性と保守性）。冷蔵庫とスーパーに代表されるコールドチェーンの浸透によって、鯨食文化はふたつの意味で変質しました。一、冷蔵庫がなかった時代、鯨肉入りの魚肉ハム・ソーセージが人気を博したことが、その後に到来した畜肉消費時代への橋渡しをしました。二、スーパーの躍進により、「接ぎ」を見極める目利きがいなくなった結果、鯨肉が「安かろう、悪かろう」の代名詞と化し、やがて豚肉や牛肉にとってかわられることになりました。このように食生活の変化の背景には、さまざまな社会の変化が存在しています。こうした変化を見通せるような複眼的レンズを獲得しましょう。

さらに学びたい人のために

赤嶺淳『鯨を生きる――鯨人の個人史・鯨食の同時代史』（吉川弘文館、二〇一七年）
祖父江智壮・赤嶺淳『高級化するエビ・簡便化するエビ――グローバル時代の冷凍食』（グローバル社会を歩く研究会、二〇一四年）
中園成生『日本捕鯨史――概説』（古小烏舍、二〇一九年）
濱田武士『魚と日本人――食と職の経済学』（岩波書店、二〇一六年）
原田信男『和食と日本文化』（小学館、二〇〇五年）
村瀬敬子『冷たいおいしさの誕生――日本冷蔵庫100年』（論創社、二〇〇五年）

演習問題

1. 高度経済成長期（一九五五年から一九七三年）の生活様式、とくに食生活の変化について、身近な人に訊いてみよう。
2. 冷蔵庫がなかった時代の「食」の記憶について、身近な人に訊いてみよう。
3. 飽食時代の問題点について、グループで議論してみよう。

和食の材料

［第6章］

和食と魚

石川智士

はじめに

和食に魚介類は欠かせない。どこへ出かけても名物料理に魚介類はつきものである。北海道のウニやホタテ、越前カニに大間のマグロといった海産物をはじめ、山間でのイワナやワカサギ、鮎なども名産品として有名である。地域ごとに名産品があり伝統料理がある背景には、日本の独特な地形と気候が関係している。南北に長い国土を有する日本は、北は寒い北海道から南は暖かい沖縄までと、様々な沿岸環境が揃っている。加えて、日本の海には北から親潮やリマン海流といった寒流が流れ、南からは黒潮や対馬海流といった暖流が流れる。これらの海流は、多くの魚の回遊ルートを提供することから、日本の沿岸から沖合には実に数多くの海産生物が分布する。二〇一三年に出版された日本産魚類検索全種の同定・第三版には四二一〇種が掲載されている。

る。さらに、日本魚類学会ではその後二〇一九年までに二八八種の新種を紹介しており、新種は今後も増えていくだろう。この約四五〇〇種という数は、世界の魚種の約一三パーセントを超える数である（世界的な魚のデータベースであるFishBaseには二〇一九年十二月現在で約三万四三〇〇種の魚種が登録されている）。日本の広さが排他的経済水域を含めても、世界の約一・〇パーセントでしかないことを考えると、その魚類相の豊富さは際立っているといってもいいだろう（日本の領土：約三十七万八〇〇〇平方キロメートル、ＥＥＺ：約四四七万平方キロメートル、地球の表面積：約五億一〇〇〇万平方キロメートル）。

これら多種多様な魚介類は、古くから様々な形で食材として利用されてきた。その利用方法は、単なる種類の豊富さだけでなく、その土地土地の自然に育まれ、その風土や文化の中で、独特な利用方法として育まれてきている。しかし、この地域と魚介類との関連性は、ずっと変わらないものと、時代を経るにつれ大きく変化する場合がある。現代では高級魚のクロマグロであるが、冷蔵技術や輸送技術が発達するまでは、今の様に全国的に食べられていたわけではない。特にトロは、脂が多く漬《ヅケ》などの保存に向かないことから、江戸時代ではあまり高い評価は得ていなかったようである。また、回転ずしで人気のサーモンも、生で食べるようになったのは最近の事である。これにはノルウェーなどでの養殖技術発展や物流システムの向上によって、寄生虫の恐れが少ないものが出回るようになったことが大きく影響している。それまでは、日本における鮭と言えば新巻や塩漬けが一般的であり、生で食べるとしても一部の地域で伝統的に食べられていたルイベ（寄生虫対策として、一度凍らせたものを薄く切って食べる物）だけであった。

食材の変化やその価値の移り変わりに関する評価は様々であろうが、古くから多様な水産物を食べてきた日本には、その変遷を知ることができる歴史的な資料が数多く残されている。この点、和食を通じて自然と社会の変化を知ることができるのは、日本の食に関する研究の奥深さかもしれない。

図1　荒巻鮭の写真（協和水産株式会社HPより）

一〇〇〇年以上前の平安時代に和歌をまとめた万葉集には、クジラをはじめカツオやスズキ、鮎やフナそしてウナギなどが登場し、当時の文化を想像することができる。また、同じ年代に編纂された延喜式には、アワビやカツオの加工品などおよそ一六〇種類にも及ぶ食材が納税品として納められていたことが記載されており、納税の仕組みと納税品の量を比較することによって、当時の価値を推し量ることが可能であろう［清武・石川二〇二〇］。それらの中には、現代日本ではほとんど食されなくなった海藻のミルが登場し食の変化を知ることができる。また、現代では東北の名産品として有名なホヤが東海地方

図2　復元された北前型弁才船「みちのく丸」（青森県野辺地町HPより）

から納税されていたことなど、現代とは異なる自然の様子を知ることができる。平安時代から現代に至るまでにどの様な変化がなぜ起きたのか、環境や気象が変化したのか、それとも社会変化によるものかなど、思いを巡らすことは好奇心を掻きたててくれる。

過去の自然や社会、文化が現代の食文化に影響を与えているという点では、日本の東西における出汁文化の違いは興味深い。西は薄味、東は濃い味と一般的に表現されがちであるが、この違いは出汁の違いによるものという説がある。西は主に昆布など海草の出汁をよく使い、タイなどの白身魚をあっさり食すことが多い。昆布を用いた出汁が普及した背景には、江戸時代から明治の中期にかけて国内物流を担った北前船の航路によるものとする意見が強い［株式会社にんべん］（**図2・3**）。

北海道で昆布を積んだ北前船は、日本海側の港を回りながら、関門海峡を通り、瀬戸内海を抜けて大阪まで荷を運んだ。立ち寄った港では昆布が下ろされ、一部は九州から沖縄まで輸送されていた。この昆布が運ばれたルートに位置する地域では、昆布を出汁として用いる食文化が広

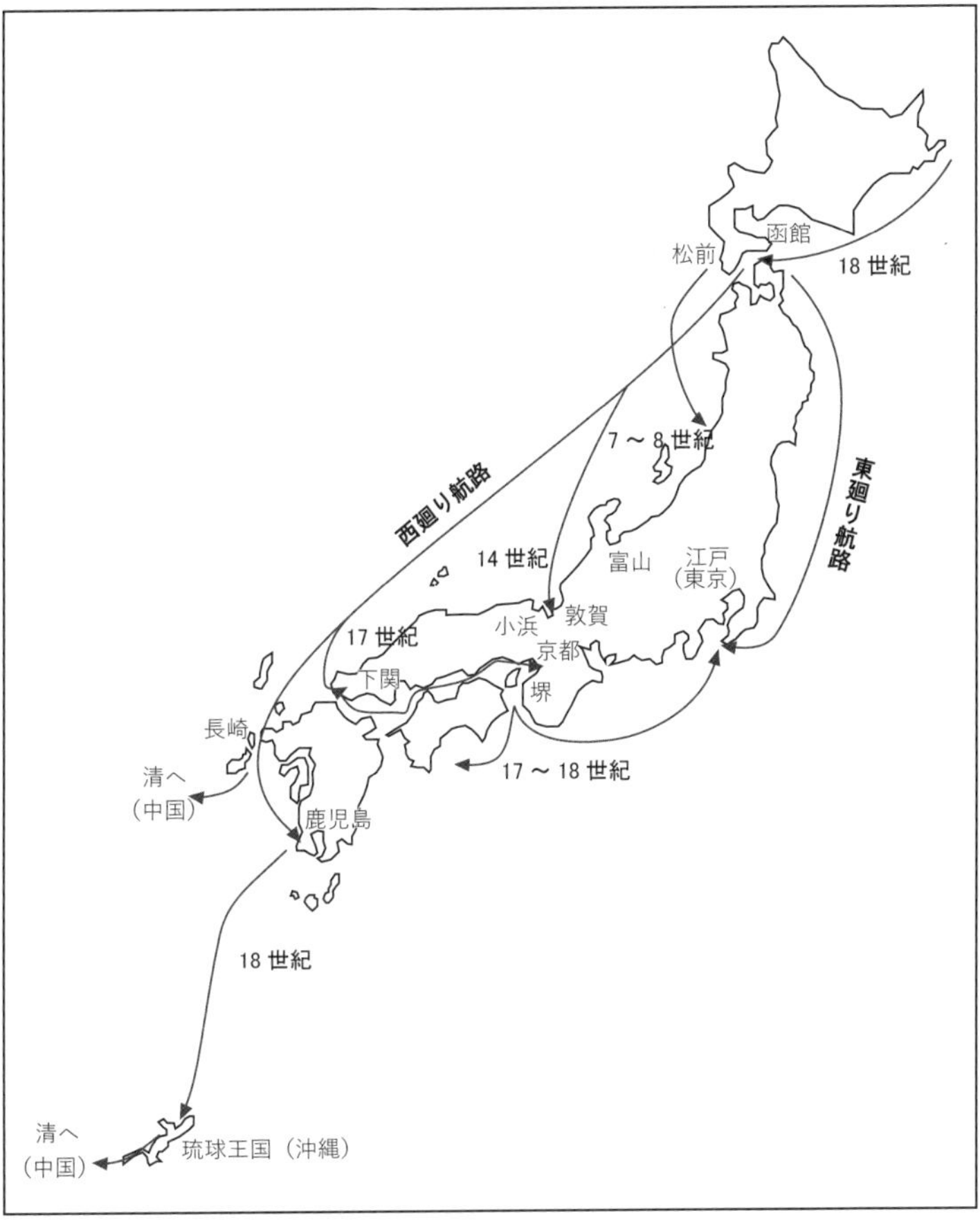

図3　昆布ロード（日本昆布協会のHPより作成）

まったとされる。

　これに対してカツオ節を用いる地域は、関東はじめ東の地域が多く、赤身魚などを鯉味で食することが多い。これにはカツオの漁場と北前船をはじめとする航路が影響している。カツオは外洋から九州南部や四国沖に接近し、その一部が関東沖合まで回遊します。この回遊経路に沿った地方に鰹節の産地があり、また、作られた鰹節は荷を下ろした船に積まれ関東へと運ばれた。この産地ならびに輸送ルートに対応する形で鰹節文化は広がったと考えると、現代の出汁を中心とした味の好みも、江戸時代の自然や社会に大きく影響されているということになる。

　出汁の話以外にも、食の変化と社会および時代の変化が密接に関係している事例は数多くある。この自然と社会の変化を、「食」を通じて考えてみると、地域の文化や伝統に関しても別の価値観を感じることができるだろう。ここでは、魚介類の種類と利用方法の変化について、和食の食材の観点から触れてみたい。

一……技術の変化と魚介類食材の変化

（1）和食文化と漁具の変化

　食材としての海産物の利用の変化の背景には、常に技術の進歩があったと考えられる。日本全国に約三九四〇か所もある貝塚からは、古代日本に暮らす人々が、沿岸に大量に生息する貝類などを採取して食べていたことが伺える。今でも貝が豊富な海岸に行けば、一時間でバケツ一杯の貝を集めることができる。貝塚が作られた時代には、今以上に豊富な資源がそこにあったに違いない。引き潮時に、誰もが素手や簡単な採集道具で安全に大量の食材が手に入れることができた沿岸は、まさに楽園であったに違いない。また、近年沖縄から世界最古の釣り針が発見され、二万年以上まえにはすでに釣りで魚をとらえていたということが分かってきた［Fijita et al., 2016］。釣り道具の発明は、入手できる食材に大きな変化をもたらしたことだろう。それまでの魚といえば、干潮時に形成される潮だまり（タイドプール）に閉じ込められた魚をとるか、浅瀬に石で関をこしらえ、魚などを閉じ込める石干見《いしひみ》によって捕まえられる魚が主であった［田和二〇〇七］。しかし、釣りは岩場や沖合での漁を可能とし、大型の魚の漁獲をも可能にしたのではないかと想像する。その際、場所によって魚が異なることや種類によって味が違うことも広く認知されたのではなかろうか？　そうであるならば、釣り具の開発は食文化に大きな影響を与えたと言えるだろう。石干見の漁法はアジアのみならずヨーロッパはじめ世界各地にその痕跡を見ることができる。これは、どこからか伝わったというよりは、人が魚を捕るために各地で同じようなことを考えた証拠なのではないだろうか。魞《えり》や定置網は、おそらくは石干見からの発展形とは思われるが、こちらも世界に広くみられる漁具である（**図4**）。ただ、石干見よりさらに高度な環境や海流、または漁獲対象となる魚の生態を知らないと、うまく漁ができない［有元ら、二〇〇六］。これらの設

図4　魞の写真（フィリピン・バタン湾、筆者撮影）

置型漁具の発展は、それぞれの地域で、環境やそこに生息する生物たちに関する知識を深めることに貢献したのだろう。また、流通が発展した現代においても、三陸ではサケが、氷見ではブリが、その土地を代表する海産物となっていることを見れば、毎年決まった時期に大量に回遊してくる魚を漁獲できるようした定置網が、それぞれの土地の食文化に大きな影響を与えたことは疑う余地はない。

(2) 養殖技術とマグロの出世物語

刺身といえば、多くの人がマグロとサーモンを頭に思い浮かべるのではないだろうか？　特にクロマグロは、今や「海のダイヤ」もしくは「黒いダイヤ」と呼ばれ、そのトロや大トロはまさしく高級食材の代名詞とも言ってよいだろう。また、今や寿司屋でもっとも人気があるのはサーモンであるという。ただ、このマグロや刺身のサーモンが一般的に食べられるようになったのは極めて最近の事であり、すでに述べたが江戸時代では脂分の多いトロは腐食が早く、猫マタギ（魚好きの猫でさえ、またいで通りすぎるほど味が良くないこと）とさえ言われていたということは結構有名な話である。また、回転ずしなどでサケがサーモンと広く呼ばれるようになり、寿司ネタとしてサーモンが広く普及したことにも、水産に関する技術の進歩が大きく関わっている。

カツオやブリ同様にマグロも日本沿岸を回遊している。古くから食べられていたことは遺跡などから出土する骨でも確認されているが、濃い口醤油が開発されヅケが広まるまでは、あまり珍重されていなかったようだ。マグロはとても繊細な魚で、素手で触っただけでもその部分の肉が変色してしまうほど、取り扱いが難しい。このため、沿岸で釣れたものは良いとして、冷凍技術が発達するまでは沖合や遠洋でのマグロは商品にはならなかった。その冷凍技術が漁船、特に外洋で漁業を行う船に搭載されるようになったのは一九六〇年代の事である。国内のマグロ漁獲量もその技術導入に合わせて一九七〇年代初頭から増加した（**図5**）。このころになると、国内における冷凍輸送技術、いわゆるコールドチェーンも整備され、各家庭にも冷凍冷蔵庫が普及する。切り身で販売でき、冷凍で保存ができるマグロは人気商品となっていった。ただし、この時増え

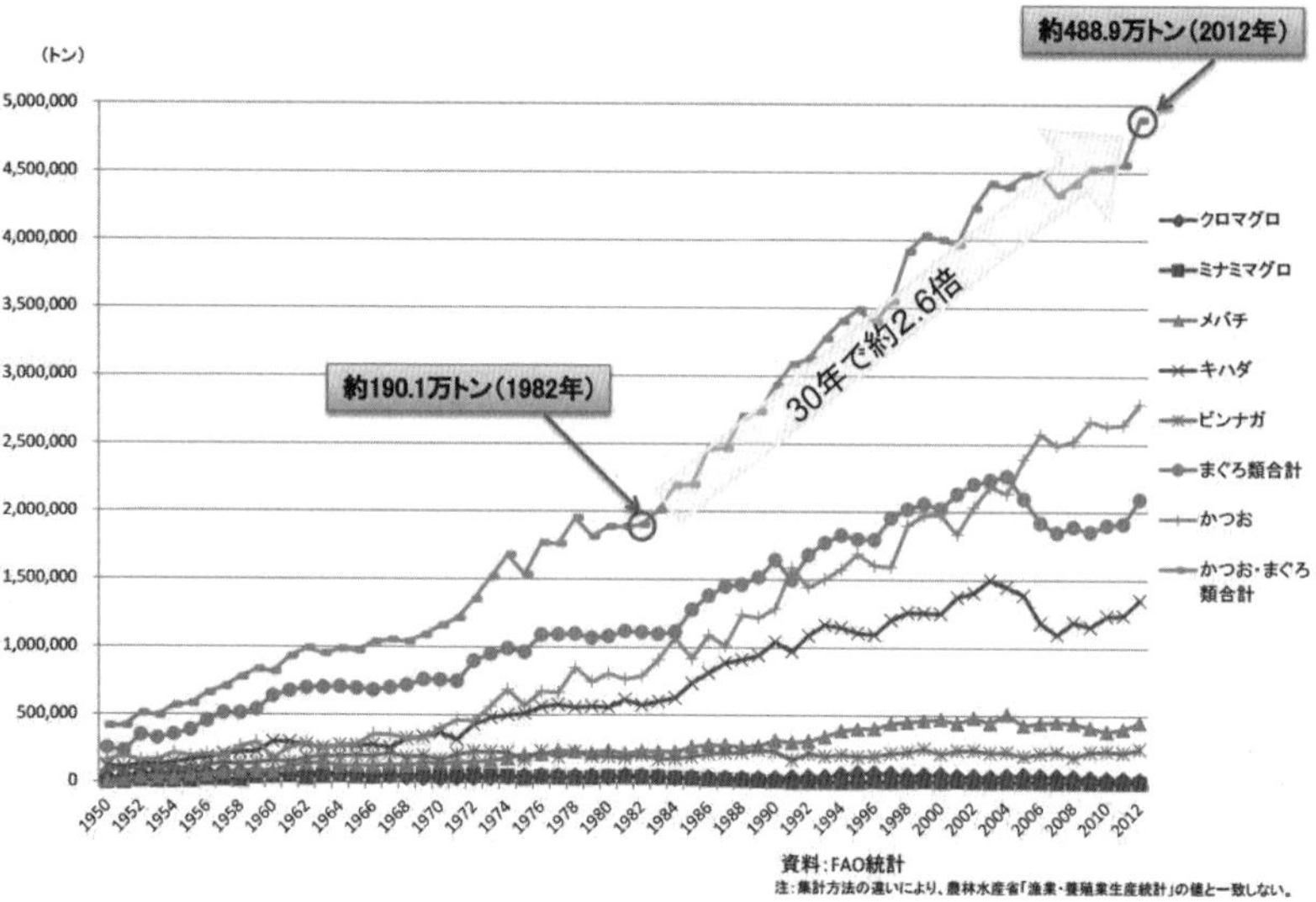

資料：FAO統計
注：集計方法の違いにより、農林水産省「漁業・養殖業生産統計」の値と一致しない。

図5　マグロの漁獲量（水産庁平成27年1月資料より）

たマグロは、クロマグロではなく、キハダやメバチなどのマグロであり、クロマグロのトロは以前と変わらず高値の花であった。マグロのトロが一般化するのには、一九九一年のオーストラリアにおけるマグロの畜養システムが完成するのを待たねばならなかった［堀一九九二］。

オーストラリアの南部では、古くからミナミマグロ漁が盛んであったが、多くはツナ缶の材料となっていた。産卵後の痩せた魚は、缶詰には適していたが、価格は安かった。このミナミマグロを旋網で集め、沖合の生簀に移して餌を与え太らせてから出荷する畜養技術（今は完全養殖技術が開発されているため、ここでは天然資源に頼る養殖は畜養と表記するものとする）

が開発されたのは一九九二年の事である。この畜養マグロは、それまで安値で取引されていた缶詰用のマグロを、高級食材へと変貌させた。マグロはトロと呼ばれる油の乗った箇所が最も高い。通常、天然のマグロの場合は、トロは全体の七から一五パーセント程度しかないが、畜養マグロの場合は七〇から八〇パーセント、つまり全身トロのマグロが出来上がる。このため、消費者は安いトロを食べることができるようになった。また、畜養の場合は注文を受けてから生簀での捕獲を開始することから無駄のない効率的な生産が行えるという利点もある。現在でも、注文を受けた現地業者は、生簀からマグロを取り上げ、内臓や鰓を取り外して氷詰めして、飛行機で日本へと出荷している。

⑶ サケとサーモン

サーモンが幅を利かせている背景にも、養殖技術と輸送技術の進歩が深く関係している。サケの種苗生産技術の開発は歴史が古い。国内でも明治九年（一八七六）には、茨城県那珂川で孵化事業が開始されており、一八八八年には北海道千歳に孵化場が建設された［水産庁二〇一八］。このころの孵化事業は、産卵に川や岸辺に戻ってきた天然のサケを捕まえて、そこから採卵を行うもので、人工的に作られた仔魚や稚魚は資源増殖のために放流されていた。この人工的に仔稚魚を作って放流する「栽培漁業（つくる漁業）」は、今でも全国で豊かな海づくりの一環として行わ

表1　サーモンの標準和名と一般的名称・業界用語の対応表

標準和名	一般的な名称・業界用語
シロザケ	サケ、シルバーサーモン
ベニザケ	ベニサケ、サッカイサーモン
シロザケ	シロサケ、トキシラズ、チャムサーモン
ニジマス	トラウトサーモン、スチールヘッド
タイセイヨウサケ	アトランティックサーモン
サクラマス	ホンマス、マス
カラフトマス	アオマス、ピンクサーモン
マスノスケ	キングサーモン

れている。その対象種はタイやヒラメなど様々な魚種が対象となっている。一方、回転ずしのサーモンはノルウェーやチリなどで、仔稚魚生産から出荷まで完全にコントロールされたいわゆる完全養殖サーモンである。この日本の増殖によるサケと完全養殖のサーモンの最も大きな違いは、魚種の違いもあるが、寄生虫の有無であろう。

日本でも完全養殖のサーモンは生産されている。その生産量は三〇万トン前後である。これに対しノルウェーは年間約一三〇万トン、チリでも約七五万トンも生産されている。ただしこれらの国々で養殖されているのは、日本で主に養殖されている銀鮭（シルバーサーモン）ではなく、主に、タイエシヨウサケ（アトランティックサーモン）である（**表1**）。また、これらの国で養殖が盛んとなったのは一九八〇年代以降である。ノルウェーでは国と企業が一体となって世界への販売を進めており、ノルウェーでは全生産量の約八割が、チリでも約六割が輸出に振り向けられている［日本政策投資銀行二〇一四］。特に生食用の製品輸出においては熱心で、養殖環境のモニタリングや餌の調整で寄生虫がいないことをアピールし、食の安全と環境配慮をブランド化に活かしている点は、先進的な水産業として注目されている。

ただ、なぜ生食なのか？　ということを考えてみれば、そこに寿司という文化があることは間違いない。マグロにしても、元々はツナ缶の材料となるか、スポーツフィッシングの対象でしかなかったものが、高級食材として認知され、世界で生産・流通されるようになったのには、世界的な和食ブームがあったと思われる。今となっては有名なマグロとアボガドをまいたカリフォルニアロールやサーモンとマヨネーズの寿司だが、これらの料理が生まれた背景にも和食が健康によいというイメージが普及を後押ししたのであろう。寿司をはじめとする和食は、今や世界中に広まっている［Kurokura et al. 2012］。

(4) ツナ缶と捕鯨

クジラの町として有名な和歌山県太地町《たいじ》だが、そこで培われた漁業の技術や気質は、捕鯨だけでなくマグロ漁にも生かされ、それが世界的なヒット商品であるツナ缶の普及にも大きく関わっている［櫻井二〇一三］。今でこそマグロは寿司ネタや刺身が有名であるが、和食が世界に広まるまでは、マグロといえばツナ缶の材料というのが一般的であった。特に一九一〇年代にアメリカ・ロサンゼルスにあったターミナル島では、大量のツナ缶が作られていた。そのツナ缶に使う

図6　太地町の捕鯨船（筆者撮影）

マグロの漁獲とツナ缶加工の労働力として、太地出身の日本人が活躍していたことは、あまり知られていない。太地町では、江戸時代から古式捕鯨が盛んにおこなわれ、明治期にノルウェー式捕鯨漁業が導入されると、その乗組員として多くの町民が捕鯨に関わっていたクジラの町である。

　この町に悲劇が生じたのが、明治十一年（一八七八）十二月の事である。巨大なセミクジラを発見し捕獲に向かったが、鯨が巨大であるところに天候悪化も加わり約一〇〇名以上の命が失われた。この「大背美流れ」と言われる事故により多くの漁師が命を落としたことで古式捕鯨が事実上終わり迎えた。その後、町の経済を支えるために多くの人がアメリカへと移住することとなり、ターミナル島で生活していた［太地町ＨＰ］。もし、古式捕鯨での事故がなければ、多くの太地の民がアメリカへと移住することもなく、ツナ缶の普及は違う形になっていたかもしれない。マグロとクジラが、ツナ缶を通して深く関わっている太地町の歴史は、人と食と自然の関わりを教えてくれる際に興味深い事例である。

(5) ウナギをめぐる技術開発

マグロやクジラと同じようにウナギも古くから日本人に親しまれた食材の一つであり、最近絶滅が危惧され、保全活動と資源利用に関して世界でも議論され、注目を集めている点でも共通している。ウナギと言えば蒲焼であるが、この発祥は諸説あり年代も定かではないものの、江戸時代の文化年間（一八〇四〜一八一八年）には今の形が完成していたようである［松井一九七二］。しかし、魚体を開いてからタレをつけて焼く蒲焼であっても、関東の背開き関西の腹開きや、焼く前に蒸すか蒸さないかなど、日本の東西で料理方法が大きく異なるだけでなく、名古屋のひつまぶしや大阪の串焼きなど様々な地方料理が存在する。東京であっても、高級なウナギと日常的に食べるウナギといろいろバリエーションがある［黒倉ら二〇一九］。

ウナギが世界自然保護連合（IUCN）のレッドリストで絶滅危惧種に指定されたのは二〇一四年六月の事である。ウナギの資源量は一九六八年以降、減少の一途をたどっており［Dekker et al. 2003］、養殖に使われる天然産のシラスウナギの高騰やウナギ食への批判の声は高まりを示している。最近では、レッドリストに挙げられていない熱帯種を養殖して蒲焼にするような対策が得られているが、最近まで大量に輸入されていた中国産鰻は、ヨーロッパからシラスウナギを輸入して中国国内で養殖したヨーロッパウナギ（*Anguilla anguilla*）であった。このヨーロッパウナギは、資源量の減少を懸念したEUによる輸出規制で、最近は生産量や輸出量が激減してきている。いつの間にかスーパーや量販店に並ぶウナギは、日本産から中国産に代わり、そして今は熱帯産に変わってきている。

結局ウナギは食べてよいのか？　最近よく聞かれる質問である。立場や価値観の違いによって答えは様々であり、科学的な立場から答えを導き出すことは難しいが、食材として流通しているものを食べること自体は、悪いことではないだろう。むしろ、保全の名のもとに特定の産業を否定することや非難することから、関係者間での対立を生むことの方が悪影響は大きいだろう。また、ウナギが重要であると認知されている間は、多くの人がウナギとその環境に興味を持ち、また、保全のための活動が展開される。現代的には、そのことの意味と価値をもっと認識する必要があるだろう。なぜならば、詳しくは後述するが、単に利用する（漁獲する）量を減らせば、資源は回復するというわけではないのだから。

二……和食と水産資源管理と沿岸開発

（1）和食とエコラベル

和食の食材として欠かせない水産物であるが、世間の話題としては資源の劣化や価格の高騰な

図7　MSCジャパンのエコラベル（MSC日本事務局HPより）

図8　MEL-Jのエコラベル（マリン・エコラベル・ジャパン協会HPより）

ど、あまり良いニュースが聞こえない。確かに、水産資源の持続的利用は世界的なテーマでもあり、二〇〇〇年に開催されたシドニーオリンピック以降、オリンピック・パラリンピックの選手村で提供される水産物は、基本的にはすべて持続的な漁業で生産されたものとするエコラベル認証を受けたもののみとされてきた。二〇二一年の東京オリンピック・パラリンピックでもこの方針は踏襲されるとの意見があったようである。二〇一九年時点で、世界では四〇九の事業体がＭＳＣ認証を受けており、世界の天然魚の漁獲量の内、一七・四パーセントを漁獲するに至っていた。これに対し日本の国内におけるＭＳＣ認証を受けた漁業者数は四事業体に過ぎなかった（二〇二〇年度でも六事業体であった）。このＭＳＣ認証が進まない背景には、日本独自の事情があると思う。あまり知られていないことかもしれないが、日本の様に沿岸の漁業が漁協などの漁業者組織によって管理され、またしっかりした漁業統計が集められ、地域ごとに漁業管理が実施されている国は世界でも数少ない。殆どの国では、漁船登録さえまだ進んでいない。そのような国や地域に対して、資源管理型漁業への転換を促すために、漁獲物に付加価値をつけるＭＳＣ等の認証という仕組みは有効だと思う。一方で、日本の様に漁船登録も水産統計の収集システムや管理システムが発達している国では、地域毎に資源評価も行われ、漁業規制も行われている。このため改めて漁業認証を受けても、漁業行為自体はあまり大きく変化しないだろう。このような事情を理解してかどうかはわからないが、二〇二〇年東京オリンピック・パラリンピックでは、ＭＳＣだけでなく、国内での漁業認証であるＭＥＬジャパンも取り扱い可能な認証とされた。また、認証が間に合わない漁業事業体であっても、事前に登録や審査を受けて、合法的な漁業と認められた漁獲物は使用が許可されたようである。今回のことが話題となり、日本でも漁業認証の取得がる得ると共に、漁業認証による漁業管理だけでなく、漁業者による藻場の整備や放流事業など、日本の沿岸で行われている豊かな海創造事業などが、世界にもっと発信されてくれればと思う。

(2) 資源管理型漁業と沿岸環境

エコラベル認証を受けられる水産物は、持続的な利用を可能とする漁業で生産されたものだけである。では、具体的には何をもって持続的な利用を可能とすると決めているのだろうか？　海のエコラベルとして有名なＭＳＣ（Marine Stewardship Council）のケースでは、(1)対象資源への影響評価、⑵漁場環境および生態系への影響評価、⑶漁業行為や運営に関する評価の三側面について、持続的な資源利用と漁業経営がなされるかどうかを調べることになっている。マグロを対象として資源管理の国際委員会やクジラを対象とした国際捕鯨委員会でも基本的には同じ取り組みであり、持続的な漁業とは、資源量を評価し、獲りすぎを防ぐと同時に、漁場環境を過度に壊す事の無いように漁労行為を規制するというものである。この資源評価を行うためには何時、どこで、何が、どの様に漁獲されたのか詳細な統計データが必要であり、また、それを解析するための生物学的情報が不可欠となる。また、獲りすぎを防ぐために決められたルールが守られるというシステムの存在が不可欠となる。このデータの収取と分析、ルールの順守を高めるために、膨大な費用と労力がつぎ込まれている。

しかし、獲りすぎさえ防いでいれば資源は持続的に利用できるとする考え方自体、かなり楽観的であるようにも思える。確かに鯨類は、商業捕鯨の停止が始まって多くの種類で個体数が回復した。また、秋田におけるハタハタ漁の三年間の禁漁は、その後の資源回復に大きく寄与したものと思われる［田宮二〇〇九］。確かに、クジラのように捕食者が人間以外いないような場合、捕鯨が減れば資源は増えるだろうが、他の生き物の場合、漁獲による死亡より自然死亡の方がかなり影響は大きく、漁獲を減らしたからと言って資源が必ず増えるとはいえない。ハタハタの場合であっても、単に漁業をやめただけでなく、打ち上げられたハタハタの卵塊を海に戻す作業

図9　東京湾の埋め立て面積図
（石川・伏見2019より）

など、再生産を助ける活動を平行して行ったことが重要であったと思われる。また、二〇一五年に発表されたシュワルスキーらの論文では、世界の二二四の水産資源を対象に、親世代の資源量と子世代の資源量の関係性を調べたところ、親世代の資源量が多いからと言って、子世代の資源が多い（反対に親世代の資源量が少ないからと言って、子世代の資源量も少ない）といった明確な関係性は、全体の八割程度の資源では認められなかったとした報告があった。これは、漁業規制を行って、漁獲量を減らすだけでは、必ずしも資源が回復するとは言えないことを科学的に示した例であろう。[Szuwalski et al., 2015]。

江戸前と言えば、寿司が有名であるが、それ以外にもアサリやハマグリといった貝類、シバエビやシャコといった甲殻類も有名である。しかし、これらの魚介類は最近の漁獲量が芳しくない。

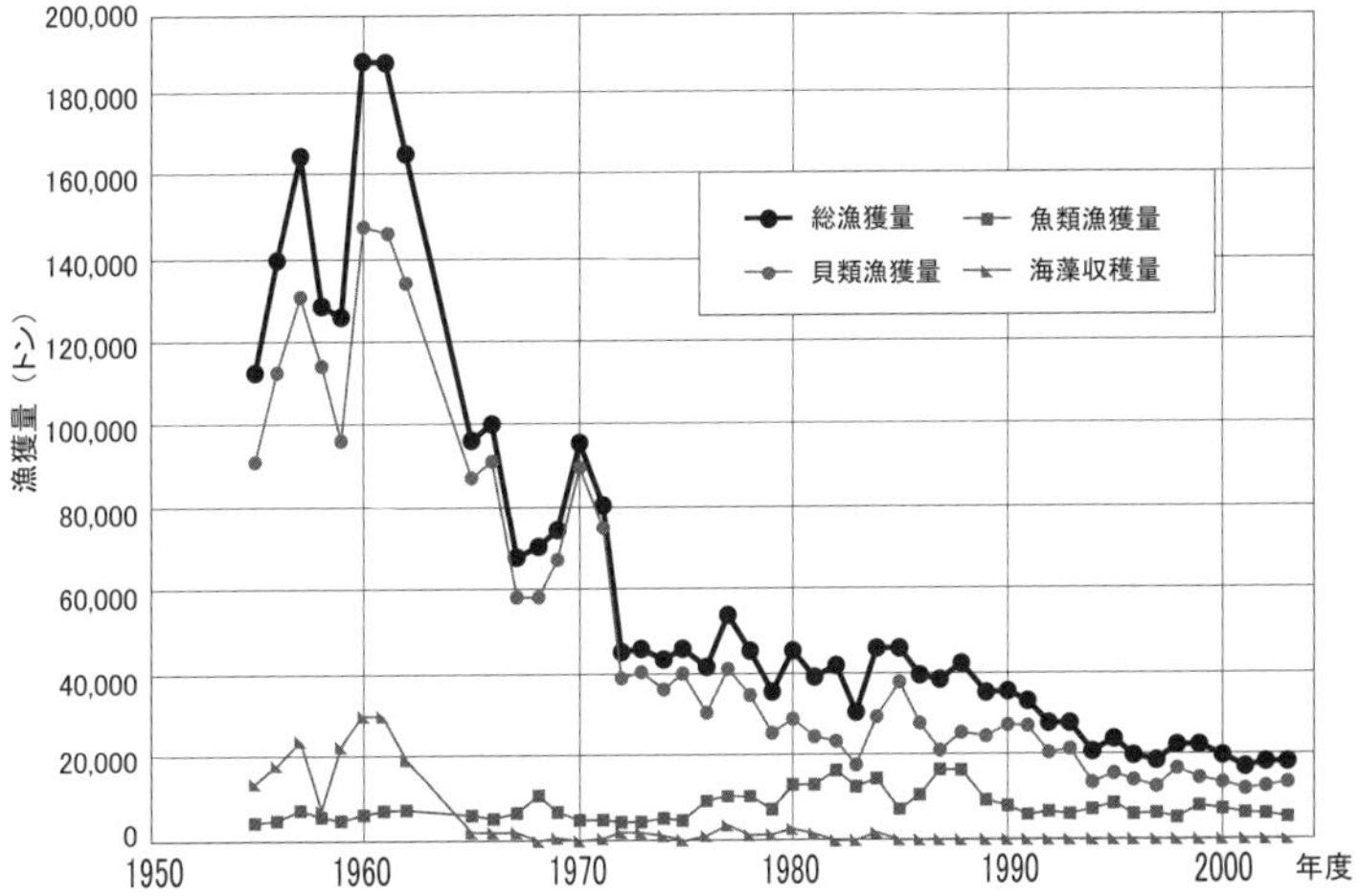

図10　東京湾の漁獲量のグラフ（石川・伏見2019より）

資源量が少ないのが最も大きな要因と思われるが、資源悪化の原因はとりすぎというよりは、環境の変化であろう。東京湾には、元々は広大な干潟が広がっていたが、それが一九四〇年代以降一九八〇年代にかけて防災施設や港湾施設および工業地造成のために埋め立てられ、現在では一〇パーセント程度しか残っていない（**図9**）［石川・伏見二〇一九］。港湾整備に合わせて漁業者は減っていたので、資源量の減少（**図10**）が漁業の取りすぎではないことは確かであり、九割もの干潟は消失してしまえば、砂地で生活していた貝やエビカニが減少しても不思議ではない。

　東京湾をはじめとする内湾性の強い沿岸域における資源減少は、獲りすぎよりも環境の変化や生態系の変化によるところが大きいという意見がある。環境や生態系の変化を引き起こす要因は、埋立や河川流量の変化などの人間活動の直接的影響が強い場合もあれば、地球温暖化や極端気象によるものなど間接的なものもある。また、エルニーニョ現象や黒潮の流れが変化するなどの自然現象による場合もある。いずれにしても、環境の変化、特に産卵場や保育場として機能している場所の環境変化は、乱獲（獲りすぎ）以上に、資源に悪影響を与えることがあることは、広く理解されるべきであろう。

三……文化としての魚食

(1) ブランド魚

昔からカツオと言えば、土佐（高知）、タイと言えば明石（兵庫）といわれる。しかし、カツオの水揚高トップは静岡県で、二位は東京都、三位は三重県で、高知はカツオだけなら五位、ソウダガツオなど含めたカツオ類でも四位にとどまる。タイに関しても天然真鯛の水揚トップは長崎県で、二位が福岡県、三位が愛媛県で兵庫県は四位である。養殖のタイでもトップは愛媛県で、二位は熊本県と兵庫県は上位には位置していない。これらブランドがいつ頃形成されたものであるかは、それぞれであろうが、必ずしも漁獲量が多いということだけで形成されたものではなく、その土地の自然がおいしい魚を育む環境を持っていることも大きく影響しているのだろう。

おいしい魚が上がることで有名なブランドと言えば、青森県大間のマグロや大分県佐賀関の関アジ・関サバが有名であろう。脂がのったちょうどよいサイズのクロマグロが回遊してくる大間沖の津軽海洋や海流が早く身のしまったアジ・サバが取れる佐賀関沖の豊予《ほうよ》海峡（速吸瀬戸《はやすいのせと》）は、まさにブランドにふさわしい魚を供給してくれる。しかし、大間と同じ津軽海峡でクロマグロを吊り上げている函館の戸井のマグロや豊予海峡でアジ・サバを漁獲している愛媛県佐多岬の岬アジ・岬サバは、最近注目されてきているものの、まだまだ全国的には知られていない。おいしい魚が水揚げされるからと言って、ブランド化が進むわけでもないのだろう。

福井県若狭湾に面する小浜から京都府出町商店街につながる道は、古くから鯖街道と呼ばれる。若狭湾で水揚げされたサバが、行商人によって京都に運ばれた道で、冷凍技術のなかった昔、サバはしめ鯖として京都まで運ばれた。小浜から京都まで約一日、この時間がしめサバの熟成にちょうどいい時間であったとされている。今でも、この街道沿いではしめ鯖やサバずしが名物として売られている。ただし、今使われているサバの全てが小浜産であるかどうかは不明である。

一度出来上がったブランドは、なかなか変わらないという点は興味深い。また、単においしい魚が揚がるからと言ってブランド化ができるわけでもない点も面白い。ブランド化は、その価値を裏付ける品質と物語、そして伝統が必要なのだろう。また、作られたブランドが、個人や特定企業のものでないことも重要な点であろう。高知に行けば、どの店でもおいしいカツオ料理をだしてくれる。津軽海峡でのマグロも豊予海峡のアジサバも地元で愛され、大切にされている。自然が育んだ地元の資源を地元の人々が大切にすることで初めてブランド化は進むのだろう。地域ブランドを味わうときは、その土地の自然とブランド化を支えている地域の人々の活動を含めて、楽しみたいと思う。

(2) 魚の名前

日本各地で魚を楽しむ際に、面倒なのが魚の名前である。多種多様な魚介類が食べられている日本においては、その数だけ名前がある。さらには、その土地でしか通用しない地方名も多く、さらには、一つの地方名が異なる地方で別の魚に使われている場合も少なくない。元日本銀行総裁でもあり、民俗学者でもある渋澤は、著書『日本魚名の研究』の中でタイやアブラメといった名称が複数の魚に使われているケースを詳しく紹介している［澁澤一九五九］。オコゼについても、千年以上昔から使われている名称であるものの、標準和名としてオコゼという魚はおらず、反対にオニオコゼやヒメオコゼ、ダルマオコゼなど複数の種が一般的にオコゼと称されている事例を紹介している。現代でも厄介な例としては、シロウオとシラウオが挙げられる。標準和名としてのシラウオはキュウリウオ目シラウオ科の一種 *Salangichthys microdon* を指すが、この魚は場所によってはシロウオとも呼ばれる。一方、標準和名のシロウオという魚もおり、こちらはスズキ目ハゼ科に属する *Leucopsarion petersii* という魚である。こちらも人によってはシラウオと呼ばれることがある。両種とも細長く白い半透明な色をしており、大きさも体長五センチメートルほどと同じくらいであり、なおさらわかりづらい。シラウオとシロウオという魚があり、まったく別種であることを知っていればよいが、知らない人の場合は、何を食べているのかさえ話が通じないこともある。

地方名の他にも成長に伴う名称の変化も魚名にはよく見られる。東京付近ではボラが成長するに伴いオボコからイナ、そしてボラと呼ぶようになり、さらに大きくなったものをトドと呼ぶ。ブリについても、ワカシ、イナダ、ワラサと名前が変わり、おおよそ全長八〇センチメートルを超えるとブリと呼ばれるようである。ただ、これらの成長段階の名前も地方名があり、また、サイズの認識も土地によって違う。なぜこのような名称がつけられたのか？　それはこれらの魚はサイズによって味が大きく変わるからではないかと思われる。魚の多くは成長段階によって生息場所を変えたり、餌を変えたりする。また、成熟しているかどうかによって内分泌系が変化する。これらの違いは肉質の差となり、味の差を生む。同じタイでも二〇〇グラムのタイ五匹の一キログラムと一キログラムのタイ一匹では、グラムは同じでも意味や味は全く違う。味の違いは魚の価値や値段にも大きく影響することから、魚に古くから関わってきた日本人は、その違いを認識して名前を変えてきたのだろう。クロマグロであっても、サイズが異なると味は大きく変わるものである。名前の違いと魚食の関係性は、しっかり理解したい日本の伝統である。

図11　マグロの短冊（photoACより）

(3) 食の安全と食育

縄文時代の遺跡からフグの骨が見つかり、昔からフグを食べていたと考えられている。しかし、フグには毒があり、その毒がある部位もフグの魚種ごとに異なることから、フグを食べるためには、魚種を見分ける知識と毒のある場所に関する知識、そしてそれらを切り分ける調理技術が必要となる。縄文時代の人がそれらを有していたと思うと、当時の魚食文化も侮れない。一方で、最近の幼稚園児に魚の絵を描いてもらったところ、刺身の短冊（刺身用のブロック）（**図11**）を書いた子供がいたという噂がある。ことの真偽はさておき、強ち嘘とも決めつけられないのが現状ではないだろうか？　スーパーマーケットや魚屋であっても、主に売られているのはマグロやサーモンなどの柵と呼ばれる刺身である。それを魚と称して取引しているのだから、子供が短冊を描いたとしても不思議ではない。ただ、心配なのは、何を食べているのかさえ分からなくなってしまっている現代の食材の在り方である。

食材に関心を持ってもらうのも食育の一つであると言われる。特に、天然の魚については、品質や安全性を含めて自ら見分ける力が必要だろう。カジカ目の魚類などは、顔は怖いが白身でとても繊細な味であったり、カサゴなどもおいしいがとげに毒を持っていたりする。安全においしい魚を食べるためには、縄文人同様に、魚の知識や安全性に関する知識そして調理する技術が必要となる。和食では、実に様々な魚が様々に調理されている。それを十分に楽しむためにも、魚やそれを育てる自然に対して、興味を持つ必要があるだろう。それこそが持続的利用につながる道であると信じている。

おわりに

海外では養殖を含めた水産物の生産が急激に拡大し、水産物消費は今後もますます大きな市場になっていくと思われる。これに対し日本では、生産量も減少傾向にあり、消費の面でも魚離れが顕著となってきている。特に、三十代より若い世代では肉の消費が魚の消費を大きく上回るという報告を厚生労働省より出されている。ただし、若者が魚嫌いなのかと言うと必ずしもそうではなく、(社)大日本水産会の調査はでは、魚を好きと答えた子どもの割合(四五・九パーセント)は嫌いと答えた割合(一〇・六パーセント)を上回っている。特にトロやサーモンなどの寿司が好まれているという。

海産物が単なるタンパク質源ではなく、高級食材としてもその需要が世界的に高まっている一方で、水産資源の状態は多くの海域で悪化し続けているといわれている。FAOの二〇二〇年版「世界漁業・養殖白書」では、過剰漁獲とされる水産資源の割合は三四・二パーセントとされている。しかし、水産資源の劣化は獲り過ぎだけが原因というわけではなく、沿岸の埋め立てや水質悪化といった生息環境の変化の影響も大きいことは、広く認識されるべきことだろう。重要な水産資源の持続的利用は、単に漁業者だけの問題ではなく、広く世界で共有されるべき課題であるべきである。

魚の好みは、年代や地域によっても大きく変わる。魚を食べるとき、その消費を通じてそれぞれの地域の文化や歴史にも思いを巡らしてもらいたいと思う。また、魚の価値は、魚種や魚のサイズによって大きく変わると共に、漁獲されてからの取り扱いや保存・輸送条件によっても大きく変わる。特に寿司や刺身として魚を楽しむ和食においては、ちょっとした取り扱いの違いや部位の違いで価値は大きく変わる。このため、同じ魚でも季節によって保存方法や輸送方法を変え、また、調理方法も変えるのが和食の粋な部分であろう。このような繊細な人と水産物の関係性は、日本食ならではの文化であると思う。このような水産物の消費を多くの人が体験し、その消費を通じて自然との関係性に思いをはせる人が増えることを期待したい。

引用文献

有元貴文・武田誠一・佐藤 要・濱谷 忠・濱野 功・茶山秀雄・江添良春・アスニー ムンプラジット・タウィキエト アモーンピヤクリット・ノッポーン マーナジット「日本の定置網漁業技術

を世界へ――タイ国ラヨン県定置網導入プロジェクトの起承転結」（『ていち』Vol. 110、日本定置網漁業協会、二〇〇六年）一九―四一頁

石川智士・伏見浩「「つくる漁業」と食料安全保障」（佐藤洋一郎・石川智士・黒倉寿編『海の食料資源の科学』勉誠出版、二〇一九年）一四七―一七九頁

一般社団法人 日本昆布協会、こんぶネット https://kombu.or.jp/power/history.html

MSC日本事務所 https://www.msc.org/jp/home

株式会社にんべん、かつお節熟 https://www.ninben.co.jp/katsuo/katsuobushi/dashi

清武雄二・石川智士「『延喜式』と水産研究――古代の水産食品に関する多分野協働研究への挑戦」（歴史系総合誌『歴博』二〇二〇年）二一九頁

Kurokura Hisashi, Akira Takagi, Yutaro Sasaki, Nobuyuki Yagi, Tuna goes around the world on sushi, Aquaculture Economics and Management, Vol. 16, 2012, pp.155-166.

黒倉寿、石川智士、佐藤洋一郎「不確実性の中での資源保護の将来像と科学のあり方」、佐藤洋一郎・石川智士・黒倉寿編『海の食料資源の科学』（勉誠出版、二〇一九年）一九―四四頁

櫻井敬人「海を越える太地の一世紀」（『歴史と民族』第29号、二〇一三年）三三―六七頁

澁澤敬三「日本魚名の研究」（角川書店、一九五九年）

水産庁『平成29年度　水産白書』（二〇一八年）

Szuwalski S. Cody, Katyana A. Vert-Pre, Andre E. Punt, Trevor A. Branch, Ray Hilborn, Examining common assumptions about recruitment: a meta-analysis of recruitment dynamics for worldwide marine fisheries, Fish and Fisheries, Vol. 16, 2015, pp.633-648.

田和正孝『石干見――最古の漁法（ものと人間の文化史）』（法政大学出版局、二〇〇七年）

太地町「古式捕鯨発祥の地」http://www.town.taiji.wakayama.jp

田宮利雄「ハタハタ　あきた鰰物語」（秋田文化出版、二〇〇九年）
Dekker, W., J. M. Casselman, D. K. Cairns, K. Tsukamoto, D. Jellyman, and H. Lickers. Worldwide decline of eel resources necessitates immediate action. Québec Declaration of Concern. Fisheries 28 (12): 28–30. 2003.
中坊徹次編『日本産魚類検索 全種の同定』第三版（東海大学出版会、二〇一三年）
日本政策投資銀行「グローバル化する養殖産業と日本の状況」（『今月のトピック』No.216—1、二〇一四年）
FishBase　https://www.fishbase.in/search.php
Fujita Masaki, Shinji Yamasaki, Chiaki Katagiri, Itsuro Oshiro, Katsuhiro Sano, Taiji Kurozumi, Hiroshi Sugawara, Dai Kunikita, Hiroyuki Matsuzaki, Akihiro Kano, Tomoyo Okumura, Tomomi Sone, Hikaru Fujita, Satoshi Kobayashi, Toru Naruse, Megumi Kondo, Shuji Matsu'ura, Gen Suwa, Yousuke Kaifu, Advanced Maritime adaptation in the western Pacific coastal region extends back to 35,000-30,000 years before present, PNAS, Oct. 4, Vol. 113, 2016, pp.11184-11189.
堀武昭「マグロと日本人（NHKブックス）」（日本放送出版協会、一九九二年）
松井魁『鰻学　養成技術編』（恒星社厚生閣、一九七二年）
マリン・エコラベル・ジャパン協議会　https://www.melj.jp/

さらに学びたい人のために

秋道智彌・角南篤　編著「海はだれのものか」（西日本出版社、二〇二〇年）
オーリン・H・ピルキー、アンドリュー・G・クーパー　著、須田有輔　訳「海岸と人間の歴史」（築地書館、二〇二〇年）

レイ・ヒルボーン、ウルライク・ヒルボーン著　市野川桃子・岡村寛　訳「乱獲　漁業資源の今とこれから」（東海大学出版部、二〇一五年）

演習問題

1．年齢や出身地の違いが、どのように水産物の嗜好に影響しているか、身近な人と話してみよう。
2．水産資源管理と聞いて、漁業規制以外の方法について何が可能か？考えてみよう。
3．社会の持続性と人間の生活の質向上に関して、海の重要な機能を5つ以上挙げてみよう。

[第7章]──和食は、どのように作られるのか?──

佐藤洋一郎・石川智士

はじめに

前章(石川)では、和食に使われる魚には、どのような種類があり、またどのように獲られてきたかについて書いた。

本章では、和食のメニューとして「握りすし」を例に、米や、市場に並んだ魚がどのようにして寿司になるかを考えてみたい。

一……魚がすしネタになるまで

(1) 海から市場まで

魚が海で漁獲されて、魚市場で競りにかけられるというのはよく知られている仕組みかと思う。

図1　東幡豆の市場

かつての築地や現在の豊洲などでは、マグロの競り場は有名な観光スポットとなっている。ただし、この競りを通過する漁獲物は現在では主流ではなく、全体の四割弱である。それ以外の魚介類は、相対取引で流通している。相対取引では、漁船と卸売りが契約しているケースや、一船買いと言われるように、一つの船の漁獲物を丸ごと買い取るケースなどがある。今は、こちらが主流となっている。マグロのように一尾数十万から数百万と値が高価で、また、大きく市場価格が変動するような魚は別として、あまり価格が変動しない、いわゆる大衆魚をわざわざ競りにかけるという仕組みは、効率的ではなく、これからますます少なくなっていくのではないだろうか。

ただし、これはマグロなどの高級魚や大型船の漁獲物が集まる豊洲など消費地市場における状況で、地方の生産者市場では、まだまだ競りが行われている。地方では、その土地ならではの漁獲物が水揚げされ、漁港近くには、その土地で獲れた漁獲物を扱う寿司屋や料理屋が、伝統の味を伝えている（図1）。その土地ごとの寿司を味わうのは旅行の楽しみだろう。

（2）魚市場から板場まで

都市部の消費地市場でも、地方の生産地市場でも、そこで魚を購入できるのは業者登録を済ませた仲買人だけである。それ以外の人は寿司屋の職人であろうと、旅館の板前であろうと、市場で直接魚介類を購入することはできない。このため、市場から魚介類を購入したい人は、この仲買業者の方に頼むか、仲買業者が営む店で商品を選ぶことになる。魚河岸とか仲卸市場と呼ばれる場所がこれにあたる。

仲買（仲卸）業者も、得手不得手があり、マグロを専門に扱う業者もいれば、近海物を扱う店などそれぞれ特化している。こだわりの寿司屋や板前は、仲卸の目利きの腕を信頼して、商品を発注する。多くの店や職人と仲卸は、双方のこだわりや方針をよく理解しており、特定の仲卸の常連となっている。このあたりの関係性は、よくドラマなどにも描かれる点であり、水産業界の独特な風土かもしれない。ただし、地方の生産者市場では、料亭や街の魚屋が、仲卸を兼業するケースもある。その場合は、自分の目利きの力が料理に大きく左右する。腕自慢の板前が、自分の店を構える醍醐味かもしれない。

(3) ネタの技法

腕のいい仲卸が吟味した新鮮な魚があれば、だれでも旨い寿司ネタを作れるかというと、そうでもない。魚を寿司ネタにするには、それぞれの魚介類の種類やサイズによっておろし方が異なる。それを知らないと、いくら良い魚介類を手にしても、美味しい寿司ネタは作ることができない。タイやヒラメなど、新鮮な魚が手に入っても、下ろし方やスジの切り方ひとつで、まったく味が変わってしまうものである。火を通さない刺身や寿司ネタは、それだけ繊細な料理ということであろう。

美味しい寿司ネタを作るためには、あと幾つかの注意点がある。その一つが、地方によって寿司の旨さは異なるという点である。最近では、マグロなどの刺身を熟成させたものが話題である。確かに獲れたての魚よりも、しばらく時間が経過してタンパク質がイノシン酸などのアミノ酸に分解されてからの方が、味が濃く感じる人が多いかもしれない。また、マグロのヅケのように醤油などにつけてしばらく置いたものの方が美味しいという人も多い。しかし、地方によっては、噛み応えの無い刺身は刺身ではないとする地域もあり、このような地域出身者にとっては、熟成された魚は美味しいとは感じないだろう。魚の美味しさが一つではないことは、十分に理解すべき点である。

最後に、昆布締めや霜降り、湯引きなどの調理法にも触れておきたい。昆布締めは、刺身を昆布で巻いて味付けしたもので、刺身本来の味に加え、昆布の香りや昆布から染み出るグルタミン酸などのアミノ酸が加わり、絶妙な味と香りをもたらす調理方法である。霜降りや湯引きは、皮つきの刺身に熱湯をかけることで、皮と身の間のうまみを刺身全体に浸透させる技法で、こちらも刺身の味をさらに膨らませる伝統的な調理方法である。これらの調理方法には、昆布の選別や下準備、お湯のかけ方やその後の処理など、職人にしかできない微妙な匙加減が重要であり、伝統の技というものだろう。一見すると、単に刺身をすし飯に乗せただけと誤解されてしまう寿司であるが、その裏には、伝統の技や下ごしらえがあり、それらが複雑で美しい寿司ネタを生んでいることは忘れてはならない。

(4) もう一つの寿司ネタ

ここまで魚が水揚げされてから寿司ネタになるまでの大まかな流れを紹介してきたが、最近量販店や寿司のチェーン店で使われているネタのすべてこのような流れで作られているとは限らない。特に、サーモンやタコ、エビなど原料の多くが海外から輸入されている魚介類については、寿司ネタに加工された冷凍食材が使われているケースも少なくない。それらの多くが日本の企業やメーカーが技術協力を行っていたり、合弁会社を設立して製造していたりするため、品質と安全管理に問題はないが、パック詰めされ、冷凍された寿司ネタが加工食品として輸入され、店舗では、それらを解凍してシャリに乗せるだけでよいというものもある。これらの寿司に対する評価や意見は様々であろうが、このような技術革新は、寿司文化が世界に広まっている証拠でもあり、同時に、我々の食文化が世界の産業に支えられているということを明確に示してくれている。また、寿司ネタを通じて、和食の現状と未来に思いを巡らす機会を与えてくれる良い事例ではないだろうか。

二……米がシャリになるまで

さて、握りすしのもう一つの素材がすし飯である。これを作るにもいくつかのプロセスが必要である。稲刈り後、籾《もみ》を作るところから話を進めてみたい。

（1）籾ができるまで

籾は、イネの種子である。籾は穂につく。穂一本当たりの籾の数は、今の品種は八十粒～一〇

○粒程度である。ただし、東南アジアで陸稲栽培（水田ではない土地で栽培されるイネ）の中には三○○粒を超えるものがある。その代わりこうしたイネでは一株あたりの穂の数が少なく、株あたりの籾の数はそれほどかわらない。

日本列島では、イネはほとんど水田という装置で栽培されてきた。水田でイネを作るには、日光、水、肥料などが必要である。ほかにも、耕運機、田植え機、稲刈機などの機械装置がいる。現代農業では、肥料は化学肥料、そして害虫や病原菌、さらには雑草の防除のための農薬が使われる。これら人工的に合成された化学物質は、地球のいたるところで生産され、船で日本に運ばれてくる。

これらの化学物質が発明されるまで、肥料や農薬はどうしていたのだろうか。江戸時代の後半には近畿地方以西の地域では「鰊粕《にしんかす》」が使われることがあった。北海道の西岸などでとれたニシンの食べられない部分から油を搾ったあとの部分を干して作った肥料で、日本海に開かれた航路「北前航路」で関西まで運ばれた。

動物由来の肥料としては、ほかにも排せつ物があげられる。ヒトや家畜の排せつ物のほか、田に住む無数の動物の排せつ物や死骸はイネの格好の肥料分であった。とくに灌漑施設や田に多く生息していた淡水魚など水生動物の貢献はかなり大きかったのではないかと考えられる。また植物質の肥料も、とくに古い時代には多用されていた。「刈敷《かりしき》」と呼ばれたものもそれで、休耕地や湿原などのカヤ、ススキ、ヨシなどの植物体を刈り、しばらく置いてから田に鋤きこまれたらしい。

変わったところでは、レンゲなどマメ科植物の利用がある。マメ科植物は空気中の窒素を固定して肥料分に変える働きをもつ。冬の間にレンゲを育て、それを田に鋤きこむことで肥料分を得ようというのだ。同じくマメ科に属するダイズを畦に植えておけば、その恩恵が得られるとの考え方もある。

（2）米ができるまで

白米を作るには、現在ではまず玄米を作る。玄米を白米にするには精米機を使って、玄米同士をこすり合わせて外側の部分を削り取ってゆく。この時にできるのが糠《ぬか》で、玄米重量の一〇パーセント程度を削ると白米になる。糠は、漬物をつけるのに使うほか、これを圧搾して油をとる。米ぬか油である。

玄米を作るには、籾からもみ殻をはずす「籾摺り」または「脱稃《だっぷ》」の作業を行う。「稃」というのはもみ殻の意味である。この作業には籾摺り機という道具を使うが、籾摺り機の登場は江戸時代の初期といわれる。それまで籾摺りと精米とは多くは同じ一つの道具で同時におこなわれてきた。杵と臼である。臼は、木でできた臼か、またもっと原始的には土を薄型に掘り込んで底の

図2　玄米（左）と再現した舂米（しょうまい）（右）。舂米と考えられる米は、臼と杵で再現したもの。

部分を突き固めた土臼である。杵は、木製の棒で、硬く重い一本の棒（縦杵）と、縦杵に直角のハンドルをつけた横杵とがある。今の日本では横杵を多くみるが、より古い時代には縦杵が使われてきた。

杵と臼で、籾を搗いてみよう。入れる籾の量にもよるが、数分も搗くとおおかたの籾からもみ殻が外れるが、一部もみ殻が外れていないものも残されている。臼の中身をかきだして「箕《み》」を使ってふるい分ける。飛ばされた廃棄物には、砕けたもみ殻のほか、米の表面が削れてできた糠《ぬか》の部分が含まれる。そう、この方法で米を搗くと、籾摺りの作業と精米の作業が同時に進行する。

ただし、精米の作業は、現代の精米機で作業するように均一にはゆかない。米の表面をよくみると、糠の部分がまだらに剝げたような米になっている。玄米、精白米という商品は、江戸時代以降のものということになる。よく、「弥生人は玄米を食べていた」などと言う話を耳にするが、その話はたぶん嘘である。

奈良時代ころの記録には「舂米《しょうまい》」という語が出てきて、これが杵と臼で搗いた米、ということになっているが、実態は、**図2**のようなものであったと考えられる。

(3) 米から飯になるまで

飯を作るのは、白米と水である。水は何でもよさそうなものだが、水が変わると飯の食感がかわる。とくに硬度、つまり水に含まれるミネラルの量が、飯の硬さに作用する。日本の水道水は世界的に見ても安全できれいで飲料、調理に使用しても何の問題もないが、地域によって水の硬度はずいぶん違う。ごく一般的には関東と沖縄の水道水は硬度が高く、西日本の水道水には硬度の低いものが多い。

炊飯には、最近では世界的に電気かガスの炊飯器が用いられる。伝統的には、炊飯の方法は地域によってずいぶんと異なる。日本では釜が用いられてきた。羽釜は鉄製の釜で、専用の炉（おくどさんとかへっついなどと呼ばれた）にうまく載せられるように、鉄製のでっぱりがついている。羽釜の名の由来である。これに重い木の蓋をし、沸騰後に出るねばねばの成分を釜の中に封じ込める。

熱帯低地の炊飯では、飯は炊くというよりは茹でて作られる。もし炊飯器で炊くならば、米に対して一・五～一・七倍の水で炊かなければ米の芯が残ってしまう。ちなみに日本の米の場合は、水の量は一～一・二倍がよいといわれる。炊飯には土鍋もよく使われる。陶器の表面に釉薬でコーティングしたもので寿命はそれほど長くない。

(4) 寿司のシャリを作る

寿司のしゃりには、飯のほか、酢、塩、砂糖などが加えられる。「酢」にはいくつかの種類がある。多くは、米の酒から造る米酢だが、地域によっては柚子などのかんきつの果実を絞って作る果実酢も使われる。米酢は、日本酒を作るのと同じ工程で醪《もろみ》を作り、これに酢酸菌を含む酢の元（酢酸菌を活かしたままの状態の酢）を加えて酢酸発酵させる。それなので、米の酢の原料は、蒸した米、麴菌、酵母菌（アルコール発酵させる）、酢酸菌である。

塩は、かつては海水を蒸発させて濃縮した塩水を煮詰めて製塩していたが、最近では逆浸透膜を使って海水を濃縮させ、その後煮詰めて製塩している。

調理用に使われる砂糖はサトウキビから作られている。サトウキビの茎を砕いて専用の器械で絞ってできた汁の上澄みを煮詰め、それを精製して作る。サトウキビのほとんどは東南アジア産で、したがって国産の砂糖はほとんどない。ただし近世以来、四国東部ではサトウキビの品種を導入して国産の砂糖を作っていた。これを和三盆糖と呼んでいる。

(5) 米料理のいろいろ

さて、米は飯になるばかりはなく、いろいろな料理に使われてきた。ここではそのあらましについて述べよう。

米料理はおおきく、粒のまま食べる料理と粉にして食べる料理とに分けられる。また米にはウルチ米とモチ米とがある。いうまでもなく後者は餅（糯）を作る米で、漢字では糯の字が使われる。ウルチ米を粒のまま食べる料理の代表が、本章でも取り上げた「飯」である。モチ米を粒のまま食べる料理にはこわ飯がある。モチ米は蒸す工程を経て調理されることが圧倒的に多い。こわ飯の略語が「おこわ」であるが、略語のほうが通りがよいかもしれない。そして、この「おこわ」を熱いうちに搗いてつぶしたものが餅だ。丸めて作る「丸もち」や、平らにのして冷えたのち四角く切る「切り餅」などにされる。

飯の応用も広い。炊飯時に水で炊くのが一般的であるが、西アジアや欧州には水の代わりにスープで炊く方法もある。リゾットやピラフ、パエリアがそれである。なおピラフは焼き飯とに分類される向きもあるが、中央アジアでピラフと呼ばれる米料理はヒツジの肉の出汁で炊いた飯である。欧州のインスタント食品としてのリゾットに中には、ミルクで炊くとよいという指示のあるものもあって、なかなかに多様である。パエリアも、生米を先に油で炒めておいてから水やスープを足すものもある。

おこわを乾かしたものが「糒《ほしいい》」である。古代これは保存食であり非常食でもあり、また携行食でもあった。食べるときは湯で戻して食べるのである。なおウルチ米の飯も糒になるが、食味から言えばモチの糒にはかなわない。この糒を細かく砕いたのが、道明寺粉と呼ばれる食品である。関西の桜餅にはこの道明寺粉がつかわれる。また「タイの桜蒸し」などの蒸し料理にもこれがつかわれる。

餅はそれ自身保存食になり得るが、硬く乾燥させた餅を切ったり、あるいは薄くのした餅を固く乾燥させ、さらに揚げたり焼いたりする加工法もある。あられ、おかき、せんべいがそれである。餅もまた粉にされるが、これらはミジン粉などと呼ばれて、和菓子の原料として使われる。モチ米を調理するには一晩ほど水に漬けてからでないとうまく蒸すことができない。餅を作るには時間がかかるのである。白玉粉などの粉は、比較的短時間で加工するための便法から始まったのかもしれない。あるいは、加工の過程でできた粉の利用法として発明されたものなのかもしれない。

(6) 米の酒

いうまでもなく、米はまた酒の原料となる。蒸した米に麴菌を振りかけて発酵させたもの（米麴）に、水と蒸し米、酵母菌を加えてさらに発酵させたもの（酒母）を絞ったものが清酒である。

この絞り粕は酒粕（酒ガス）と呼ばれ、さまざまに利用されてきた。もう一つの江戸生まれの和食である「鰻重」のつけ合わせに出てくる奈良漬けは、白瓜などの野菜を酒粕に漬けて作る。なお、奈良漬けの名称は奈良で作られるから奈良漬けであり、本来は「粕漬け」と呼ぶべきものである。粕漬の粕には、みりんを作るときにできた味醂粕を使うものもある。

味醂は、今では多少違った方法によるが、本来はモチ米を使って醸した酒である。現在のみりんは、米のしょうちゅうに蒸したもち米と麹を加えて作る甘い酒である。なお、味醂というと甘い酒と思われているが、ある酒造会社が復元した江戸時代の酒もとても甘い。日本酒も、製法によっては大変甘くなる。江戸時代の料理本などに、煮ものを酒と醤油で作るように書いたものがあって、昔の煮ものは甘くなかったなどと書かれたものもあるが、本当はかなり甘かったのかもしれない。

アルコールは含まない発酵食品もある。米の場合は、甘酒や飴がそれにあたる。

(7) 粉食の米

世界的に見れば、穀類とはイネ科などの植物の種子であり、多くの穀類では粉にして食べられる。粒のまま食されるのは米を別とすればかなり例外的である。新粉などと呼ばれるウルチ米の粉は、常用饅頭などに使われる。また、粉を水に溶いて団子にし、薄く延ばすなどして細切りにすれば米の麺になる。薄く延ばした板に蒸気をあてて乾燥させたものがライスペーパー。日本では伝統的にはなかった食品であるが、ベトナム料理の春巻きの原料はこれである。

モチ米の粉は白玉粉などと呼ばれ、白玉団子などの菓子類に加工される。また、白玉粉に砂糖などを混ぜて水に溶き、加熱すると砂糖入りの餅様の食品ができる。和菓子屋で大量に作られているモチ菓子などはこのようにして作られることが多い。

粉を使うことの最大のメリットは、多種の粉を混ぜることができるところにある。

(8) 糠を使う

糠は、米の製造過程で出る副産物の中でも用途の広いものである。先ほど少し触れたように米ぬか油はこの糠を使って作られる。和食で使われる漬物の中にも、糠を使った「ぬか漬」けがしばしば登場する。よく干したダイコンや、夏場ならば季節の野菜などを、糠を主原料とする「ぬか床」に漬け込むだけでよい。

ぬか漬けは、糠に生息する乳酸菌や酵母菌その他の発酵微生物による作用でできる。漬け込む材料は植物性の素材だけではなく、魚類もしばしば漬けられる。若狭や丹後を中心によく作られる「へしこ」は、サバなどに強い塩をしたのち糠に漬けて作られる。漬ける魚種はさまざまで、中にはフグの卵巣という変わりものもある。まさに先人の知恵というべきであろう。

おわりに

ここでは「すし」を例に、一つの食品がいかに多くの食材から出来上がり、そしてひとつひとつの食材が複雑な経路を経て運ばれて来たかを考えてみた。このようにみてみれば、多くの食べ物が見も知らぬ多くの人びとの力によって作り上げられているかが改めて分かるだろう。「人類の食が共食である」というときの「共食」には、このような意味も込められている。「食べる」行為は日々欠かせない行為であるが、こうした意味あいからの「共食」についても考えてもらえればと思う。

さらに学びたい人のために

佐藤洋一郎『知ろう食べよう世界の米』（岩波ジュニア新書、二〇一二年）

演習問題

1．すし以外の食べ物を一つ取り上げ、それがどのような食材からなっているかを、本章の例に倣って調べよう。

付記　本章は、前半の魚の部分は石川智士が、後半のシャリの部分は佐藤洋一郎が執筆した。

［第8章］

和食科学分野の研究テーマの見つけ方と進め方

中村考志

本章では、和食文化を学び始めた人が、その発展形として例えば卒業論文で、どんな視点や発想から理科実験系の和食科学の研究テーマを見つけ、どのように研究を進めてゆけばよいかについて、その一例を紹介する。その入り口として、食科学研究者である筆者と、京料理の料亭のご主人である飯田知史氏とで和食について対談した内容を掲載した。以下は、対談の一部を抜粋したものであり、和食科学の研究テーマの見つけ方のヒントがこの中もある。

対談　中村考志×飯田知史

研究テーマの原石はたくさん眠っている

中村　私は、理科実験系の和食科学分野のおもしろい研究テーマは、和食文化を学び始めた読者のひとりひとりがもっている「食文化の経験史（食経験）」の中に、原石としてたくさん眠っていると考えています。本日の対談におけるやりとりで、その原石の見つけ方を実感してもらえたらうれしいと思っています。

飯田　それは面白い考えですね。私自身も多くの食文化の経験史を自分の中にもっており、それが今の料亭の仕事にもつながっていたり、もしかしたら無意識のうちに基盤になっていたりすることもあろうかと、中村先生の言葉の中に感じます。

中村　飯田さんの食文化の経験史の中で、強く記憶に残っているできごとがあれば、教えてください。

飯田　そうですね、たとえば私は旬の食材に特にこだわりをもってお客様にお出しする献立を考えています。私の父は料亭道楽の先代ですが、両親とも、私には生まれたときからいわゆる「ほんまもん」というべき季節の食材をつかった料理を食べさせてくれていたと思います。また、はじめてファストフードと呼ばれる市販の食品を食べた子供のときには、体が容易には受け付けなかったことをよく覚えています。ファストフードがすべて悪いということではないですが、やはり体が受け入れたい食材とそうでないものとが世の中にはあるのだということを、身をもって経験しました。

中村　幼少期にその視点を得られたことは、よい食経験と思いますし、それが基盤となって飯田さんの献立に活かされているとしたら、どのような食べものでもまず口に入れてみて評価することや、食べてみようと思う挑戦心や食べてみたいと思う好奇心の大きさは、将来の仕事の幅と質を向上させることにもつながるという見方もできるのかもしれませんね。

飯田　それも面白い考えですね。こうして職業を異にするけれど和食というキーワードでつながった方とお話しする機会の中にも、理科実験系の和食科学の研究テーマが眠っているのかもしれませんし、もしかしたら無意識のうちに私が料理している中にも稀有な研究テーマを見いだしていただけるのではないかとも感じました。

旬の食材に宝は眠っているのか？

中村　さて、飯田さんから幼少期の食経験と旬という二つのキーワードをいただきましたので、私の食経験と旬の食材に関するエピソードを紹介したいと思います。私が中学生になる頃に、数年間畑でさまざまな野菜を栽培することがありました。

野菜は近所の八百屋さんで購入したことも幼少期の記憶にありますが、スーパーマーケットで売られている野菜の味が標準と思っていましたので、自ら農作業をして栽培した旬の野菜が放つ野性味あふれる強い味や香りに大きな衝撃を受けたことを記憶しておりますし、私の食経験の中では大きなできごとの一つとなりました。

飯田　逆の話ですが私がファストフードを初めて食べたときの衝撃と似ているのかもしれません。

中村　そうですね。食を通じた経験は多くの衝撃をもたらすことは、共通した認識として理解してもらえることと推察しています。

特に旬の野菜に関しては、より強い衝撃を受け、現在の私の和食科学の研究テーマの一つにもなっています。

飯田　それは、まさに過去の食経験が将来の仕事につながる一例かもしれませんね。先生のおっしゃる旬の野菜から受けた衝撃のお話しを聞かせてください。

中村　私が旬を意識するきっかけとなった野菜は京野菜の水菜《ミズナ》です。今は水菜といえばサラダの材料のひとつで、一年中食べることができる葉菜として認知されています（図1）。今でこそ水菜の植物体が大きくなるずいぶん前に収穫して生のサラダでも食べられるように

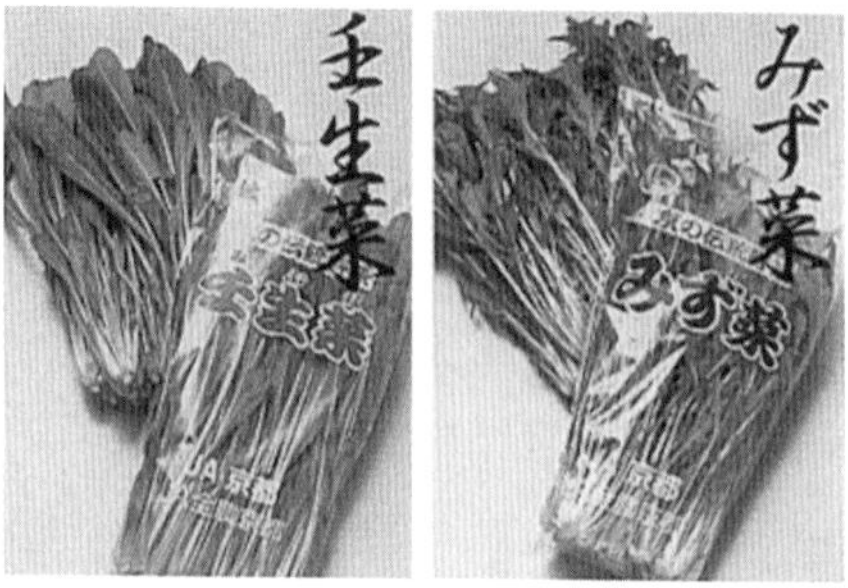

図1　水菜と壬生菜
パンフレット「京のブランド産品」より抜粋
（公益社団法人　京のふるさと産品協会）

なっていますが、一九八〇年代初頭には、四〇センチの白菜ほどの体積にまでなる大株に育てて、これを漬物やなべ物にして食べる方法がまだ一般的でした。水菜が大株になるのは寒さの厳しくなった十二月からで、このころが本来の水菜の旬の時期です。

私は旬の水菜を塩漬けにして細かく刻んだ漬物として食べたときに、それまでに味わったことのない強い香りを水菜から感じたことが衝撃で、それまでの体験の中で、この香りに最も近い香りが、瞬間接着剤のアロンアルファであり、「水菜はアロンアルファの香り」という、独自の食経験が構築されました。この食経験の後、十五年を経て、水菜の香りの成分のもつ健康増進効果の研究をはじめました。

（対談の一部を抜粋）

一……食科学分野の研究テーマの見つけ方

さて、ここからは先の対談の中で登場した水菜の風味の成分の健康増進効果について、和食科学の視点からどのように研究が始まり、展開されてきたか、またどのように生命科学の分析データを読み解いてきたのかを、例を挙げて示してみようと思う。

筆者は一九九六年四月に京都に住みはじめ、京都府立大学で食科学についての研究をはじめた。食科学の研究テーマを一九九五年十一月から探していた矢先、静岡市のスーパーマーケットで、正月のおせち料理用の食材として販売されていた京都の伝統野菜の金時にんじんに初めて出会った（**図2**）。金時にんじんを手に取って眺めてみると、細長くて赤く、硬い手触りに普段食べなれている西洋にんじんとは、同じにんじんといえども異質のものであると感じた。これを購入し、包丁を入れた瞬間に、台所にたちあがる野性味あふれる香りに強い衝撃を受け、幼少期に食べていた一九七〇年代の西洋にん

金時にんじん
11月上旬～1月
○表面だけでなく中まで真っ赤です。
○肉質が軟らかで、甘味があります。
○ビタミンA、B、Cや食物繊維が豊富。
○粕汁や正月の煮しめなど冬の料理の

図2　金時にんじん
パンフレット「京のブランド産品」より抜粋（公益社団法人　京のふるさと産品協会）

じんはこのような香りをもっていたと脳裏によみがえってきた。昔の野菜の風味は強烈に感じたことも多かったが、今の普及種野菜からその風味は感じられなくなっている。しかしその強い風味は、金時にんじんのような伝統野菜には残存していることを目の当たりにし、忘却の彼方にあった「水菜はアロンアルファの香り」という食経験を懐古するきっかけとなった。

一九九五年に筆者は西洋野菜のカリフラワーに含まれる発がん予防成分を研究しており、この成分が強い風味をもっていたことから、野菜のもつ強い風味はカラダにもいいのかもしれないと考えはじめていた。筆者の食経験史の中に眠っていた「水菜の香り」という記憶が、金時にんじんの強い香りで呼び覚まされ、「京都の伝統野菜の水菜の発がん予防効果」を調べてみたいという動機となり、これがひとつの研究テーマとなったのである。

二……和食科学分野の研究の進めかた（研究を開始する）

さて、研究してみたいテーマが決まったら、いよいよ理科実験系の研究手法を使って研究を始めることになる。和食科学に関する研究の進め方はたくさんあるが、その一例は以下のとおりである。

（1）研究テーマについて仮説を立てる
（2）仮説に新規性があることを確認する

（3）仮説を実証するための実験方法をデザインする
（4）実験する
（5）実験結果を図表にする
（6）図表をもとに仮説が実証されていることを説明する

上記は研究室でおこなう実験を想定しているが、研究室外のフィールドワークをおこなうときは実験ではなく「調査」となる。以下に、「京都の伝統野菜の水菜の発がん予防効果」について（1）から（6）の順番で研究を進めた例を記載した。

（1）研究テーマについて仮説を立てる

一般に、野菜の発がん予防効果は、その野菜に含まれる化学成分によってもたらされていると考えられるため、水菜の発がん予防効果について研究する場合、「水菜に含まれる化学成分は発がん予防効果をもつ」ことを証明してゆくことになる。しかし発がんを予防する方法はたくさんあるため、ひとつの手法に絞って研究を始めてみることにした。筆者は発がん予防効果の数ある作用の中から、生物的抗変異作用に絞って研究することとし、実証してゆく仮説（これを作業仮説という）を「水菜の成分は生物的抗変異作用をもつ」と立てた。

生物的抗変異作用とは、発がん物質により細胞のＤＮＡが損傷したとき、その損傷を正確に修復するように細胞にうながす作用のことである。たとえて言うと、ケガをしたときにできた傷は自然に治ってゆくが、薬草などで手当てをすると一段と傷の治りが早まることに近い。ＤＮＡにできた傷がきれいに治らないとがんの原因となるため、その傷を正確に治す力を高めてやることで、がんにならないように予防するのである。

（２）仮説に新規性があることを確認する

作業仮説が決まったら、次はその仮説が新規なものであるかどうかを調べる必要がある。大学でおこなう卒業論文は「学士号」の学位の認定条件であり、学士号のレベル保証のためにも、研究テーマは、新規の結果を導き出すテーマがよい。大学院に進学してさらに上位の学位である「修士号」と「博士号」の取得をめざす人にとっては、新規の結果を導き出すことが学位取得の条件ともなるため、卒業論文の研究をおこなう中で、新規の発見を目標とする研究テーマにふれておいてほしい。

さて、「水菜の成分は生物的抗変異作用をもつ」ことを研究テーマに選んだときは、水菜の成分が明らかになっているか、明らかになっているならば、それらの成分の生物的抗変異作用は明らかになっているかの二つについて、過去の報告をくまなく調べることである。もし二つとも過去の報告があるならば、「水菜の成分は生物的抗変異作用をもつ」ことはすでに証明されている事実であるため、研究テーマをかえる必要はあるが、ひとつ知識が増えたと喜べばよい。

過去の研究報告を調べる方法は、インターネットが普及した現代社会では、まずweb上の情報を調べるのがよいだろう。使い慣れた検索システムで、「水菜、成分」または「水菜、生物的抗変異作用」などのキーワードで検索する。ここで水菜の生物的抗変異作用について過去に研究されているかどうかがわかる時代である。しかし、ここで過去の研究例が見つからなかった場合でも、研究の専門的な科学雑誌に掲載されている論文についても検索しておく必要がある。これを検索する一例としては、アメリカ合衆国の国立衛生研究所（National Institutes of Health）が運営する科学雑誌に掲載されている論文の検索エンジンであるPub Med（https://www.ncbi.nlm.nih.gov/pubmed/）にキーワードを英語で入れてみることである。水菜は英語名でもMizunaと日本語読みで知られているため、Mizunaで検索してみたり、水菜をはじめアブラナの学名であるBrassica rapaで検索してみたりするとより網羅的な検索結果が表示されてくる。一方、生物的抗変異作用の検索では、英語名のbioantimutagenic effectで検索してみてもよいが、抗変異作用をもつ成分を意味するantimutagenと入れてみた方がより幅広い論文が検索されてくる。このあたりのキーワードの選択は、研究の経験を積んだ先生方に聞いてみることをおすすめする。研究を始めると研究分野の知識が自然に増えてくるため、より良いキーワードの選択はいずれ自然とできるようになるから心配はいらない。

(3) 仮説を実証するための実験方法をデザインする

「水菜の成分は生物的抗変異作用をもつ」という作業仮説を実証するための実験方法は、水菜の抽出物の生物的抗変異作用の有無を調べることからはじめる。まず、実験材料の水菜を手に入れるが、最も簡単な方法はスーパーマーケットで購入することである。ここで少し視野を広げて水菜以外にも目を向けて眺めてみることも研究の幅を広げるためには重要である。例えば、水菜のとなりに並べて売られている水菜と同じような外観をもつ壬生菜にも目を向け、水菜と壬生菜の生物的抗変異作用を比較してみようと思う好奇心をもつことで、研究の幅は二倍に広がる。研究に遊び心を入れてもよいのである。筆者も実際、水菜と壬生菜について、生物的抗変異作用を比較する実験をおこない、これが後に、和食の調理法にみられる健康増進の知恵について、興味深い結果を得ることにつながっていった。

(4) 実験する

生物的抗変異作用を調べる実験の詳細は省略するが、簡単に言うと、実験試料(この場合水菜の抽出物)と特殊な微生物を試験管の中で混ぜて調べることができる。

水菜から実験試料を調製する。

1．水菜はメタノールとともにミキサーにかけると、食物繊維以外の成分がメタノールに溶ける。これをろ紙でろ過すると、水菜の成分が溶けたメタノール溶液がろ液として得られる。

2．ろ液に水を加えて、ロータリーエバポレーターという装置にかけると、沸点六五度のメタノールを、三五度の低温で取り除くことができ（これを留去という）、加熱分解のない水菜の水溶液を得ることができる。

3．水菜の水溶液をヘキサンとともに分液ろうとの中で振り混ぜると、水菜の脂溶性（油に溶けやすい性質）成分がヘキサンに溶け込んでくる（これを分配という）。ヘキサンは水よりも比重が小さいため、しばらくすると二層に分かれて、上層が水菜の脂溶性（油に溶けやすい）成分が抽出されたヘキサン層、下層が水菜の水溶性（水に溶けやすい）成分が溶けている水層に分かれる。この操作は溶剤分画といい、分画により得られた層は画分という。

一般的に野菜の脂溶性画分（ヘキサン画分）には、味や香りに関わる風味成分も抽出され、野菜の風味の濃縮物ともいえる。実際、水菜のヘキサン画分からは、水菜の特徴的な香気を感じ取れる。

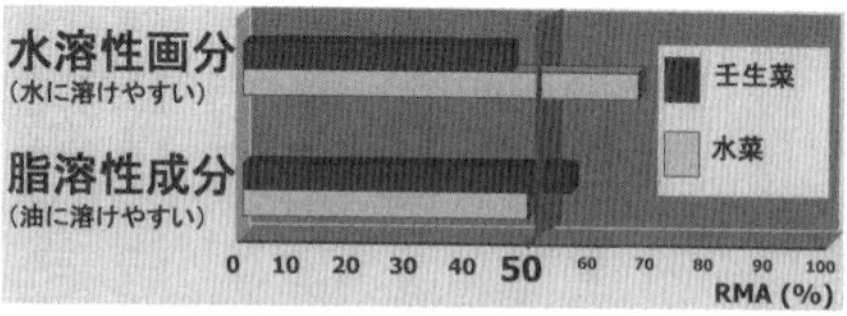

図3　水菜と壬生菜の生物的抗変異作用の違い
RMAが50パーセント以下は強い作用があると判断する。

（5）実験結果を図表にする

理科実験系では結果を数値で表すことが多いため、実験結果がでたらすぐに、図表に表す習慣をつけておくとよい。図表は表計算ソフトを用いて表を作成しておくと図に変換してくれる機能をもっている。結果を視覚的に表現したいときは図に、詳細な数値を表現したいときは表にするとよい。ここでは、水菜と壬生菜の生物的抗変異作用の比較を視覚的に見て取れる棒グラフで表してみた（図3）。生物的抗変異作用はＲＭＡという値で評価し、低値であるほど作用は強く、五〇〜七五パーセントはわずかな作用、二〇〜五〇パーセントは強い作用、二〇パーセント以下は極めて強い作用があると判断する。ＲＭＡ五〇パーセント以下であれば強い作用と判定されるため、グラフの五〇パーセントの所を強調して表し、それぞれの画分についての作用を比較することを主眼として水溶性画分と脂溶性画分ごとにあらわしている。もちろん水菜と壬生菜ごとに表してもよく、実験者が最も表したい点をアピールできる図表を作成すればよい。

（6）図表をもとに仮説が実証されていることを説明する

図3を見て、生物的抗変異作用の強さを示すＲＭＡが五〇パーセント以下の画分に注目する。まず壬生菜の水溶性画分と、水菜の脂溶性画分に強い作用があることを読み取る。また、ＲＭＡ五〇〜七五パーセントはわずかな作用があると判定できるため、水菜の水溶性画分と壬生菜の脂溶性画分も強い作用こそないが、作用が全くないわけではないことがわかる。一方、ＲＭＡ二〇パーセント以下はいずれの画分も示していないため、極めて強い作用はもたないと判定する。水菜と壬生菜は外観上は水菜が切れ葉、壬生菜が丸葉という違いはあるが、学名分類では同種である。しかし、生物的抗変異作用の特性は異なっていることはおもしろい発見といえる。

この結果から、「水菜の成分は生物的抗変異作用をもつ」という作業仮説は実証することができ、「壬生菜の成分も生物的抗変異作用をもつ」こともあわせて実証することもできた。予期しない発見は偶然や失敗のなかに見つかることも多い。水菜とともに偶然見かけて購入した壬生菜から、このように、興味深い結果が得られることもあるため、研究にも好奇心や遊び心をぜひ発揮してほしいと思う。

三……和食科学分野の研究の進めかた（研究を深化させる）

上記のように理科実験系の手法を用いて、新規の和食科学の結果を導き出してゆく一例を示した。次は実証された結果をもとに、さらに研究を深化させる手法について、例を挙げて以下に示してみた。和食科学の研究テーマは研究者の興味で自由にデザインしてよく、実証された「水菜の成分は生物的抗変異作用をもつ」ことをもとに、筆者は「生物的抗変異作用を示す水菜の成分の化学構造を決定する」ことを次の目標とした。ここでは「仮説の実証」ではなく「目標の達成」が目的のため、研究の進め方の一例は以下のようになる。

（1）実験方法をデザインしながら実験する
（2）実験結果を図表にする
（3）図表をもとに考察する

以下に、「生物的抗変異作用を示す水菜の成分の化学構造を決定する」について（1）から（3）の順番で研究を進めた例を記載している。（1）の実験内容は不明のところは読みとばしてもかまわないし、よく知りたいときは分析化学などの参考書を参照するとよい。

（1）実験方法をデザインしながら実験する

1．水菜の脂溶性画分（ヘキサン画分）を一〇グラム調製するために、およそ五～一〇キログラムの水菜を準備する。もし一〇グラム得られなかった場合は、不足した分を換算して、あと何キログラム水菜を用意したらよいかを計算して再度抽出して補えばよい。

2. 高等学校の化学の教科書にも掲載されているカラムクロマトグラフィーという手法を使う。ヘキサン画分をガラス管に詰めたシリカゲルに吸着させ、ヘキサンとアセトンの比率を段階的にかえた混合溶剤（例。ヘキサン∶アセトン＝一〇〇対〇、九五対五、九〇対一〇、八五対一五、八〇対二〇）でシリカゲルに吸着した成分を化学的性質の違いにより洗い流しながら、別々の三角フラスコに取り出してゆく（この操作を溶出という）。これにより、ヘキサン画分を脂溶性の強弱により五つにわけて（この操作を精製または分画という）、わけられたもの（これを溶出画分という）の生物的抗変異作用の有無を調べる。

3. 五つの画分の中で生物的抗変異作用のあった画分を、カラムクロマトグラフィー（前の2でおこなった一回目の分画とは異なる比率の混合溶剤を用いる）で、さらに五つに分けて生物的抗変異作用の有無を調べることを繰り返す。どの画分に作用があり、どのくらいの量があるかによって、次の方法をデザインしながら精製を進めていくと、最終的にはひとつの試験管にひとつの成分を分けとるところまで精製することができる（この操作を単離という）。

4．単離した成分の化学構造を決定する。化学構造の決定には、化学成分の種類にもよるが、分子量を測定するマススペクトロメトリー（MS）と、水素や炭素の数や位置関係を調べる核磁気共鳴装置（NMR）のふたつの装置を用いれば化学構造式を決定することができる。高等学校の化学の教科書では、炭素と水素と酸素からなる有機化合物の化学構造の決定には元素分析の結果から組成式を求める方法が記載されているが、元素分析は化合物の化学構造の決定よりも、純度測定に用いられることの方が多く、最近は化学構造の決定にはほとんど使われなくなっている。

（2）実験結果を図表にする

ここでの目的は「生物的抗変異作用を示す水菜の成分の化学構造を決定する」ことであったため、実験結果は構造決定した生物的抗変作用をもつ成分の名前と略称と化学構造式を記載し、実験者の主観をもとに成分の性質（例。無色透明、常温で液体、スミレの花様の香気をもつ）を記載すればよい（**図4**）。

（3）図表をもとに考察する

化学構造を決定した生物的抗変異作用を示す成分について、過去の研究例があれば記載し、これを基に考察を加える。また実験結果に新規の発見があった場合は、その発見を基盤とした将来の研究展開をあわせて記載する。その一例として以下に記載している。

水菜は学名分類ではアブラナ科に属する野菜である。アブラナ科野菜には、菜類（チンゲン菜、高菜、水菜、壬生菜など）、大根、白菜、キャベツ、ブロッコリー、カリフラワーなどの食卓に登場する品目は多い。アブラナ科野菜に含まれる食品機能性成分はイソチオシアネートがよく知られている。例えばわさびの辛みはアリルイソチオシアネート（ＡＩＴＣ）で、揮発性が高い（低温でも揮発する）ために鼻に強くぬける辛みをもつ。イソチオシアネートの発がん抑制効果の研究例は多く、水菜から単離したフェネチルイソチオシアネート（ＰＥＩＴＣ）もそのひとつである（**図4**）。ＰＥＩＴＣは欧米でよく摂取されているクレソンや白からしなどの西洋野菜に広く分布しているため、ＰＥＩＴＣの発がん抑制効果は欧米諸国の研究者から発信されはじめた。このように日本人が摂取する機会が少ない野菜にＰＥＩＴＣは多く含まれるが、水菜に含まれることが今回の実験で明らかになったことから、水菜はＰＥＩＴＣ

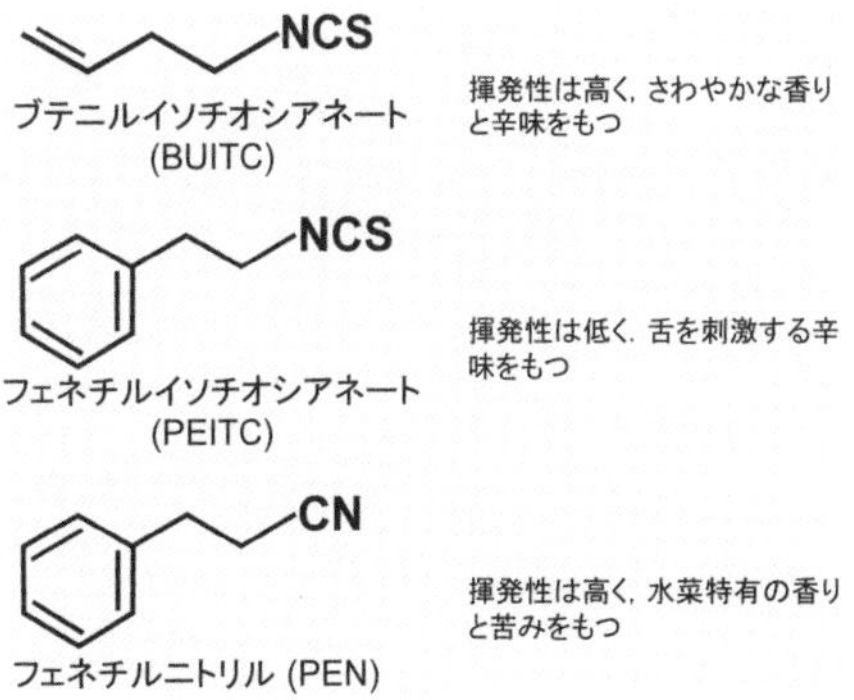
NCS
ブテニルイソチオシアネート
(BUITC)
揮発性は高く，さわやかな香りと辛味をもつ
NCS
フェネチルイソチオシアネート
(PEITC)
揮発性は低く，舌を刺激する辛味をもつ
CN
フェネチルニトリル (PEN)
揮発性は高く，水菜特有の香りと苦みをもつ
図4　水菜のヘキサン画分に含まれていた生物的抗変異作用をもつ成分とその性質

による発がん抑制効果をもつ野菜であると考えられる。

ここでの実験でブテニルイソチオシアネート（ＢＵＩＴＣ）とフェネチルニトリル（ＰＥＮ）が生物的抗変異作用を示す成分として水菜に含まれることが明らかになった。ＢＵＩＴＣは揮発性が高いため、さわやかな香りをもち、辛味をもつ。ＢＵＩＴＣは発がん抑制効果をもつＰＥＩＴＣと同様イソチオシアネートであるため、ＢＵＩＴＣを経口摂取させた動物実験で発がん抑制効果をもつ可能性がある。これが証明されたときは、将来、食事介入試験などによる人を対象としたがん予防効果の証明に進めば、和食材のひとつである水菜の健康増進効果が明らかになっていくであろう。

見つかった成分の化学構造式をみてみると、フェネチルニトリル（ＰＥＮ）はＰＥＩＴＣから硫黄原子が脱離した化合物であることが**図4**を見るとわかる。ＰＥＮもＰＥＩＴＣも、水菜を包丁できざんだり、咀嚼したりすると前駆体のフェネチルグルコシノレートから酵素のミロシナーゼのはたらきにより生成する。ＰＥＮは揮発性が高く、その分子内にニトリル基をもつことから独特の香気をもつ。瞬間接着剤のアロンアルファの成分も分子内にニトリル基をもつシアノアクリレートであるため、水菜特有の香りをアロンアルファの香りと感じる場合もあるかもしれない。

筆者の食経験である、旬の水菜から感じた香りの謎も、このときにひも解かれた。

四……和食科学分野の研究の進めかた（研究を拡幅させる）

水菜の香りの三成分が健康増進効果をもつことが、本章で述べてきた和食科学の研究の進め方で明らかになった。ここを研究のゴールとしてもよいが、研究のゴールは果てしなく、研究者がゴールと決めたところがゴールになる。ここからさらに研究の幅を広げて研究をすすめたいと思えば、好奇心を発揮して自由に研究テーマと手法をデザインしてよい。研究を拡幅させる例は以下のようなものがある。この他にも自由な発想でオリジナリティーのある研究テーマをデザインしてみてほしい。

1. 古文書で水菜の栽培方法や食べ方の記述を見つけて、現代と食様式と比較してみる。
2. 水菜の香りの健康増進三成分を多く含む品種や栽培方法を見つけてみる。
3. ＢＵＩＴＣとＰＥＮの発がん抑制効果を動物実験で確かめてみる。
4. 人が水菜をどれだけ食べれば発がん抑制効果が得られるか明らかにしてみる。
5. 水菜の香りを活かした健康増進メニューを考案してみる。

ここで水菜の古文書の一例を示してみるが、文書だけではなく、絵として水菜が描かれている場合は、得られる情報は多い。**図5**は一七八七年の『拾遺都名所図絵』（巻之一平安城）に描かれ

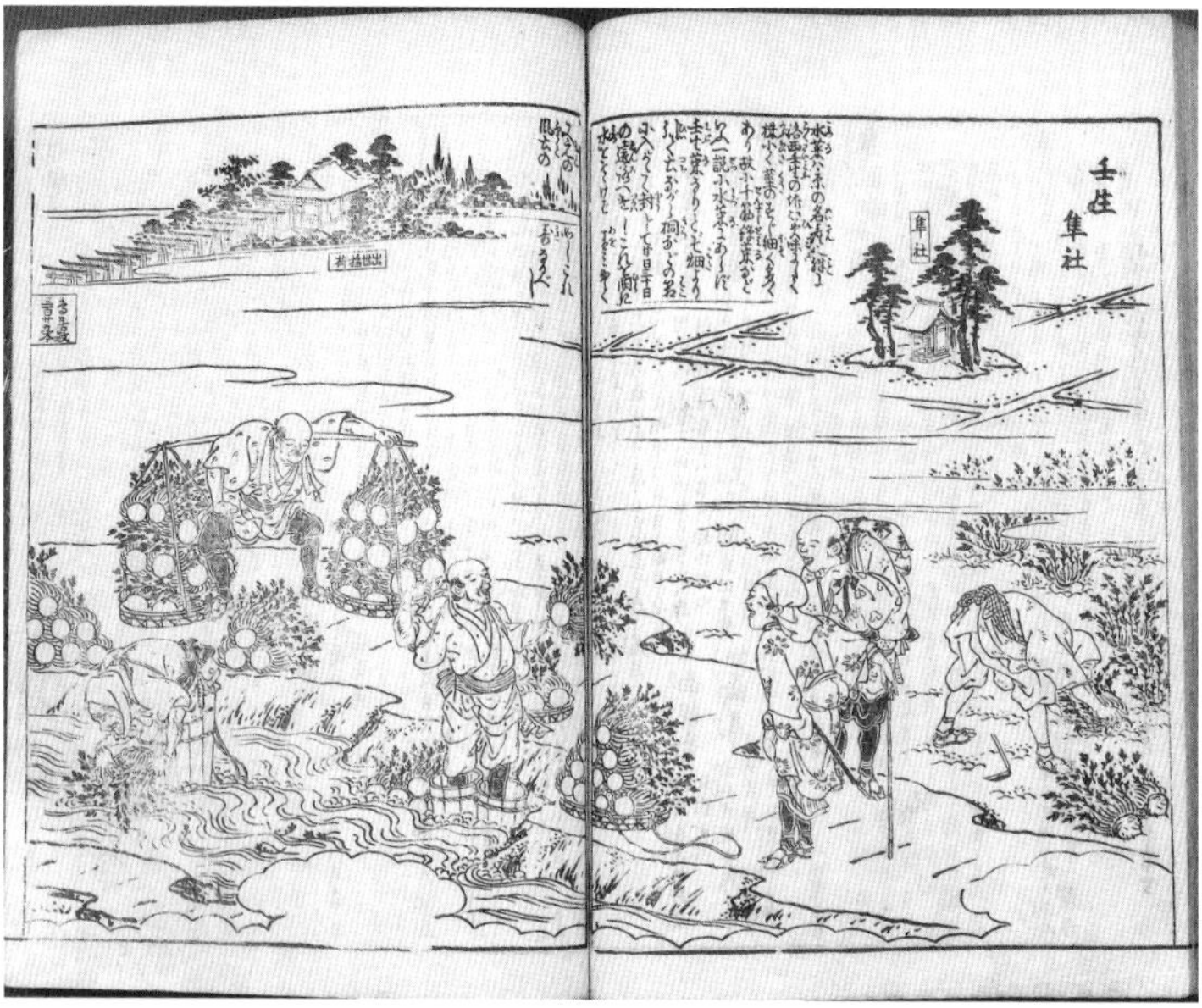

図5　水菜の栽培方法と食べ方の時代変遷
『拾遺都名所図絵』巻之一平安城（1787年）（京都府立大学附属図書館蔵）

た水菜の栽培地である。絵を見ると水菜は現代のサラダの材料の形態（図1）とは異なり、大株となるまで栽培されて、収穫後に川で洗われている。右上の文字を見ると収穫地は「壬生」とある。現代では水菜と壬生菜があるが、往時は壬生が水菜の栽培地のひとつであったことがわかる。この図絵を参考として、往時の水菜の栽培地を特定してみることも面白いし、今でも壬生で水菜を栽培するとよい風味をかもしだしてくれるかもしれない。その風味がよければその土地の微気候や土の組成などを解析して、風味を高める要因を探ってもよい。このように研究テーマはたくさんあり、和食文化を学び始めた人が、自由な発想で和食科学の研究をデザインして、将来、和食科学の研究分野を発展させてくれる人になってほしいと思う。

本章のまとめ

本章では、理科実験系の和食科学の視点として、和食材の成分が健康増進効果をもつ事例について紹介し、どのような視点や発想から和食科学の研究テーマを見つけ、どのように研究を進めてゆけばよいかについて述べてきた。ここでは、野菜の購入場所が、八百屋さんからスーパーマーケットに移行していった時間軸の中で、世の中の変化の流れと著者自身の食経験をもとに和食科学の研究テーマとして拾い上げて、研究を進めてきた一例をあげた。

このように、和食科学分野の研究のテーマは、だれもがもっている独自の食経験の中にたくさん眠っている。その食経験が稀有であればあるほど、これまでにだれも発想できなかったオリジナリティーの高い研究テーマにつながってゆく可能性を秘めている。

さらに学びたい人のために

高嶋四郎、加藤精一『歳時記　京の伝統野菜と旬野菜』(トンボ出版、二〇〇三年)

食べて健康京野菜　http://kenko-kyoyasai.jp/ (最終確認日、二〇二二年一月五日)

京野菜の抗酸化能力　http://kenko-kyoyasai.jp/functionality/170327-pam.pdf (最終確認日、二〇二二年一月五日)

演習問題

1. 自分の食経験の中で印象深いことを三つ書き出して、誰かと議論してみよう。
2. 自分の出身地の伝統食材を三つ書き出して、その特徴について他の出身地の人と議論してみよう。

議論の中で、あなたの食経験や、あなたの出身地の食材の特徴が唯一のものであると考えられたら、それがあなた自身の和食科学研究のテーマになるかもしれない。

［コラム］

「はりはり鍋」は和食文化における健康増進の知恵？

中村考志

京都はじめ関西には水菜をクジラの脂身と一緒に炊いた「はりはり鍋」という料理がある。水菜に含まれる脂溶性成分は、クジラの脂身から出てくる脂肪で抽出され、これを食べたときには水菜の脂溶性成分が体に吸収されやすくなる。はりはり鍋以外にも水菜は油揚げと炊いた料理など、油とあわせる料理が多い。現在クジラ肉は国際的な捕獲制限の影響で入手しにくい。そのため食科学で導かれた結果を、現在入手しやすい食材を使ってデザインしてみることも和食文化研究のひとつの分野である。

図1はクジラ肉の代替に脂身の付いた牛のホホ肉を食材に用いた「牛ホホ肉と水菜のボリート」である。これはイタリア料理店のシェフが、「水菜の脂溶性画分が生物的抗変異作用をもつ」ことを活かして考案した、イタリア料理版のはりはり鍋である。現代日本は魚だけでなく、畜肉を食材に使うことも一般的になっているため、伝統的な和食材と畜肉をあわせたこのような料理が、将来、和食のメニューとして考案されてきても、それは自然なことであるかもしれない。

図1　牛ホホ肉と水菜のボリート
リストランテ ティサネリーア京都との共同考案（筆者撮影）

水菜の脂溶性成分を効率よく吸収できるような料理が先人により考案され、現代まで受け継がれてきた理由は、食による健康増進と関係する必然なのか、あるいは単なる偶然なのか、水溶性画分の作用が強い壬生菜には、水菜のように油とあわせる料理が少ないことは必然か偶然かなど、食科学で導かれた結果を食文化の歴史の時間軸にあてはめて考察してみることも、和食文化の新たな研究分野のひとつになるとおもしろいと思う。

和食の思想・宗教・教育

［第9章］

和食と宗教

末原達郎

一……トンカツ定食から考える

私たちの生活の中で最も身近な和食というと、私は、さまざまな食堂にある、「和定食」を思い浮かべる。わが大学の学生食堂でも和定食があって、ご飯と煮魚と野菜の煮たものと、味噌汁と漬物がついている。とても、コンパクトな食事の中に、和食の要素がいっぱい含まれている。まさに、典型的な和食ということになるが、メニューの隣を見ると、トンカツ定食（図1）や、ビーフシチュー定食もある。これらは、名前からすると洋食のようであるが、実は立派な和食であると、私は考えている。

私は、しばしば外国にフィールドワークに出かける。山の中の村で数か月過ごし、首都に戻ると、日本食のレストランがある場合には、そこで日本食を食べることを楽しみにしている。日本

図1　トンカツ定食（筆者撮影）

食レストランでは、寿司ではなく、むしろトンカツ定食やチキンカツ定食を食べることが、楽しみだった。たとえば、ケニアのナイロビにある某日本食レストランでは、トンカツ定食が一番うまい。トンカツとご飯を食べながら、たしかに日本食はうまいなあと、感慨に浸る。

一方、アメリカやヨーロッパの人々にとって、和食と言えば、寿司か魚の刺身、それに野菜とご飯のイメージである。その結果、これらの人々にとって和食は、健康にいい食事だということになってしまう。日本に帰って、私の主治医に聞くと、トンカツ定食は、生活習慣病になりやすい食事だということである。日本と外国では、和食をめぐるイメージに違いがある。そこには、食事をめぐる、日本と外国との考え方の違いが、少しずつ見えてくる。本章では、まず和食と宗教という視点から、和食を考え直してみたい。もっとも、宗教というと、仏教やキリスト教との関わりばかりから、考えることと思うかもしれないが、私はさらにこの中に、さまざまな宗教に加えて科学としての栄養学について考えてもいいのではないかと、思っている。栄養学もまた、食文化に強い影響を与える価値観だからである。

さて、もっとも身近な話題から、宗教と和食文化の問題を考えていこうと思う。すなわち、私の好きな「定食」の問題からである。ここで提起したいのは、「トンカツ定食は和食か？」という問題と、「豚肉は和食の食材か？」という問題、ならびに、「定食とは何か？」という問題群である。

二……精進料理から考える

トンカツ定食が、和食ではないような気がするのは、そもそもトンカツは日本の食生活に存在しなかったからである。さらに、トンカツの原料となる豚を食べるという食習慣が、日本には根づいていなかったような気がするからである。はたして、そうだろうか。

日本人の歴史を振り返ると、縄文時代には、豚ではないが野生の猪の骨が、多数見つかっている。たとえば三内丸山遺跡では、猪が重要な食料として利用されてきた痕跡がみられる。

弥生時代になると、豚の食用が行われていた。もっとも弥生人は、猪ではなく、主に家畜化された豚を食用としていたのである。これは、弥生人は野生の猪を家畜化したのではなく、大陸から米作と共に家畜化された豚をもたらしたと、考えられている。このように、猪や豚は、日本の

図2　精進料理（Wikimedia Commonsより）

古代以前から存在し、日本文化にとっても親しみのもてる食材だったわけである。しかし、たしかにトンカツは、伝統的な日本料理の枠組みから外れてしまうような気がする。それは、どうしてだろうか。

私たちの和食のイメージの中には、仏教の影響を受けた肉食忌避の精進《しょうじん》料《りょう》理《り》（**図2**）がある。和食と宗教という本章のテーマからすると、この精進料理と和食の関係こそ、キーポイントのテーマとなりそうに思える。

それでは、精進料理とは、いったいなんだろうか。精進料理は、動物の食材を用いない料理で、野菜と植物由来の食材から、料理が作られることになる。「精進」というぐらいだから、仏教に関係ある食事であることは想像がつく。でも、ほんとうに、そうなのだろうか。

原田信男によると、「精進」とは仏教用語としては、サンスクリットのビールヤの訳語に由来して「ひたすら努力して仏道修行に励むこと」や「その心の動き」を意味した言葉であると、されている[原田二〇〇五]。人間の犯すべきではない六つの波羅蜜《パーラミター》の一つとされている。したがって、特に、食文化を規制するための用語ではない。

本来的には仏教から見れば、何を食べ、何を忌避するかは、大きな意味をもたない。ただ、修行に入った僧たちには、食への執着から離れるため、修行中の質素な食事や与えられた食事に満足することが求められる。

このように精進料理は、当初は、寺院の中の修行僧のために用いられていた料理であるが、一般の俗人でも、仏事や社参などの際には僧坊の料理を食べることがあった。また、修行僧の真似をして、一時的に寺院で修行の経験を積んだ一般参加者が、精進の期間がすぎた時に、「精進明け」といって、修行期間中の極めて質素で厳格な食事を終え、再び一般社会の食事に戻るために、比較的豊かな食事が提供されることがあった。本来とは逆の意味だが、これも精進料理と呼ばれた。こちらは、一汁一菜に近い修行期間中の質素な料理とは異なり、植物を素材にしてはいるが、比較的品数の多い豊かな料理ということになる。

この種の精進料理や精進明け料理の発達したものが、現在でも、精進料理や普茶料理として、各種寺院の僧坊や料理屋で提供されている。

三……仏教の思想は肉食禁止か

仏教の世界では、基本的に殺生をすることを禁じている。しかし、動物にだけ生命があるものでもない。また同時に、一般の人々にとっては、手に入る様々な食材を食することなく、生きていくことはできないはずである。ましてや、四方を海に囲まれ、海洋民族として縄文時代より、魚や貝類を重要な食事要素として考えてきた日本の民衆が、仏教の摂理によるからといって、そう簡単に魚貝類を食べなくなるとは、思えない。

庶民に見られる和食の伝統が、精進料理にみられるように、植物食に限り動物食を厳格に規制していたとは、基本的に考えられない。もちろん、文献によると、天皇や貴族は、動物食を規制する詔《みことのり》を、何度にもわたって、出している。それは、一方では、何度も詔を出さねばならないほど、人々が日常的に動物食を行なっていたということを示すものである。一方では、それを特に守るべき人々とされていたのが、貴族階級をはじめとする上層階級に限られていたということである。

もちろん、一般の人々の生活を離れて修行に入った人々、すなわち修行僧や入道たちにとっては、質素な食事を続け、贅沢な食事から遠ざかることは、理に適ったことである。しかし、修行を行なっていない人々に対しても、同様の食事制限を課すことは、理に適っているとは、言えないだろう。

平安期において、庶民にも出された動物食を排除する詔は、多くは、特定の災難や厄難、あるいは天候不順に対抗するために、仏教の力をかりて国家を救護しようとするものであり、本来の意味の仏教における観念とは、異なったものであった。

このようにして、仏教の導入と普及は、日本社会の民衆の食生活にまで、少しずつ影響を及ぼすこととなった。

もう一度原点に返って、仏教そのものと食物規制とを考えると、仏教は、殺生戒として殺生の禁止はしているが、動物食の食物規制をしているわけではない。この点は、キリスト教やイスラーム教、ユダヤ教などの他の宗教とは、異なる点である。キリスト教やイスラーム教では、聖書やコーランの中で、特定の食物を規制することが書かれているのであり、信徒はそれを守らなければならない戒律となっている。

四……大膳料理から精進料理へ、本膳料理へ

日本の料理の歴史から見れば、平安時代の貴族の大膳料理から、鎌倉・室町期に入って独特の

形態で確立されていったのが、精進料理だと位置づけることができるだろう。奈良時代から平安時代にかけては、饗宴を基本とした大饗料理が、定式化されていった。

これに対し、平安末期から鎌倉時代にかけては、多くの僧が、中国にわたり、中国仏教に触れ、食についての多くの事柄を学んで、帰国した。宋に渡った僧の中でも、栄西や道元は、それぞれ茶の重要性や食の重要性を伝え、日本の食文化も大きな影響を受けた。仏教に基づく料理や精進料理である。その過程で、肉食、なかでも鳥獣肉食は、次第に忌避されていく傾向にあった。

室町期から戦国、江戸期になると、武士階層が力を持ってくる。武士階級は、狩りによる武芸の上達を好んだので、鳥獣食も好まれていた。ただし、武家政権が安定した江戸期に入ると、仏教的な規範体制の中で、鳥獣食は忌避されるようになる。もっとも一般民衆においては、江戸期においても、魚食はさかんに行われていた。徳川時代は首都となった江戸が、海岸に面し、新鮮な魚介類を、直接手に入れることが可能であった。海岸から遠く離れ、新鮮な魚介類が手に入りにくいそれまでの都である京都とは、条件が大きく異なっていた。そのために、再び、魚食文化が復活し、なかでも、江戸前寿司と呼ばれる生すしが、日本の食生活に新たに含まれることになった。

精進料理が成立してくることによって、大饗料理に見られた豪勢さや多様な豊かさとは反対に、質素さや簡潔さを重視する和食へと、別の和食の特色が可能になった。

図3　『酒飯論』（国立国会図書館蔵）

いっぽう、室町時代になると、配膳の方法を変えた本膳料理が成立してくる（**図3・口絵⑤**）。本膳料理とは、平安時代の公家の大饗料理が、儀式料理としての性質を強く持っていたのに対し、本膳料理では、食事の順序や皿の並べ方などの多くの形式が簡略化し、かつ形式化されていった。武士階級を中心に本膳・二の膳・三の膳という形式で、調理された料理が並び、やや簡略ではあるが、独自の和食の形態になっていった。この本膳料理には、寺院で行われていた精進料理の影響も見られるが、実際には、鳥肉や魚貝類も用いられ、精進料理とは異なる多様な食材を用いた料理でもあった。本膳料理は、狩りを是とする武士社会の好みを反映させた料理であった。

本膳料理は、江戸時代にも発達を見せ、膳を用い、飯、香の物、汁、つぼ、なます、焼き物の本膳と、猪口、ひら、二の汁の二膳の、本膳と二の膳の形態が確立する。さらに、茶懐石の影響をうけて、会席料理として結実する。やがて、この武士の食事体系は、商家や農家にも普及していき、和食の定型の一つとして定着することになる。銘々膳の上に、料理が並べられるところが、和食らしく、中華料理や韓国料理とは一線を画することになる。

もっとも、都市部や上流の世帯と農村部や庶民の世界では、食事の内容が異なるのは当然のことであった。しかし、地方の農家であっても、時には銘々膳を並べ、本膳料理や精進料理に近い料理が出されることもあった。このように、非日常の贅沢な食事のことを、日本民俗学では「晴れ」の食事と言い、日常の質素な食事のことを「褻《け》」の食事という。農村生活は、必ずしも「褻」の世界だけで成り立っていたのではなく、「晴れ」の世界も存在した。特に、結婚式や、葬式、法事、正月には、こうした「晴れ」の行事食が出され、一時的にではあるが、武士階級や商人階級が体系化した大膳料理や精進料理を楽しむことがあった。伝承料理研究家の奥村彪生によると、日本の家庭料理の調理や調味技術は、葬礼の時に行われる共同調理が大きな役割をはたしていたという。

行事食というのは、経済的もしくは社会的階級差を超えて、さまざまな食事を日本中に浸透させるという意味で、大きな役割を果たしていた。宗教は、こうした結婚式や葬式を執り行なったので、行事食には、特に強い影響を与えていた。

五……報恩講の「お斎」から考える

庶民が行事食を楽しむ例を、浄土真宗における「お斎《とき》」を例に、解説してみたい。

浄土真宗の門徒の家では、重要な年中行事として、「報恩講《ほうおんこう》」というものがある。元来は、宗祖である親鸞上人の命日にあわせて、信徒一同が相集って、僧や講師を招き、共に仏教の教えを学び、読経をしようという会合（講という）である。親鸞上人を単に偲ぶというよりは、むしろ仏教のあり方を教えてくれた親鸞上人の恩に報いるために、法話を聞き念仏する集会を行い、それが報恩講と名づけられている。

本山である京都の本願寺でも、正月の五日から八日にかけて、法要と念仏が営まれる。その報恩講が終わった後に、集まった信者に提供される食事のことを、「お斎《とき》」という。もともと「斎」とは、決まった時間を意味し、特に正午の食事のことを意味していたが、それが転じて、広く仏事の際に出される食事という意味になったとされる。本願寺のお斎では、毎年、書院で精進料理が提供されている。

ところで、興味深いのは、この報恩講に伴う「お斎」の習慣は、京都の本山の本願寺だけでは

図4　報恩講のお斎（筆者撮影）

なく、多くの本願寺派寺院の中で、現在でも行われている点である。室町期から江戸期にかけて、浄土真宗の布教は、全国各地に広がっていった。その布教の際の重要な会合であり、組織が、この報恩講であった。このため、現在でも、全国津々浦々の本願寺派の寺院では、報恩講が行われており、その多くでは、お斎を提供する習慣が続いている。本願寺派の寺院は、都市だけではなく、農村部や山村部にも、広く分布している。これらの寺院では、地域の食材を用いて、独自のお斎の料理を提供してきた（**図4・口絵⑥**）。いわば地産地消の典型的な料理として、お斎は続いてきたことになる。

たとえば、山村の中で生産された野菜やキノコ、米、イモなどを用いて、精進料理が作られた。精進料理の中には、豆腐やコンニャクがしばしば用いられるが、それらの材料となる大豆やコンニャクイモを集落内で栽培し、集落の内部で豆腐や揚げ、コンニャクに加工し、それをお斎の際に料理として、提供してきたのである。このような例では、地域社会を存続する宗教的基盤として報恩講があり、地域社会で生産された農作物を用いて共食の機会が設けられ、地域社会集団の結束が図られていたと見ることができる。

六……文明開化と和食

江戸期から明治期になると、日本の社会は大きく変わる。それに応じて、和食文化も大きく変わることになった。

明治以降になると、日本の政府は、文明開化を行う。これは、日本国を西欧列強に匹敵する近代国家に、最速で変化させることにあった。キリスト教やギリシア正教、イスラーム教など、神道や仏教以外のさまざまな宗教の布教を公認し、特に西欧列強の宗教の導入を認めることにした。この時代に、世界の多くの宗教が入ってきたが、特にキリスト教は文明開化の象徴として、日本の社会で受け入れられるようになっていった。キリスト教系の学校も数多く設立され、徐々に人々の信仰として浸透し、定着していくことになる。キリスト教および西洋文明の受容は、和食に対しても、多くの変化をもたらした。キリスト教で受け入れられていた肉食は、西洋文明の受容の一環として、日本の社会にも入ってきて、認められた。しかし、それはあくまで、西洋列強に伍すると言う政府の政策の中で受け入れられていったもので、必ずしも一般民衆の中に浸透するには至らなかった。それでも、牛肉を用いた「すき焼き」や「肉鍋」などは、当時の大学生層には異国趣味もあり、醬油味にして、気楽に食べられるものとして普及した。以来、和食の中に受け入れられていった。

一方、明治新政府は、科学を積極的に取り入れ、新たな富国強兵政策をとることになる。仏教などの宗教に代わって、自然科学が、なかでも栄養学が和食に変化をもたらしていくことになる。外国に対抗できるような、強靱で頑強な肉体の兵隊を作るためには、体力の増強に繋がると考えられた肉食が、軍隊や学校を通じて、積極的に取り入れられていった。たとえば、カレーライスや肉ジャガといった日本の食生活になじみの深い料理も、この時期、軍隊の厨房の中から広まったと考えられている。

七……米食と和食

明治以降の和食の中では、宗教的な理由によって、食物が忌避されたり、規制されたりすることはほとんどなくなった。しかし、西洋由来の肉食や乳製品が、庶民の生活の中に浸透することも、そう簡単ではなかった。この時代の和食は、主食を米として、それに味噌汁と漬物が添えられていた。主菜としては、魚の焼き物や野菜の煮ものが多く用いられていた。当時は、カロリーが高く、栄養価に富んだ、病気にならない食事こそが、理想とされていたのである。現実にこうした西洋化が本格的に起きるのは、昭和二十年代以降、第二次世界大戦の終戦後になって連合軍に占領され、新たな西洋文化を再び取り入れるまで待たなければならなかった。

第二次世界大戦直後は、日本は食料不足に見舞われており、極端な栄養不良で餓死者もでる状態にあった。もちろん、肉食はタブーではなかったが、牛肉や豚肉、鶏肉は、手に入れることすら難しかった。この時期、日本の米の生産は、必要量の半分程度であった。日本を占領していたGHQは、小麦粉やパン、脱脂粉乳などを配ることによって、日本人の食生活をなんとか支えていた。この時期に、小・中学校の給食にパンやミルクが導入され、その後の日本人の食生活や価値観を大きく変えることになる。

この時代に、食文化の基準となっていたのは、栄養価の大小であり、それが現在まで続くことになる。昭和二〇年代から三〇年代にかけて、たしかに、栄養不良者や餓死者の数は、目に見えて減少していった。子供たちの身長や体重も、世界的な健康体の基準に収まるようになってきた。これも、一種の国家的事業としての栄養改善が成功したと、言えるだろう。しかし、国民の大多数が、ようやく十分な食料をとっていると言えるようになったのは、一九六〇年代の後半である。

一九六〇年代になると、米の生産量が、米の消費量を上回ることになる。ここには、二つの原因が存在していた。一つは、農業技術の発展により米の生産量が急激に増加したことによる。もう一つは、一人当たりの米の消費量が減少した結果、日本全体としての米の需要量が減少したことである。両者が一体となって起こったのが、一九六〇年代であった。供給が需要を上回れば、多くの余剰米が出てくることになる。日本では、それまで、米が余るという現象が起きたことはなかった。

日本の歴史の中では、主食である米は、常に不足していたし、白米をお腹いっぱい食べたいというのが、一般庶民の夢でもあった。その米が、余りだした。これ以降、人々は、食に対する危機感を抱かなくなっていったのである。

一九五〇年代までの日本人の米の一人当たり消費量は、一年間で約一二〇キログラムであった。いかに多くの米を、平均的な日本人が食べていたかがわかる。朝、昼、晩、三食とも、基本的に白米を主食とする和食であった。このため、人口を約一億人とすると、毎年一二〇万トンの米が必要とされていたのである。それが、一九六〇年代になると年間一二〇万トンを超える米が生産されはじめた。しかも、この時以降、一人当たり米の消費量は、年々減り続けていくことになる。

なぜ、一人あたりの米の消費量が減少しだしたのか、少し考えてみたい。

日本人の食生活の基本は、米飯に一汁三菜と言われている。まず、白米のご飯。そのおかずとして、魚や野菜がつく。それに、味噌汁等の汁物と漬物が添えられる。戦後は、主菜や副菜が、魚や野菜から肉に変わっていった点がある。しかし、同時に、米飯の位置が、ラーメンやパスタ、パンなどに、取って替わられていった。日本人の食物の消費量が少なくなったのではなく、主食の白米が、小麦製品に代わっていったことになる。

もちろん、その背景には、占領国アメリカの、したたかな長期にわたる貿易戦略が存在していたことも事実である。アメリカでは、戦時中に増産された小麦の販売先を、模索していた。日本の学校給食に対する小麦粉の提供は、子供たちの食生活を改善し、栄養不良による病気や死亡の原因を激減させるという人道的な側面があったが、同時にアメリカの余った小麦や牛乳の輸出先として、日本の食生活を変えていくという側面も持っていたのである。たとえば戦後、GHQはキッチンカーという、キッチンを乗せた改造車を、全国に巡回させて、洋食の献立メニューを全国各地に普及させることに力を入れていた。最初に述べたトンカツをはじめ、洋食の献立が最初は和食の副菜として導入されることを可能にした。しかし、より定着していくにしたがって、主食である米の地位をパンが奪い、取って代わることになった。また、何よりも朝食には、ご飯とみそ汁に代わってパンとコーヒーという選択が、日本全国に広まっていったのである。

近年になって、学校給食にはパンではなくて、ご飯が出されるようになってきている。これは、日本の政府もようやく、給食に何が用いられるかによって、その後の人々の食習慣が変わりうることに気づいたからである。戦後すぐのＧＨＱの政策に、戦後のアメリカの小麦粉輸出の戦略が含まれていたことに気づいたからだろう。

しかし、それでもなお、日本の食生活における小麦粉の優位は変わらない。それは、どうしてなのだろうか。そこには、いくつかの原因が考えられる。その原因を、ぜひ、考えてもらいたい。

ここでは、原因の一つを示しておくことにしよう。おそらく、日本の経済のグローバル化と共に現れた、世界の料理のグローバル化と関係しているのだろう。インド料理も中国料理も地中海料理もフランス料理も、日本の社会では普通に見られるようになった。これらの料理の材料は、小麦粉製品の方が米製品よりもはるかに多い。中国の麵は小麦粉製品だし、インドのナンも小麦粉製品、フランスのパンも、イタリアのパスタも小麦粉製品に分類される。米を用いているのは、中国料理の一部とインドや東南アジア料理の一部にすぎない。世界の多様な食事文化が日本に伝われば伝わるほど、主食となる食材も多様化し、同時に米への依存度は低くなってしまった。

これは、日本食におけるグローバリゼーションが進行した結果であり、それを享受できる力が、日本経済と日本文化、なかでも食文化にはあったということになる。

考えてみれば、日本の食文化は、海外から多くのものを取り入れて、自分のものにするという特色を、古代から培っていた。もともと狩猟採集文化だったところに、稲作文化を取り入れ、さらに中華文明の影響を受けると、中国式の食文化や仏教文化の食文化を採用し、さらに大饗料理や精進料理といった、日本独特の食文化をも作りあげた。

また、明治維新によって、日本が西洋文明化する必要があると、食文化でもそれを体現し、肉食や乳製品を取り入れて、新しい和食を作り出してきた。第二次世界大戦後は、再び食料不足と飢餓の問題に直面するが、それも近代科学という新しい価値観を導入することで乗り越えてきた。栄養学に基づく、栄養バランスのいい食事を中心に、和食文化にも変化が起き、その過程で、ハンバーグやトンカツ、カレーライスなど、西洋料理に起源をもつが、今では立派に日本料理に加えられる和食も、作り出してきたことになる。

日本における食のグローバル化は、日本経済の発展とともに起こった。日本経済の貿易黒字を背景に、世界の各国から輸入食品と輸料理を取り入れることができた。今や、日本国内には、西洋料理や中華料理だけでなく、トルコ料理や、インド料理、タイ料理、ベトナム料理、ネパール料理、メキシコ料理、アルゼンチン料理まで、ほとんどの国の料理が存在している。しかも、本国の味には根ざしているが、どの料理も日本風に変化が加えられている。もちろん、インターナショナルにマニュアル化されたハンバーガー店や、フライドチキン店もある。日本の食文化は、このように多くの外国からの食文化や料理を取り入れ、日本的に進化を遂げさせたところに、特徴があるように思える。

一方で、日本らしい食文化も保持されている。日本の箸を用い、飯食用のお椀と汁用のお椀を用い、さらに、何品かの主菜を皿に盛るという手法は、一般の家庭から、高級料理店まで普及している。行事食における膳は、こうした上に、さらに本膳料理や精進料理の形式を基として続いてきているように思える。特に人生や季節の節目に提供される行事食、たとえば結婚式における和食料理や、お斎、法事における精進料理は、いまでも、その面影を強く残している。さらに、極端に言えば、最初に紹介した和定食の基本的な形式も、本膳料理などから続く形式を引き継いでいるのでは、ないだろうか。

まとめ

日本の食文化の伝統の中で、宗教の役割は海外の諸国とは異なり、強い強制力を伴ったものではなかった。厳格な宗教規範に根ざした食物規制は、ほとんどみられない。精進料理も、肉食を強く規制をするというよりは、むしろ、植物材料を用いて多様な食品を開発していくことに貢献してきた。今でも、強い食物規制が存在しないところに、和食と宗教の関わりの特色がある。

しかし、歴史上は、さまざまな政府の政策によって、新たな食文化の方向づけがなされていった。たとえば、飛鳥・奈良時代における仏教を中心とした国の制度の確立が、鳥獣食の忌避の方向づけを行なったことや、明治維新における西欧化、文明開化が、鳥獣食や乳製品の導入への方向づけを行なったことが、挙げられる。また、第二次世界大戦後の科学的思考と栄養学の導入が、カロリーや栄養分析を宗教よりも上位に置くという、方向づけを行なったことになる。

（1）神道と肉食禁止

仏教と並んで、神道もまた、日本古来の宗教として存在し続けてきた。水田稲作が導入された当初から、稲作の予祝行事として、生贄となる動物を屠り、稲の豊作を祈る供犠が行われていた。これに関しては、八世紀の初めの『播磨国風土記』の中に、具体的な事例が示されている。この時代には、動物の血を忌避するというよりはむしろ、より神々への供物としての動物を差し出すという側面があったことになる。

日本の神道は、大陸から伝わった道教や仏教の影響を強く受けていたので、こうした動物の供物による稲作の予祝行事が存在したことは、よく理解できる。それでは、いつ頃から、どういう理由で、肉食の忌避が始まったのであろうか。

神にささげた供物を、神様の食した後に食べることは、直会《なおらい》と言って、神と人との共食関係として、重要視されている。具体的には神様が食べることはないので、いったん神様にお供えした食べ物（「神饌《しんせん》」という）を、後に、氏子集団や崇敬者が貰い受けて共食するのである。この際の供犠や神饌から、徐々に、動物肉が消失していくことになる。

一方、原田信男によると、八世紀初頭の『要老律令』神祇令の中で、物忌の一種である「散《さん》斉《さい》」を大嘗祭に参加する官吏に課している〔原田二〇〇五〕。この中に、服喪・病気・刑殺・処罰・音楽の禁止と共に、肉食の禁止を規定している。このようにして、肉食をすることが穢れに触れることになると、規定したのである。穢れの考え方には、さまざまあるが、特に人の死や産に接触することによって、本来あった清浄な状態から不浄な状態へ穢されるという、考え方である。さらに、触れることによって、他にもそれが伝染するという、類感呪術の側面もみられる。この中に、肉食も含まれることになったのである。

野生獣の食肉行動が、何らかの不幸や病気をもたらすという考え方は、日本だけでなく、アジア・アフリカの地域でも見られることである。たとえば、市川光雄は、アフリカ・コンゴの狩猟採集民バンブティの社会で、食物規制が見られることを報告している。そこでは、人生の様々な危機においては、それを予め防ぐために、特定の野生動物の肉を食べないようにするという、文化があった。そこでは、忌避される動物の性質や特性が、そのまま、それを食べた人間にも伝染するのを避けるために忌避するのである。バンブティの場合も、類感呪術の一種であるという報告である。

八世紀の『神祇令』や『僧尼令』、『令解集』、さらに『養老令』になると、穢れを避ける意識から、肉食の禁忌は強くなっていく。特に、神官や僧、官吏には、厳しく肉食禁止を守らせるようになる。さらに孝謙上皇（八世紀）は、諸国から宮中へ貢進される贄《にえ》さえも、鳥獣の宍や魚から、農作物へと変更させている。

明治以前の神道では、このように鳥獣、魚が、蝕穢の対象として避けられていたが、明治時代以降になると、「神社祭式」が制定され、稲、酒、餅、魚、野鳥、海藻、野菜などが、神饌の材料として供えられている。ここでは、酒や魚、野鳥が禁忌の対象になっていない点に注目したい。仏教と神道の間には、供え物においても、共食においても、微妙な差が存在し始めてきている。これは、明治政府により、廃仏毀釈が行われ、江戸時代までは神社と寺院が共存していた場所においても、両者が切り離されていったことに由来している。

以上のように見てくると、仏教においても、神道においても、食物に対する規制や禁忌は、日本においては、必ずしも常に確定的に存在したものではなかったことがわかる。それは、経典そのものの中に、具体的に禁忌が書かれているユダヤ教やキリスト教、イスラーム教とは、大きな違いであった。日本の場合は、宗教はその時の政治権力によって、食物規制が法令として規定されていくところに特徴がある。多くの一般の庶民は、こうした政令を順守しつつも、明治期以前までは、海産物をのぞいては、動物食の回避を行なっていたと思われる。

(2) 和食とハラール　和食とビーガン

最近は、多くの外国人が日本を訪れる。これまでの、仏教徒やキリスト教徒だけではない宗教的背景を持った人々が、観光客として、学生として、労働者として、日本を訪れている。もちろん、こうした人々にとっても、食事は、重要な問題となる。さらに、食事を提供する料理店、ホテル、学校においても、重要な問題になる。

たとえばイスラーム教の人々は、ハラームという、食べてはならない食材や飲料がある。一方、食べてもいい食事や食材は、ハラールと呼ばれている。たとえば、飲酒をすることは、ハラームである。コーランに禁酒が書かれているから、禁止されることになる。同様に豚肉やロバ肉を食べることの禁止が、決められている。

こうしたイスラームの人々が、日本の和食文化の世界に入ってきて、困ることがいくつもある。それは、その料理が食べてもいい料理なのか、食べてはいけない料理なのか、を判断することである。むしろ、判断する情報そのものが、日本の和食文化の中では知らされていないことの方が、問題となる。

たとえば、和食の中では、その料理の中に何が入っているかがわからないだろう。たとえば、トンカツであれば、それは食物規制の対象になることは、わかる。しかし、和定食の魚の煮つけや味噌汁が、はたしてハラールかどうかは、わかりにくいだろう。たとえば、味噌汁や醤油の中に、みりんが入っていたとすると、みりんを作る時に使われる日本酒の成分が、ハラームとなってくる。また、食べられる食材であるはずの牛肉や羊肉であったとしても、イスラーム法に基づく適切な屠畜や処理がなされていないと、ハラームになってしまう。

イスラーム諸国では、適切に処理された肉をハラール商品であるという認証をつけて販売しているが、日本でそのような販売店は、未だ少ない。それ以上に、たとえば、豚肉の料理をした鍋をそのまま使って料理を作れば、その料理はハラームになってしまう。ハラールかそうでないかを見分けることは、たいへん難しい。日本の一般的な食堂では、どのような成分や調味料が使われているか、表示されていることは少ない。そうなると、自分がどのような食材を用いた料理を食べられるのかが、わからないことになる。自分が食べることができないものが、どれなのかわからないほど、不安なことはないだろう。

コーランの中に記載される禁止事項を守るという意識と、その禁止事項の具体的な境界線をどこに引くかというのは、むずかしい判断となる。逆に、われわれがイスラーム教の国々を訪れると、その厳格さの中にも、程度の差があることを発見する。イスラーム教の中でもたいへん厳格なところでは食べない食材が、別の場所では、許されていることがある。どの程度の厳格さを必要とするかは、それぞれの地域や宗派で差が出てくるだろうし、どこに基準を定めるかは、イスラーム法の専門家に判断してもらうしかないだろう。それゆえ、われわれ非イスラームの日本人が、日本で和食を提供する場合に、どの料理がハラールにあたり、どの料理がハラームにあたるかを自ら判断することはできにくい。具体的には、このラーメンは、ハラールの食材で作ったか

図5　ビーガン　グーラッシュ（Wikimedia Commonsより）

ら、大丈夫だとは必ずしも言い切れないのである。

ハラールと同じような概念で、ビーガン（vegan）（図5）の人々の植物食に対する観念も、とらえることができるだろう。ビーガンの人々にも、いろいろな段階の植物食の人々がいる。完全植物食の人々から卵や乳製品は食べるという人まで。たとえば、日本の出汁の多くは、カツオやサバなどの、魚貝類を乾燥させたものを湯の中に入れて作るのであるから、多くのビーガンの人々は、出汁を使った料理は、食べないだろう。

その一部にみりんを使っている醬油には、アルコール成分が入っているから、厳格なビーガンの人々は、醬油を用いた料理で、食べないかもしれない。しかし、ビーガンの中には、醬油を使った料理を、食べることができる人もいるだろう。つまり、程度の差によって、どれが許容できて、どれが許容できないかは、ビーガンの人々自身が、自分で決めるしか方法がないのである。ただ、その時に、どの材料をどのように用いているかという情報や表示は、やはりしっかりと記載して知らせるべきであろう。

さらに学びたい人のために

市川光雄『森の狩猟民――ムブティ・ピグミーの生活』（人文書院、一九八二年）
ジャック・アタリ（林昌宏訳）『食の歴史――人類はこれまで何を食べてきたのか』（プレジデント社、二〇二〇年）
谷泰『神・人・家畜――牧畜文化と聖書世界』（平凡社、一九九七年）
原田信男『歴史のなかの米と肉――食物と天皇・差別』（平凡社文庫、二〇〇五年）
メアリー・ダグラス（塚本利明訳）『汚穢と禁忌』（ちくま学芸文庫、二〇〇九年）

演習問題

1．和食の中に、肉食が少なかったのは、どういう理由だろうか。
2．世界のさまざまな食文化の中には、食物に対する規制があるだろうか。それは、何に由来するのだろうか。

[第10章]——和食とサービス——

平本　毅

一……外食は料理に加えサービスを売る

この章では、飲食店で人が食事し、お金を払う行為、つまり外食について考えたい。話を進めるうえで鍵となるのは、飲食店が客にサービスを売っているという事実である。飲食店で食事するとき、客はただ料理の味のみにお金を払うのではない。そうではなく、客は手軽さ、雰囲気、面白さ、物珍しさといった様々なことがらを飲食店に求めていて、そうしたサービスにもお金を払っている。和食の飲食店では、サービスはしばしば、「おもてなし」や「しつらえ」などの文化の形をとって提供される。だから和食の文化を学ぶにあたって、外食におけるサービスの売買という側面は外すことができない。

本章ではまず外食という言葉の意味と、その現状について簡単に確認してから、外食の際に人が料理に加えてサービスにも対価を払っていることを説明する（一節）。続けてサービスをうまくつくることが飲食店の経営にとって重要な課題であることを述べ（二節）、どうサービスをつくったらよいか、その考え方を、主に和食の飲食店を題材として学ぶ（三節）。

(1) 外で食事する

外食（ガイショク）とは、調理主体（料理をつくる人）が世帯外の人であり、かつ調理の場と喫食の場が家庭外である喫食の形態のことである〔岩渕一九九六：一五頁〕[1]。読者のみなさんは、どのくらいの頻度で外食をするだろうか。毎日のように学生食堂のお世話になっているか、それとも頑張って自炊しているか、あるいは、実家暮らしだから親がつくってくれるのか。

外食は現代人の食生活に根付いている。都市の繁華街にはチェーンの飲食店が溢れている。昔はちょっとしたハレの日におめかししてレストランに行くくらいだったが、いまや日本人は、今日は中華の気分だ、いや和食だ、それとも洋食か、という具合に、普段着で毎日のように飲食店をつかう。

図1は、日本国内における「外食率」と「食の外部化率」の推移を示すものである。前者の外食率は、全国の食料・飲料支出額のうち、外食市場規模が占める割合であり、わかりやすくいえば、国民が飲食にかけているお金のうち、どれだけの分を外食に払っているかを示すものである。

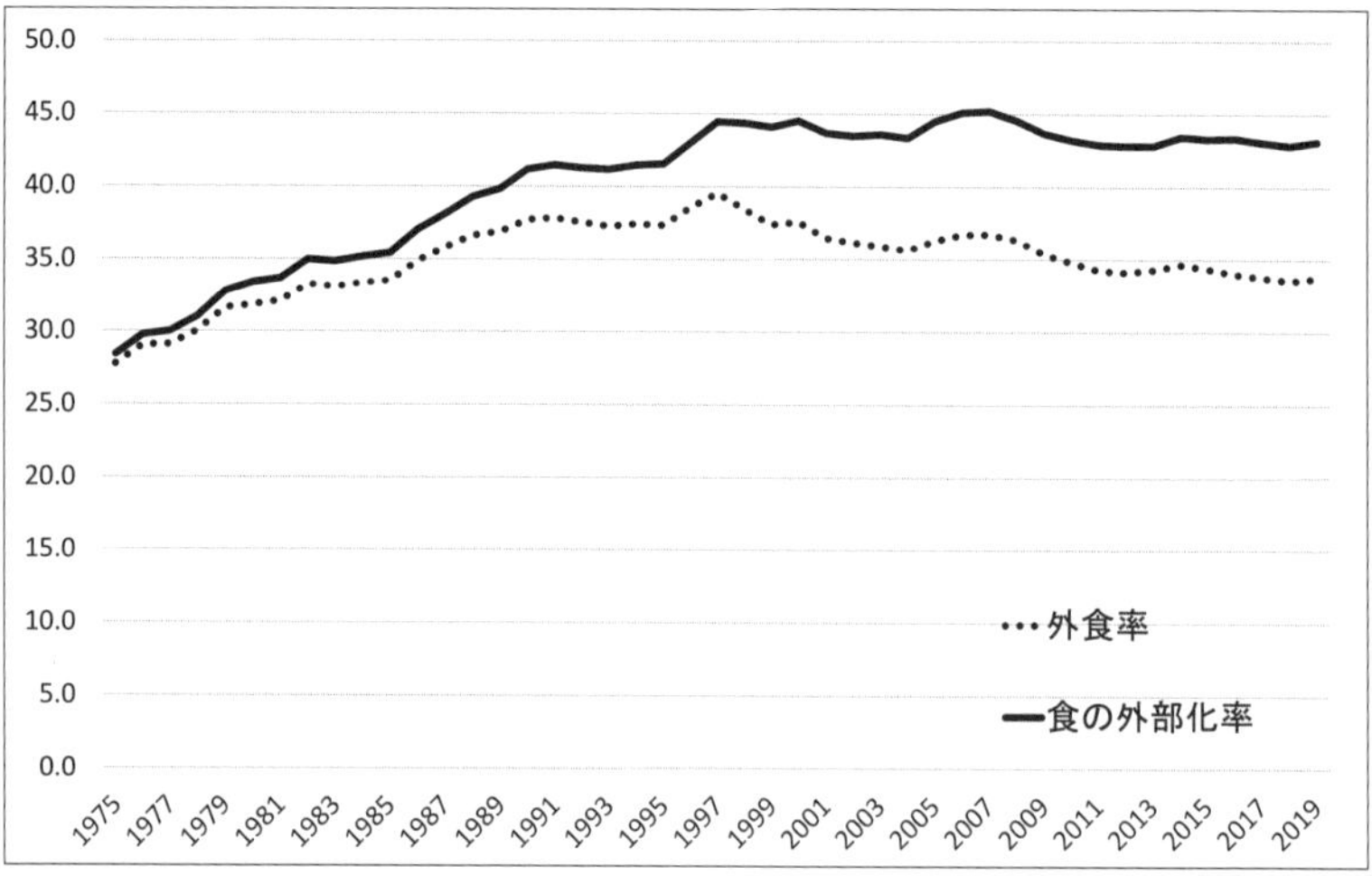

図1　外食率と食の外部化率の推移
出所：公益財団法人　食の安全・安心財団「外食率と食の外部化率の推移」を元に筆者作成

後者の食の外部化率は、全国の食料・飲料支出額のうち、広義の外食市場規模（外食市場規模に、弁当屋惣菜、小売主体のファストフードなどの、料理品小売業を合わせたもの）の占める割合であり、これもわかりやすくいえば、外食に加えて持ち帰りの惣菜や弁当、冷凍食品などにもどれだけお金をかけているかを示すものである[2]。

一九七〇年代後半から、国民の外食にかける お金が大幅に増加し、その水準が、ここ三十年ほどはおおむね保たれてきたことがわかる。ただ、外食率と食の外部化率の間の差は近年開きつつある。これは、食の外部化率の分子に、弁当屋惣菜、小売主体のファストフードなどの、料理品小売業の市場規模が含まれているからである。これらの、購入してから家に持ち帰って食べる食事は、外食ではなく中食（チュウショク、ナカショク）というカテゴリーに含まれる。中食とは、調理主体が世帯外の人で、調理の場は原則として家庭外にあり、喫食の場が家庭内である食事の形態である［岩渕一九九六：一五頁］。夫婦共働きや単身の世帯が増えるにつれ、外で食事を済ませるのでも、家で素材から手作りするのでもなく、出来合いの品を家で手早く食べる需要が増加し、中食の市場規模は拡大していっている。そのために外食率と食の外部化率の差が開いていくのである。**図1**は二〇一九年までのものだが、もちろん、この後数年のデータを追ったなら、コロナ禍の影響で余計に外食率と食の外部化率の差は開くであろう。

上で述べたことのうち食の外部化率についてまとめると、この指標は、外食と中食をあわせて、作る人（調理主体）・作る場所（調理の場）・食べる場所（喫食の場）のいずれかが家庭や世帯の外に出ている（＝外部化されている）状態を表すものである。「外部」があるということは内部もある。調理主体、調理の場、喫食の場がいずれも家庭（もしくは世帯）の内にある食事の形態を、内食（ナイショク、ウチショク）という［岩渕一九九六：一五頁］。簡単にいえば自炊である。先に出てきた全国の食料・飲料支出額のうち、食の外部化率に含まれない部分が、おおむね内食にかけているお金（食材や調味料など）になる。男性は家の外で仕事、女性は内で家事、という性別役割分業が当たり前だった時代は、女性（妻）が家で夕食を用意し、男性（夫）の帰りを待つ、という内

表1　外食・中食・内食の関係

	調理主体	調理の場	喫食の場	例
外食(ガイショク)	世帯外の人	家庭外	家庭外	レストランでの食事
中食(チュウショク、ナカショク)	世帯外の人	家庭外	家庭内	テイクアウトの弁当や惣菜、冷凍食品
内食(ナイショク、ウチショク)	世帯内の人	家庭内	家庭内	自炊

食の形態が常識だった。いま、読者のみなさんを含めた現代社会に生きる人間は、懐事情や家庭内労働力の事情（つくる人がいるかどうか）、時間の余裕や気分など、各自が置かれた状況と相談しながら、外食、中食、内食のうちどれでお腹を満たすかを選ぶようになってきており、性別役割分業は少しずつ崩れていっている。

外食、中食、内食の関係を**表1**に整理しておく。(3)

食の外部化が進んでいるとはいえ、外食産業自体の景気は堅調とも言い切れない。**図2**は国内における外食産業の市場規模（単位は億円）の、ここ四十年ほどの推移である。

ここ十年近くの景気は回復傾向にあるものの、三十億円弱の売り上げがあったピーク時の一九九七年に比べると、市場規模は縮小していることがわかる。この問題の背景には、物流コストの上昇、人件費負担の増加、少子高齢化や生活者のライフスタイルの変化、景気の後退などの複合的な要因がある。飲食店の競争環境は厳しい。コロナ禍の下ではなおさらだが、そのなかで、和食の料理店はまだ元気なほうである。**図3**は日本料理店と料亭の数が、ここ三十年ほどでどう推移し

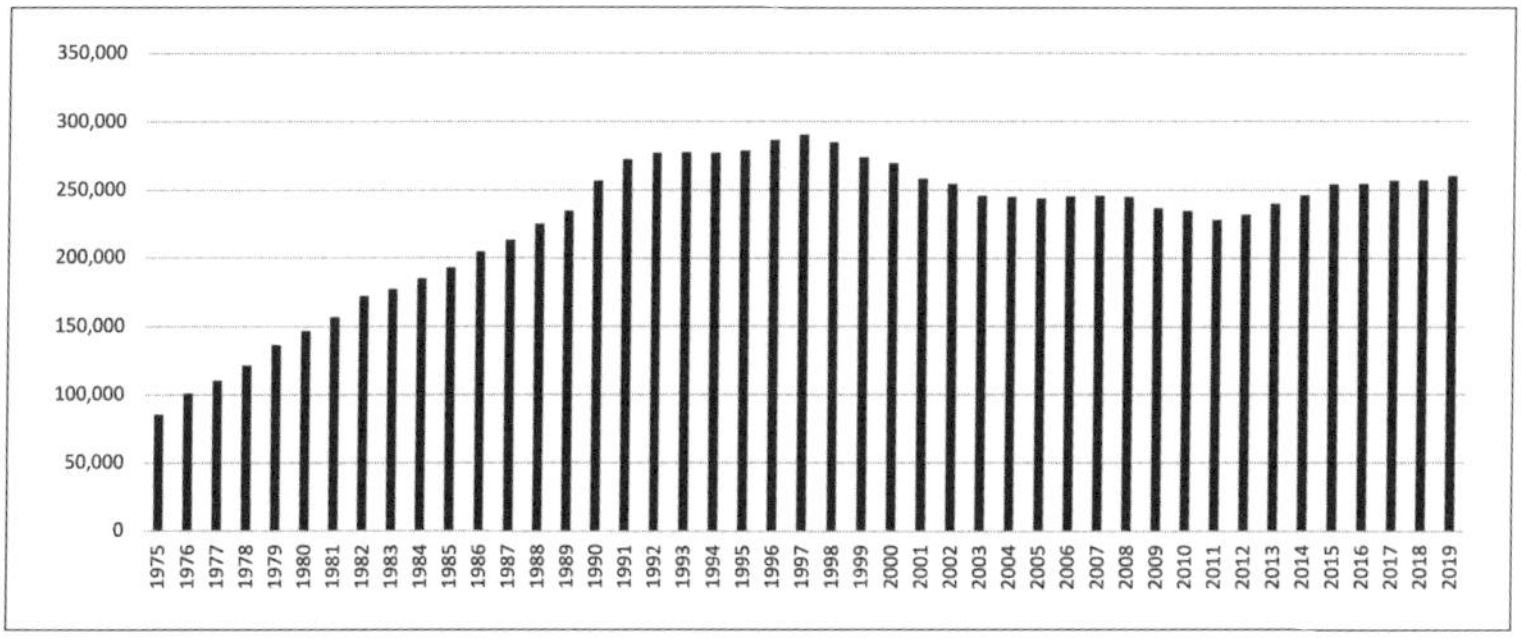

図2　外食産業の市場規模推移
出所：公益財団法人　食の安全・安心財団「外食産業市場規模推移」を元に筆者作成

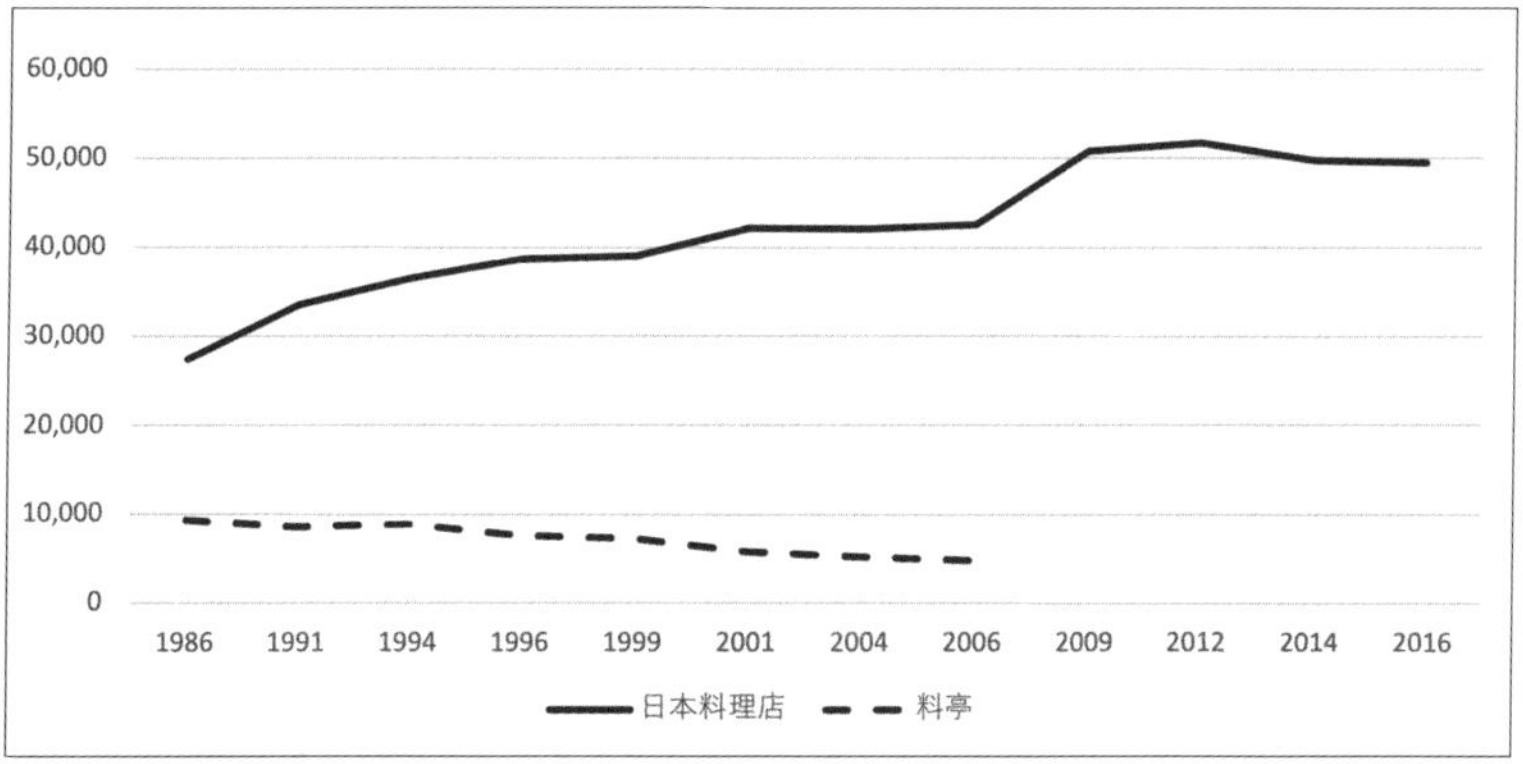

図3　日本料理店および料亭の数の推移
出所：経済産業省「経済センサス」「事業所・企業統計」を元に筆者作成

てきたかを表すものである。

料亭の数は減る一方だが、日本料理店の数は、ここ何年か高い水準を維持している。二〇一三年の「和食」のユネスコ無形遺産文化登録や、近年のインバウンド（訪日）観光客の増加などの潮流も手伝って、和食料理店の人気は根強い。和食料理店の何が、それほど人をひきつけるのか。本章ではこのことを、飲食サービスの提供という観点から考えてみたい。

（2）外食で何にお金を払うのか

ところで、人が内食や中食ではなく外食を選ぶのはどんなときだろうか。そもそも、料理のつくりかたがわからないから、という人がいるだろう。また、忙しくて時間を節約したいからとか、友人や恋人と語らうために、といったものもあるだろう。ふだん口にできない珍しいものを食べられるから、という動機もあるかもしれない。これらの理由には共通点がある。それは、飲食物の味や栄養だけには還元できない提供物（料理人の技術、時間の節約やコミュニケーションのツールなど）に価値をみとめ、それに対価を支払っているということである。この、飲食物の味や栄養だけには還元できないなにごとかのことを、サービスという。ファストフードの店で手早く食事を済ませるとき、この「手早さ」というサービスに、客は対価を支払う。あるいは、魚屋で鱧（ハモ）を買ってきて、自分で捌こうとしても、素人の腕ではどうしても小骨が残ってしまう。料理人が専用の骨切り包丁をつかって、一寸（約三センチ）につき二十五本、ともいわれるほど細かく、皮一枚を残して包丁を入れる。この骨切りの技術があることによって、鱧落とし、天ぷら、鱧しゃぶといった鱧料理を美味しくいただくことができる。このとき、客は料理人の「技術」というサービスに対価を支払っている。また、会席のコースを食べていると、何を使った料理か、どう食べたらいいか、仲居さんが一品ごとに説明してくれることがある。ここでは客は仲居さんが与えてくれる「知識」というサービスに対価を支払う。さらに、料亭で庭園を眺めながら箸を進めるとき、客は「しつらえ（環境や空間のデザイン）」というサービスに対価を支払っている。サービス料や、祝儀、茶代、心付け、チップといった名前で、食事代とは別にサービスの代金を払うこともある。

こうして考えてみると、外食はお金がかかるけれども、その大きな理由はサ﹅ー﹅ビ﹅ス﹅の﹅部﹅分﹅に﹅お﹅金﹅を﹅払﹅っ﹅て﹅い﹅る﹅か﹅ら﹅だ、ということに気づかされるだろう。一方で飲食サービスを提供する人たち（企業）がいて、もう一方では対価を支払ってそれを消費する人たち（消費者）がいる。この二者と、それ以外の利害関係者（ステークホルダー）たちが、法規制や経済システムなどの一定のルールの下で、飲食という一点をめぐって関わりあう。ここに市場（market）があり、飲食サービスの産業としての外食産業がある。

市場があると、どうすれば消費者のニーズをうまくつかみ、それに適した商品（ここでは飲食サービス）を生産して売ってその市場のなかで生き残れるかを考える方法論が生まれる。これをマーケティングというが、外食産業ではサービスを売るための方法論、すなわちサービスマーケティングが必要になる。サービスは接客や技術、知識などから構成されるが、それらには手に触れることができないという特徴がある。他方で、飲食店における主たる提供物＝料理そのものは手で触れることができる。経済学では前者を無形財、後者を有形財と呼ぶ。サービスが無形財であるという特徴から、サービスマーケティングには、それ独自のやり方が求められる。いくつか挙げていけば、まずサービスは形をもたないから、在庫しておくことができない（無形性：Instangibility）。たとえば料亭の仲居さんによる細やかな気配りは、生み出した（＝生産した）ものを貯めておくことができない。だから、暇なときにたくさんつくって貯めておいて売ろう、あるいは複製してその質を標準化してやろう、というわけにはいかない。またこれと関連して、サービスは生産と消費が同時に起きる（不可分性：Inseparability）。仲居さんの気配りは、生じたと同時に客が快をおぼえ、消費される。それゆえ、いったんつくり出したサービスを、客に届ける前に加工しようというわけにもいかない。さらに生み出したサービスは、消費とともに消失する（消失性：Perishability）。仲居さんの気配りは、それが行われた後に残らない。そして、形のないものの品質を標準化するのは難しいから、提供者ごとに、あるいは消費者ごとに、サービスの品質は異なってくる（異質性：Heterogeneity）。仲居さんでも気配りのうまい人とそうでない人がいるし、その気配りをありがたいと思うかどうかは、客の感じ方次第である。こうした特性を考慮に入れたうえで、質の高いサービスをどう作り、提供していくかを飲食店は考えねばならない。

二……サービスは価値を生む

（1）サービスの付加価値

外食とは、料理とともにサービスを消費する喫食形態である、ということができる。(4) しかも、いま便宜的に料理（有形財）とサービス（無形財）とを分けたけれども、両者はしばしば分かち難い。テレビのバラエティ番組で、目を閉じて食べたものが何かを当てたり、あるいは、二つ食べてみて、どちらが高級なものかを当てたりする企画を目にすることがあるだろう。バラエティ的な演出もあるだろうが、その結果はだいたい、ハズレ――自分が食べたものが何かを当てられない、高級な品がどちらかを当てられない――というオチになる。つまり、飲食店の雰囲気、内装、接客等々の要素を取り払って、飲食物だけ味わっても、ふつうの人間は往々にして、その価値を正確に感じ取ることができない。これをその人の味覚の未発達だとか、文化的素養のなさだとかいった属人的な事柄に帰属して片付けるのはもったいない。そうではなく、世の飲食店が、いかにサービスを工夫して、飲食店の雰囲気、内装、接客等々の要素を盛り込んだ複合的な「おいしさ」という価値を客に届けることができているのか、という点に目を向けるべきである。

　このことは、競争の激しい外食市場で生き残ろうとする企業やお店にとって、決定的に重要である。なぜなら、料理にサービスを上乗せすることによって、飲食店は付加価値を生み出すことができるからである。付加価値とは、狭義には、企業がその労働から生み出す価値のことである。たとえば、ランチ営業で一〇〇〇円弱の親子丼を販売したとする。その値段のうち、米、醤油やみりん、出汁といった割り下地の材料、卵、玉ねぎ、三つ葉などの原材料の費用（原材料費）がいくぶんかを占める。水道光熱費もかかる。キッチンペーパーやゴミ袋などの消耗品にかかる費用（消耗品費）もかかってくる。販売価格から、これらの、あるいはこれに類する費用額を除くと、店舗が、その労働から生み出し、付け加えた価値＝付加価値を導き出すことができる。もう少し通俗的には、付加価値という語は、企業が商品やサービスに付け加えた、新たな価値のことを意味する。簡単にいえば、企業は付加価値を生み出すことによって利益を上げているといえる。老舗の鳥料理屋や米屋がランチタイムにだけ出す、一日何食限定の親子丼。この特別なサービスが、親子丼の価格をいくらに設定できるか、八〇〇円なのか、あと五十円上げられるか、はたまた九〇〇円までいけるのか、その価値を付加する。

　おもしろいことに、サービスの付加は、生産コスト（原材料費、水道光熱費、消耗品費など）の増加を必ずしも意味せず、ちょっとしたアイデアと工夫で、コストをかけずにサービスを改善したり開発することができる。たとえば、蕎麦打ちや餅つき、マグロの解体、活き造りの実演などの、実演販売のサービスを考えてみよう。ある種の餅屋では、注文してから客の前で餅を丸めて出してくれるのだが、その様子を見ているだけで食欲をそそられる。しかし、餅を丸める様子を客に見せるサービスの提供は、新たに設備を増やしたり人を増やしたりする場合と違って、それほどコストを要さないだろう。

浜作座楽屋を見せて金を取り

という句がある。これは、板前割烹のスタイル（カウンターの前で、料理人が素材を割き（切り）、烹る（火を入れる）様子を客に見せるスタイル）を世に広めたといわれる料理店、「祇園浜作」のことを詠んだものである。ふつうは客に見せない「楽屋」である調理工程（のうち「割く」「烹る」）を、あえて客の前に出すというサービスを提供することによって、「金を取る」＝付加価値を生じさせることができる、ということを、この句は言い当てている。浜作は、あまりコストをかけずにサービスを工夫することによって、他の和食料理屋と差別化を行うことができたのである。

ほとんどあらゆる営利主体は、ほかの同種の営利主体との差別化をはかることによって生存競争を勝ち抜いていく。これがサービスでなく製品であれば、より性能のよい、機能の充実した、あるいは値段の安い製品を生産し、販売することによって差別化を図ることだろう。たとえばスマートフォンのバッテリーの持ちをよくして、一度の充電で長時間使えるようにする。しかし、サービスの場合これはややこしい。まず、サービスの範疇に収まる事柄は多岐に渡り、どれを改善すべきかがわかりにくい。岩渕〔一九九六：五六〜五七頁〕は、次のような多種多様な要因が、飲食サービスの差別化にかかわるといっている。「物的サービスとしては、店舗の造作、店舗の内装、什器類、テーブル椅子、庭園、絵画、音楽、そのほか店舗内外の環境を含む全て」「人的サービスとしては、従業員の態度、物腰、言葉遣い、テーブルサイドでのシェフの演出、制服、清潔さなど」「情報の提供、割賦販売、得意先割引、駐車場の提供など」「創業時期や来店客の職業・社会的地位まで」。

しかも、こうした諸要素は、組み合わせ次第でその価値を違える。たとえば、若年層の集まるファストフード店でハンバーガーを提供する際に、器に魯山人(5)を使っても仕方ない。あるいは、慶事に使うような老舗料亭で、BGMに流行りのポップスをかけても場にそぐわないだろう。各々の要素の質が高いだけでは駄目で、それらをどう組み合わせるか、あるいは、どんな順番で客に提供するかが、重要である。サービスマーケティングとは、懐具合と相談しながら、この組み合わせのなかから最適解を見つけ出そうとする営みにほかならない。しかし、無数の選択肢のなかから最適解を選び取るための簡便な基準は存在しない。手掛かりになるのは、最終的に飲食店が提供するサービスの一連の流れを体験し、価値を感じるのは顧客である、という動かし難い事実だけである。サービスの価値は、消費者（顧客）がどんな具体的な文脈の下で、どんな体験をしたか、ということに宿る。この考え方を、文脈のなかの価値（value-in-context）という［Vargo, S. L., Maglio, P. P., & Akaka, 2008］。老舗の料理屋や人気の店ではしばしば、自分たちが蓄積してきたノウハウを活かしながら、サービスの諸要素をうまく組み合わせて客に高付加価値な文脈のなかの価値を提供している。

たとえば先日筆者が訪れた店では、店の外に店名が記されていなかった。いや、よく目を凝らせばどこかにあるのかもしれないが、探さなければ見つからないほど目立たない。しかも建物は囲いに覆われていて、外からは、わずかに庭の一部が見えるだけで、そこが店なのかどうかさえわからない。入ってよいものかどうか躊躇していると、中から人が出てきて「ご予約の方ですか？」と声をかけてくれた。簡単に入店させないことによって、店の人間が客を出迎えに行き、導き入れるという接客サービスの提供が可能になっているわけである。案内されつつ前庭を歩き入店することになるが、その導線は大きく膨らんでいて、庭自体は広くないにもかかわらず、客は少し歩くことになる。これにより客は庭をみて目を楽しませ、また、外部とは隔絶された空間へと入る感覚を得る。このように、店舗内外の環境（中の見えない囲い）、庭園、道、従業員の態度、物腰、言葉遣い、情報の提供（店名を掲げない）などの多種多様な資源を、一定の仕方で工夫して配置することによって、客は店の人に導かれながら、別世界へと足を踏みいれていくという体験を得て、それに価値を感じるようになる。

そして、こうして作り上げたサービスの付加価値は、毀損しにくい（失われにくい）。というのも、そのサービスは顧客に固有の体験を与えるが、その組み合わせの妙は他の店が簡単にコピーできるものではないからである。料理を含む様々なコピーの経済について論じたラウスティアラとスピリグマン［二〇一五：一〇二頁］は、「シェフは互いにレシピや料理をコピーできる。しかし、レストラン全体のスタイルや雰囲気を丸ごとはコピーできない」と言っている。

コピーしやすい商品やサービスの価値は、競合他社との差別化で生存している企業にとって大きな問題である。商品やサービスの機能と品質で差別化を行うことができず、価格を下げることによってしか競争に勝てない状態のことを、経営学ではコモディティ化が生じているという。たとえばボールペンについて考えてみよう。市場が成熟してくると、技術の発展や標準化に伴い、どの会社が作るボールペンも同じような機能と品質をもつようになり、その点で競合他社と差別化を行うことができなくなる。この状態で競争に勝とうとするなら、ボールペンの値段を下げるしかない。だから企業にとってはコモディティ化が生じている状況は好ましくない。コモディティ化を防ぐには、コピーしにくい価値をもつ商品やサービスを開発すればよい。それで先ほどの、「文脈のなかでの価値」の考え方がいきてくる。つまり、サービスの資源の組み合わせの妙によって、簡単にはコピーできない固有の体験を客に与えるのである。

（2）和食料理店のサービス提供

客の側もまた、外食にサービスの要素を求めている。「ホットペッパーグルメ外食総研」が首都圏、関西圏、東海圏に住む二十～六十九歳の男女を対象に行った調査では、「外食に対して「おなかを満たす」以外に期待すること」を尋ねてみたところ、ほぼ半数の四九・二パーセント（複数回答）が「非日常やレジャー性（わくわく感）を楽しむ」と答えたそうだ（「日経MJ（流通新聞）」二〇一九年四月一日）。そして、「非日常やレジャー性を感じる外食の業態」の一位には「和食料理店」（六一・五パーセント：複数回答）が選ばれた。いったい和食料理店のなにが、「非日常やレジャー性（わくわく感）を楽しむ」体験を客に与えてくれるのか。べつにメイドカフェのような、奇をてらった体験型のサービスを提供する店がそれほどあるわけでもないのに、である。このことを探る手掛かりとして、飲食サービス業のなかでの和食料理店について少し考えてみたい。

和食料理店とは何かを正確に定義するのは難しい。そもそも、和食の範囲を厳密に定めることができないのだから、これは当然である。だからどうしても著者の主観が入るが、「日本標準産業分類」を参考に、その分類から「主として和食料理の提供にかかわる料理店」と「部分的に和食料理の提供にかかわる料理店」を抜き出してみよう（**表2**）。

こうして抜き出したものを眺めてみて気づくのは、各々、独特のサービスの形を備えた業種あるいは業態が多いということである。業種とは、提供しているメニュー、すなわち何を売っているかに基づく区分である。そば・うどん店、すし店、お好み焼・焼きそば・たこ焼店といった区分が業種にあたる。他方で業態とは、利用ニーズに基づく区分である。**表2**の中では料亭（客に遊興飲食させる）がこれにあたるし、喫茶店も休憩の場を提供しているという意味で、かなり業態に基づく区分に近いといっていいだろう。

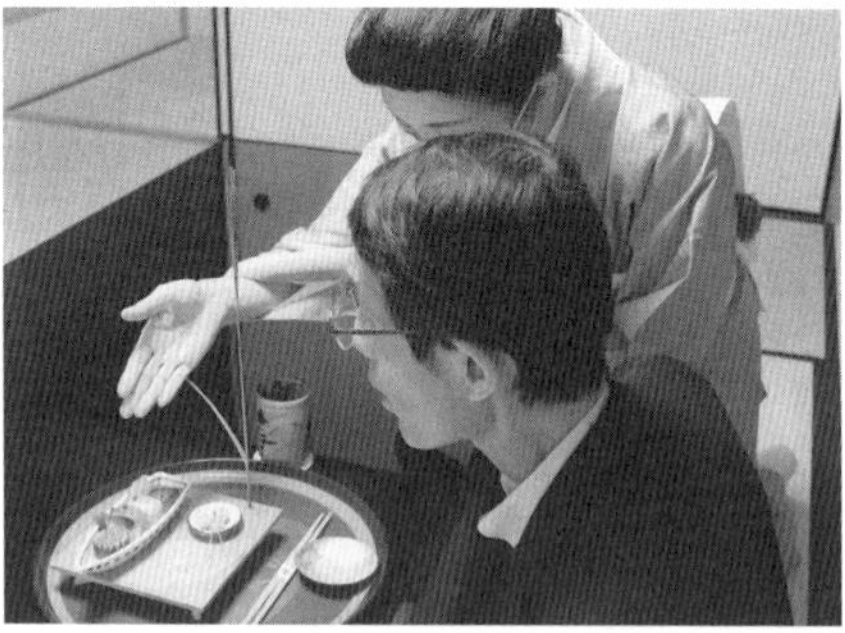

図4　「菊乃井」で八寸の説明を受ける（筆者撮影）

業種と業態のうち、サービスに基づく区分は業態にあたるわけだが、和食では業種についても、独特のサービスの形を備えたものが多い。すし店などはその最たるものである。すし屋は大雑把に、立ちのすし屋（職人がカウンターの内側に立ちすしを握る店、客単価が比較的高い）と回転ずし屋（客単価が低い）の二種類に分かれる。立ちのすし屋ではカウンターを挟んで職人と客とが雑談を交えながらやりとりを繰り広げる一方で、回転ずし店では、客がO型、U型、あるいはE型[6]のレーンに流れてくるバラエティ豊かなすしで目を楽しませる。他方、お好み焼屋ではテーブルの鉄板の上でわいわい言いながら、客がお好み焼きや焼きそばのつくり方の腕を試し、たこ焼き屋では職人がたこ焼きをひっくり返す手つきを、客が興味深く眺める。そば、うどんには立ち食い形式のものがあり、立ったままで他人と肘を突

表2　和食料理店の諸相

小分類	細分類	定義	例
主として和食料理の提供にかかわる料理店			
専門料理店(762)	日本料理店(7621)	主として特定の日本料理(そば、うどん、すしを除く)をその場所で飲食させる事業所をいう。	てんぷら料理店、うなぎ料理店、川魚料理店、精進料理店、鳥料理店、釜めし屋、お茶漬屋、にぎりめし屋、沖縄料理店、とんかつ料理店、郷土料理店、かに料理店、牛丼店、ちゃんこ鍋店、しゃぶしゃぶ店、すき焼き店、懐石料理店、割ぽう料理店
	料亭(7622)	主として日本料理を提供し、客に遊興飲食(※1)させる事業所をいう。	料亭、待合(※2)
そば・うどん店(763)	そば・うどん店(7631)	主としてそばやうどんなどをその場所で飲食させる事業所をいう。	そば屋、うどん店、きしめん店、ほうとう店
すし店(764)	すし店(7641)	主としてすしをその場所で飲食させる事業所をいう。	すし屋
その他の飲食店(769)	お好み焼・焼きそば・たこ焼店(7692)	主としてお好み焼、焼きそば、たこ焼をその場所で飲食させる事業所をいう。	お好み焼店、焼きそば店、たこ焼店、もんじゃ焼店
部分的に和食料理の提供にかかわる料理店			
食堂、レストラン(専門料理店を除く)(761)	食堂、レストラン(専門料理店を除く)(7611)	主として主食となる各種の料理品をその場所で飲食させる事業所をいう。ただし、専門料理店、そば・うどん店、すし店など特定の料理をその場所で飲食させる事業所は小分類[762, 763, 764]に分類される。	食堂、大衆食堂、お好み食堂、定食屋、めし屋、ファミリーレストラン(各種の料理を提供するもの)
酒場、ビヤホール(765)	酒場、ビヤホール(7651)	主として酒類及び料理をその場所で飲食させる事業所をいう。	大衆酒場、居酒屋、焼鳥屋、おでん屋、もつ焼屋、ダイニングバー、ビヤホール
喫茶店(767)	喫茶店(7671)	主としてコーヒー、紅茶、清涼飲料などの飲料や簡易な食事などをその場所で飲食させる事業所をいう。	喫茶店、フルーツパーラー、音楽喫茶、珈琲店、カフェ
その他の飲食店(769)	他に分類されない飲食店(7699)	主として大福、今川焼、ところ天、汁粉、湯茶など他に分類されない飲食料品をその場所で飲食させる事業所をいう。	大福屋、今川焼屋、ところ天屋、氷水屋、甘酒屋、汁粉屋、甘味処、アイスクリーム店、サンドイッチ専門店、フライドチキン店、ドーナツ店、ドライブイン(飲食店であって主たる飲食料品が不明なもの)

出所：「日本標準産業分類」2013年10月改定（第13回改定）をもとに筆者作成。
※1) 遊興飲食とは、カラオケ、ダンス、ショー、接待サービスなどを伴う飲食を指す。
※2) 主に芸妓などとの遊興や飲食のための待ち合わせや会合の場所。京都でいうところのお茶屋にあたる。

き合わせながら麺を啜る。客単価の高い日本料理屋では言わずもがな、二十四節気や七十二候に細かに分かれた四季のうつろいが、庭、掛け軸、生花、器、料理などに表現され、客はその繊細な表現に埋め込まれた文化を味わう。

和食以外と比べたわけではなく雑駁な印象に過ぎないが、和食料理店は文化に裏打ちされた独特の、あるいは繊細なサービスの提供に長け、そのことが和食料理店の名声と人気を高めるのに一役買っている、ということがいえるかもしれない。

(3) 飲食店の接客サービス

サービスには人的要素が大きいので、一般にサービスを手厚くするには人手がかかる。事業を行う上でかかるコストのうち、人間による労働の比率が高い（つまり人件費が高い）産業を、労働集約型産業と呼ぶ。外食産業は明らかに、労働集約型の産業だといえる。企業はもちろん、そのことに気づいている。飲食店ではよく、ＦＬコスト（Food＋Laborのコスト、つまり食材の原価＋人件費）を抑えることが大事だと言われる。賃料などの固定費と違い、ＦＬコストは経営努力で下げることができるからである。たとえば人の労働は、部分的に機械に代替させることができる。回転ずし屋の厨房にいる握りロボットなどはその好例であるし、そもそも回転ずしのレーンも、注文伺いと配膳の労働を機械が代替するものである。あるいは、本来従業員が行っていた労働を、顧客に行わせることもできる。これを労働移転という。セルフサービス化はその典型的なものであり、たとえば客が自分で水を汲む（配膳労働の移転）、焼肉屋で肉を焼く（調理労働の移転）、食器を返却する（下膳労働の移転）、備えつけの台拭きでテーブルを拭く（清掃労働の移転）といったものは、店員の労働を客が代行しているのである。あるいは、チェーンの飲食店ではふつう、FLコストおよび人材の教育コストを下げつつ労働の標準化を行い、全国どこでも同じ飲食サービスを提供するために、マニュアル（達成されるべき目標を定めたものと、その目標の達成のために必要な具体的行動の詳細を定めたもの）や台本を用意している。このマニュアルと台本があることによって、非熟練労働者（仕事にそれほど熟達していない労働者）のアルバイトでも、一定の水準のサービスを提供できるわけである。

もちろんすべての人的労働を機械や客に代替させることができるわけではないし、マニュアルと台本ですべての人的労働を統制できるわけでもない。まずは高度な技術をつかった調理は機械や客、非熟練労働者には無理だし、接客サービスのなかでも、簡単な注文とりなどは券売機で代替できるだろうが、相手が何を望むかを言葉の端や表情から読み取り、創意工夫を凝らして客が喜ぶものを即興的に提供するようなおもてなしは、機械や客、非熟練労働者にはなかなか代替できない。接客労働従事者には、客のニーズに「気づく」力が必要だ、とよく言われる。たとえばテーブルの客が注文を決めたなら、すぐにそのことに気づいて、客から呼ばれる前に自分から声をかける［平本・山内二〇一七a］。客の利き腕が左であることにすぐに気づいて、給仕する方向を変える。客がリピーターであることに気づき、名前を呼ぶ。このような臨機応変さが求められる接客の力も、人にしか身につかないだろう。なにより客は、機械ではなく人間が自分のニーズに気づいてくれたから、創意工夫を凝らしてくれたからこそ喜びを感じ、そこに価値をみとめるのであって、この対人関係は機械には担うことができない。同様に、マニュアルや台本通りではない応対をしてくれたからこそ客は細やかな接客サービスに感銘をうけるのである。

相手（客）のニーズを汲み取った心遣いやおもてなしのことを、ホスピタリティという。これはサービスの中でも、とりわけ料亭の仲居さんであるとか、立ちのすし屋の大将といった、熟達した接客の腕をもつ人びとが提供するものである。産業の中には、ホスピタリティを売ることで利益を上げるものがある。宿泊業、旅行業などがそれであり、これらはホスピタリティ産業と呼ばれる。飲食サービス業、なかでも板前割烹や立ちのすし屋、料亭などのように、サービス提供に占める接客の比重が大きいものも、広い意味ではホスピタリティ産業の中に位置づけることができるだろう。

ホスピタリティ産業において、接客に従事する労働者は、客に付加価値を感じてもらえるようなコミュニケーションを行わなければならない。これはしばしば労働者自身の感情のコントロールを伴う。愛想よくすることや、忍耐強くあること、疲れや焦りをみせないこと、客を楽しませること、あえて無骨であることなどである。ようするに労働者には、その場にふさわしい感情が何かを理解し、それを状況にあわせて表現できることが求められる。このように感情が商品の一部になっている労働のことを、感情労働という。

この感情労働において感情は商品であり、つくり上げるのにコスト（手間と時間）がかかる。たとえばすし職人が一人前になるには「飯炊き三年、握り八年」「三年駆け出し、五年片腕、七年旅立ち」、とよく言われるが、これだけ時間がかかるのは、単に調理技術を学ぶだけでなく、客の眼前で自分の感情をコントロールしつつ、気のいい大将や強面のすし職人を演じるという、接客技術の習得が必要だからである。

三……サービスをつくるにはどうしたらよいか

ここまで、サービスの基本とその性質を学んだ。ここで読者の頭に浮かぶことは、どうすれば、付加価値の高い飲食サービスを提供できるのかということではないだろうか。そこでこの節では、サービスデザイン〔武山二〇一七〕という、比較的新しい分野で言われているサービスの作りかたを、少しだけ紹介したい。

（1）消費者の視点から考える

ひとつめの提言は、サービスのつくりかたを消費者の視点から考えるということである。けっきょく、料理やお店の雰囲気、おもてなし等々に価値を感じて対価を支払うのは客なのだから、客が何を望んでいるか、欲しがっているかを調べて、そのニーズにあう飲食サービスを提供すればよい。これはいくら強調しても強調しすぎることはない。消費者が何を望んでいるか、消費者の立場に立って考え、そのニーズを満たそうとするような、商品・サービスの開発、生産、販売の仕方のことを、マーケットインという。他方で、商品やサービスを提供する側（企業）が、何を売りたいかを考え、この考えに基づいて開発、生産、販売を行なっていくことを、プロダクトアウトという。生産のための技術を軸に決めると、プロダクトアウトの考え方になりやすい。

消費者の視点でマーケティングを行う、というのは別に目新しい考え方ではない。たとえば新商品を売り出そうとする企業はしばしば、マーケティング調査を行い、消費者から情報を収集する。アンケートやインタビューで、どんなものが欲しいか、いくらまでならお金を出せるか等々をきいていき、その情報を参考に商品を開発するのである。つまりマーケティング調査は、企業と消費者の間を繋ぐコミュニケーションの手段となり、これにより企業は消費者の視点に近づくことができる。ただ、そもそも企業側は消費者本人ではないのだから、調査の行い方次第ではうまく消費者の視点に近づけない。たとえばAというサービスとBというサービスのどちらがよいか消費者に尋ねても、じつは消費者はCが欲しいのであって、AでもBでもないかもしれない。

ではどうすればよいのか。調査者の先入観をできるだけ排除して、消費者たちが何を考え、どんなことを了解しあい、どう行動をしているかを、消費者たちの実際の生活に密着し、細かに観察することによって調べたらよい、ということになる。サービスデザインの領域では、人類学や社会学で用いられてきたエスノグラフィ（民族誌）の手法を応用して、生活者に密着しつつその文化を詳細に描き出し、デザインの手がかりにしようという動きが広がっている。人類学者や社会学者のうちエスノグラフィの研究を行う人たちは、自分たちの言葉が通じない土地に暮らす人々の生活や、都市を棲み家にする集団の生活などに密着し、時には自分も調査対象の人びとの生活に入り込んで同じことをして暮らしながら（これを、生活に加わって観察を行うことから参与観察という）、対象の文化を記述してきた。

観察の一例をあげよう。客単価の高い立ちのすし屋での注文のやりとりを観察したところ、職人が、店内に品書きなどのヒントをほとんど置かない状況下で、「何か切りますか」というような、前提知識がなければ答えにくい質問を客に投げかけ、それにより客を試すような行動が繰り返しみられた［平本・山内二〇一七b、Yamauchi & Hiramoto 2016］。なお、「切る」という言葉は、酒の肴として握りずしの前に食べる、刺身を提供することを意味する。これを訊かれた客は、何が食べられるか、値段はいくらか、旬の魚は何か、酒に合うネタは何か、そもそも「切る」という言葉が何を意味するか等々のことを店内でははっきりとした情報として得ることができないなかで、ネタケースに並んでいる魚をみて、それを自身の前提知識とつき合わせた上で、自分で判断して答えなければならない。職人はその答え方をみて、客がうまく答えられない時だけ、どんな候補があるか、何がおすすめかなどを教えて客を手助けしていた。このように客単価の高い立ちのすし屋では、その客がどんな客かを探るような質問が行われ、それにより接客の緊張感が生まれている。

この緊張感のある接客サービスの提供は、二節（1）で説明したように、様々なサービスの資源（カウンターを挟んで職人と客が向かい合う身体配置、品書きがないという情報提供の状態、透明のネタケース、職人の尋ね方など）を一定の仕方で組み合わせることによって可能になっている。もしここで、大衆的な居酒屋のように品書きが店内のあちこちに置かれていて、なんならおすすめのメニューが赤丸で示されていて、という環境になっていたなら、緊張感のある、立ちのすし屋らしいやりとりは成立しない。こうしたことは、実際の生活者（ここではすし屋の接客）の行動を詳細に観察した結果わかってきたことである。生活者に密着することなく、人はこんなものが欲しいのだろう、という想像だけをはたらかせても、なかなか消費者の視点に立ったサービスづくりは難しい。

（2）サービスの価値を顧客とともにつくりあげる

顧客がある企業やブランドにもつ愛着や抱く信頼のことを、ロイヤルティ（Loyalty）という。ロイヤルティが高まれば客はリピーターになるし、高額なキャラクターグッズを買い揃えるファンのように、付加価値の高い品やサービスを購入するようにもなる。居酒屋チェーン「塚田農場」では、来店回数に応じて、主任から課長、課長から部長へと、客の「役職」が格上げされていくシステムをとっている。昇進には一品無料などのちょっとした特典もつく。企業と顧客の関係性の開拓と維持を狙う手法を経営学ではリレーションシップ（関係性）マーケティングと呼ぶが、塚田農場の「役職」システムは、顧客のロイヤルティを高め、リピーターを確保するためのリレーションシップマーケティングの一例である。また、飲食店では時に、店の名の入った手拭いや膝掛けなどを手土産にくれるところがある。これを客が普段使いすることによって、店と客との関係が保たれる。

老舗の京料理屋の紹介文を読んでいると、その店を文豪や学者、政治家、芸能人といった人びとが贔屓にしていた、という下りが繰り返しあらわれる。この人びとはいわば上客で、慶事、弔事、法事などや、接待、普段使いなど、様々な機会に店を訪れる。そうした上客や常連客はたんに料理屋にお金を落とすだけでなく、しばしばその料理屋が提供する飲食サービスの価値をつくりあげる過程に参加する。たとえば先に登場した祇園浜作の森川裕之は、コースの最後に鯛ご飯を出したところ、客の反応が思わしくなかったので、それ以来いつも白ご飯を出すようにした、というエピソードを語っている［pp.127-128］。あるいは、京都市上京区、西陣の地の京料理屋「萬重」の名物の一つに鯛のアラ炊きがあるが、これは、客の好みと評判により自然と名物になり、使う食材とその分量も決まっていったものであるようだ。これらの例のように、消費者が生産者側のサービスの生産に貢献することを、価値の共同生産（co-production of value）［Lusch & Vargo, 2014; pp.145-147］という。

もう一方で、客は、別の仕方でもサービスの価値をともにつくりあげることにかかわっている。それは、適切な仕方で飲食を行う＝消費するということである。これを価値の共同創出（co-creation of value）［Lusch & Vargo, 2014; pp.144-145］という。飲み食いするだけなら当たり前ではないか、それで何を貢献しているのか、と感じる向きがあるかもしれない。しかし、人は飲食店でふつうに飲食を行うために、様々な工夫を行なっており、その工夫はサービスの価値を実現することに少なからず貢献しているのである。

わかりやすいところでは、礼儀作法やマナーがあるだろう。臭いの強い香水をつけていってはいけないとか、入室に際しては上座下座を意識するだとか、歩くときは畳や敷居のへりを踏まないとか、箸は両手を使って三手でとるだとか、盛り付けを崩さないように手前から食べるとか、様々な礼儀作法やマナーがあって、こうした細々としたことがあまりにも身についていないと、たんに本人が恥をかくだけではなく、全体としての場の雰囲気が崩れてしまう。

飲食店の側もまた、客のリテラシー（能力や知識）をあてにしてサービスを提供している。上で言及した京料理屋「萬重」では、料理を出す際に、普段は何の品かを逐一説明しないと言っていた。客に訊かれることがなければ、仲居さんは料理を出してそのまま下がる。この店では常連が多いから、あるいは京料理について一定の知識を備えた客が訪れることが多いから、客がすでに知っていると期待されることをわざわざ教えてしまうと、それはむしろサービスの質の低下につながる。

このように、サービスを提供する側（店の人間）と、受ける側（客）の双方が、場をわきまえて適切に振る舞うことによって、サービスの価値ははじめて具現化する。要するにサービスの価値とは、人と人との関わりのなかにあるのである。企業と顧客が直に接する相互行為場面のことを、サービスエンカウンター（service encounter）という。典型的には立ちのすし屋や、板前割烹の店で、カウンターを挟んで料理人と客とが対峙する状況を思い浮かべるとわかりやすい。サービスエンカウンターは「真実の瞬間」などと称される。というのも、消費者がサービスの品質を知覚するのは、しばしばサービスエンカウンターになるからである。カウンターを挟んで料理人と客とが対峙するしつらえは、サービスエンカウントの時間を増やし、サービスの価値を客とともにつくっていこうとする試みとみることができるだろう。

(3) 顧客との接点が連続的であることを理解する

企業と顧客が関わる場所のことを、接点(タッチポイント)という。前項の接客や、料理を食べてもらっている瞬間は、まさに接点である。他方で何かの雑誌でその店が取り上げられた記事を読むのも、接点の一つである。あるいは店で食べた後にレビューサイトに感想を書き込むのも、企業と顧客との接点である。歩行者から見える店の外観も当然、接点の一つである。顧客の視点(三節(1))に立つなら、顧客が体験しているのは、この接点の連続である。たとえば地元誌で店の記事を読み興味を抱き、予約の電話をする。場所をインターネットで調べて、スマートフォンを片手に最寄りの駅に降り立つ。街を歩いていると目当ての店構えが目に入り、近づくと中の音や匂いが漏れ出てきて、それに引き寄せられるように引き戸に手をかける。店内に足を踏み入れると「いらっしゃいませ」と声がかかって、席へと案内される。少し待っているとお茶と品書きが出てきて、料理の品目を確認しながら、何を飲んだらよいか思案する…といった具合である。

雑誌の記事、電話、ウェブサイト、店構え、音、匂い、店舗、接客、品書き等々。顧客の体験はこれらの接点の連続から成り立っている。なぜ接点を洗い出すことが重要なのかといえば、接点は企業側が直接改善できる事柄だからである。直接操作できる点を整理することによって、そのどれを、どう改善していくかを企業は考えることができる。先に挙げた、手拭いや膝掛けなどの日用品を手土産に渡すサービスは、客との接点を増やす工夫としても捉えることができる。日常生活の中の、ふだんは接点にならない些細な事柄（手拭きなど）に店の名入りの製品を忍び込ませることによって、店と客との接点を作り出しているのである。

多くの店では、客との直接の接点にしたくない物事を、客の目から隠す。厨房や事務所などの裏方は、裏局域（back region）と呼ばれる。休憩室、事務所、ゴミ箱、調理の下処理、洗い物、在庫、外部との連絡等々の場所や事柄が裏局域に置かれる。これに対し、接客その他のもてなし、しつらえ、完成した料理、客への案内などは、表局域（front region）に差し出され、客との接点になる。重要なのは、表局域で生じる接客や料理提供を、料理人や仲居、その他の店員や客が演じる劇の表舞台のようなものであるとすれば、裏局域では、その表舞台を下支えする種々の作業が行われているということである。客の視点からは裏局域と表局域とは物理的に、または社会的に分離されているけれども、この二つは飲食サービスの提供において、分かち難く結びついている。本来裏局域で生じることを、あえて表局域で客に見せることによって、その事柄をサービスに変えるという工夫がなされることがある。先に上げた板前割烹のケース（本来は客の目から隠していた、割く（切る）、烹る（火を入れる）調理工程を客に見せるケース）はその好例であろう。あるいは、居酒屋やバーではしばしば、酒瓶を客の眼前に並べ、客に選ばせる。寿司屋のネタケースも同様である。これも、本来は裏局域の作業である保存という過程を、表局域に出してサービスに変えている事例である。

顧客の体験が接点の連続から成り立っていることへの理解が重要なのは、第一に、客に調和の取れた体験を与えることを意識できるからである。雑誌などの媒体に露出したがらない店がある。その理由には様々なものがあるだろうけれども、一つには、その雑誌の論調とデザインを決めるのは自分ではないので、せっかく店舗では統一的な美意識や色調、雰囲気に貫かれたしつらえを実現しているのに、雑誌という、自分の手の届かない接点が存在することによって、客からはそれらの間の調和が取れていないように感じてしまう、ということがあるだろう。また、その雑誌を見てくる類の客をあまり入れたくない、というのも同様の理由である。雑誌などの媒体のターゲット層が、自分の店のそれと同じでない場合（たとえば、自分の店は独身者を狙っているのに、ファミリー向けの雑誌である場合）、その接点は店舗の接点と調和がとれない。来店する客とその振る舞いも、他の客にとっては店で体験する事柄の一部である。店内で他の客が騒いでいる喫茶店からは足が遠のいてしまうことがあるが、客にとっては、他の客の様子もサービスの一環なのである。つまり、ある客からみた他の客がどんな身なりで現れ、どう振る舞い、どう料理を味わうかを、店側はコントロールする必要がある。

第二に、顧客の体験が接点の連続から成り立っていることを意識すれば、ある営業上の課題を改善するために、企業は接点のうちどれかを改善すればよい、ということに気づくことができる。人は、何かを改善するときに、その「何か」自体を変えることにこだわってしまう。たとえば、店舗がそれほど広いといえず、客席を多く設けられない、という課題があるとする。このとき、なんとかスペースを空けて客席を増やす、あるいは稼働率（どのくらいの席が埋まっているか）や回転率（どのくらいの速さで客が入れ替わるか）を高める、ということに人はこだわりがちである。しかし、客の視点からみて（三節（1））価値の高い飲食サービスの体験を提供することが目的であるなら、必ずしも店内で食べることにこだわらずともよい。たとえば京都の賀茂川沿いには、コーヒーと菓子のセットをもたせてくれるサービスを提供する喫茶店がある（ピクニック用具も貸してくれる）。客は賀茂川の川辺でピクニックしながら、その店のコーヒーと菓子を楽しむわけである。ここでは、自店のコーヒーと菓子を介して賀茂川沿いという接点を飲食の場として提供することによって、客数を増やすことができている。

（4）包括的（ホリスティック）な視点をもつ

先に述べたように（三節（2））、サービスエンカウンターは顧客が直接価値を知覚する場所であるという意味で重要だけれども、サービスはこの二者（提供者と消費者）に閉じてつくられ、消費されるわけではない。もう少し多様な人びとに目を向け、包括的な視点に立ってサービスをつくることも重要である。

包括的な視点とは、サービスの直接の提供者と受領者（消費者）の二者をとりまく、産業の行為主体（農業や漁業の従事者、流通、卸売、仲卸、仕入の業者、広告代理店、コンサルタント、デザイナー、業界団体等々）や、関係する人びと（管轄の行政担当者、消費者団体、マスコミ関係者、研究者等々）、そして消費者のまわりの、サービスの授受には直接関与しないと考えられている人びと――家族、友人、同僚、取引先等々――を、サービスの授受に関与させる視野をもつということである。

一例をあげよう。フードデリバリーサービスの「Uber Eats」は、簡単にいえば出前を請け負うサービスであり、消費者が注文した料理を、飲食店との間に立って自宅まで運ぶものである。「出前館」などの類似サービスと比較した「Uber Eats」の特徴は、配達員が会社と雇用契約を結ばず、業務を委託された個人事業主として働くことである（二〇二一年現在）。少子高齢化が進み、人手不足が加速度的に深刻になってきている今の世の中において、飲食店が自前で料理を配達するのは難しくなっている。また、宅配サービス専門の会社も、ドライバーを確保するは難しい。だから「Uber Eats」は、直接の購入者ではない、一般の生活者をサービスに取り込むことを選んだ。

（5）文脈（コンテクスト）を読み取り、デザインする

料理に付加価値を与えるのは、その場で提供されるサービスだけではない。たとえば外食産業では、過去何度か「和食回帰」が叫ばれ、和食の価値が再発見されてきた。これは、一九七〇年

代以降のアメリカ式チェーンブランド飲食店の普及などによって、国民の食生活が、食材では穀類中心から動物性タンパク中心へ、調理法では煮物中心から焼物・揚げ物中心へと西洋化が進み、心臓病、糖尿病などの生活習慣病のリスクが上昇してきたことへの反動で、昔の日本人の食生活が見直されてきたことと関連している。つまり、世の人びとの価値観、流行、考え方などは、料理の価値を高めるための媒体となるのである。料理やサービスが、消費者が価値を感じる内容（コンテンツ）だとすると、価値観、流行、考え方などの媒体は、その内容が世の中に受け入れられるための文脈（コンテクスト）である。

内容のほうではなく文脈をデザインすることによって内容（ここでは料理）に付加価値をもたらそう、とする考え方を、コンテクストデザインという。世の流れがどうなっていき、どんな価値観や考え方が生じてくるかを読み解く力が、コンテクストデザインを行う上で重要である。オーガニック・ヘルシー、ロハス・スローライフ、価格破壊、中食・個食化、健康志向、少子高齢化、低価格高付加価値［竹谷二〇一六：二一頁］。ほかにも菜食主義、ハラール、ジェンダーロールからの脱却等々が、外食を取り巻く文脈として想定できるだろう。

たとえばジェンダー（社会・文化的性差）。男尊女卑的な考え方は、どんどん古いものになっていっている。それでも外食業界における男女格差はいまだ大きい。たとえば、日本料理店の従業員男女比は、男性四二・五パーセント、女性五七・五パーセントで、やや女性が男性より多いく

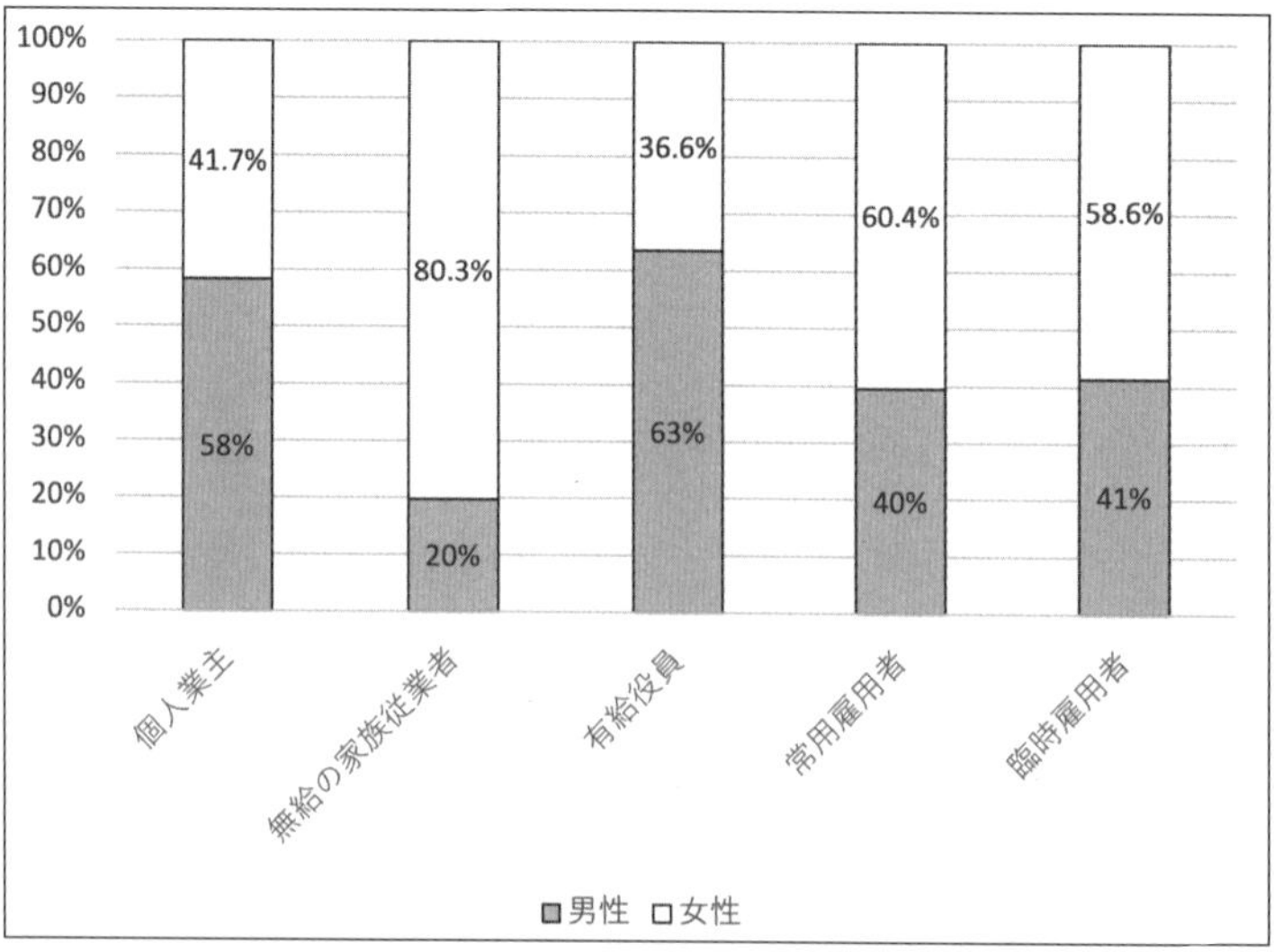

図5　日本料理店の従業員の地位別男女比
出所：「平成26年経済センサス基礎調査」を元に筆者作成

らいである（「平成26年経済センサス――基礎調査」）。だが、これを従業員の地位別に比べてみると、はっきりした違いがみえる。個人業主、有給役員に男性が多い一方で、女性はそれより地位が低い労働者の場合が多いのである（**図5**）。

働く女性の地位の低さには、伝統産業の古い風潮が残っていることも伺える。だが、近年は女性経営者の店や女性が板長、料理長を務める店も増えてきており、女性が活躍していることを店側がウリにすることも多くなっている。これなどは、料理という内容にジェンダーロールの文脈をあわせてサービスの価値を高めようとしている例であるといえる。

まとめ

本章では外食産業が料理に加えてサービスを売っているという事実を起点に、サービスとは何か、サービスの価値はどうやって生み出されるか、付加価値の高いサービスをつくるにはどう考えたらよいかなどを学んできた。和食料理店はその歴史のなかで、日本の文化を土台とした独特のサービス提供のかたちをつくり上げてきており、それが和食料理店の人気の一端を支えている、といえるかもしれない。読者のみなさんはこれからさまざまな飲食店に入る機会があるだろうが、そこでどんなサービスが提供されているか、自分たちがそのどこにお金を払うのか、少し気をつけてお店での時間を過ごしてみてほしい。おそらくそれは、多くの気づきと学び、ちょっとした知的刺激を与えてくれるだろう。

注

（1）住居と生計を共にする人々の集まり。
（2）したがって、これらの指標は、どれだけお金をかけているかを示すものであって、外食の頻度を表すものではないことに注意されたい。

（3）ただし、手作りの弁当を職場で食べる場合のように、喫食の場が家庭の外でも外食や中食とは言い難い食事の形態もある。また、昨今の出張シェフサービスや、道具を持ち込んで調理を行うことがあった京都の仕出し料理のように、調理主体だけが外の人で、調理と喫食の場は家庭内であるサービスもある。家庭や世帯の外部・内部という区別は、あくまで原則としてそうであるという区別であって、例外もあることをおぼえておきたい。

（4）なお、外食産業は昔、日本では小売業とみられていた。産業の区分けを統計的に把握しようとする「日本標準産業分類」がはじまった一九四九年当初、飲食店は大分類「卸売および小売業」に組み入れられており、ここでの飲食店の定義は「注文により直ちにその場所で消費する飲食物を小売するもの」である。しかし、産業構造自体に占めるサービス業の割合が高まり、飲食店のサービス的要素が注目されるようになると、その位置づけが見直されるようになり、今現在飲食店は大分類「宿泊業、飲食サービス業」のなかに含まれるようになっている。

（5）大正から昭和にかけて活躍した芸術家、北大路魯山人の手による器。

（6）O型は楕円形のレーン、U型は厨房からのびたUの字型のレーンの中に職人が立つ形態を意味する。E型は厨房から枝状にレーンがのび、その両脇にボックス席を配置する形態である。

引用文献

岩渕道生『外食産業論：外食産業の競争と成長』（農林統計協会、一九九六年）

竹谷稔宏『飲食店の企画プロデュース　資料作成と設計チェックリスト』（商店建築社、二〇一六年）

武山政直『サービスデザインの教科書――共創するビジネスのつくりかた』（NTT出版、二〇一七年）

平本毅・山内裕「サービスエンカウンターにおける店員の「気づき」の会話分析」（『質的心理学研究』一六、二〇一七年a）七九―九八頁
平本毅・山内裕「どんな店か、どんな客か――江戸前鮨屋の注文場面の応用会話分析」（水川喜文、秋谷直矩、五十嵐素子編『ワークプレーススタディーズ：働くことのエスノメソドロジー』ハーベスト社、二〇一七年b）三五―五三頁
森川裕之『浜作主人が語る 京料理の品格』（PHP研究所、二〇一七年）
Kal Raustiala and Christopher Sprigman, Knockoff Economy: How Imitation Sparks Innovation, Oxford. Oxford University Press, 2012.（K・ラウスティアラ、C・スプリグマン著（山形浩生・森本正史訳）「パクリ経済――コピーはイノベーションを刺激する」みすず書房、二〇一五年）
Lusch, R. F., & Vargo, S. L. ,The Service-dominant Logic of Marketing: Dialog, debate, and directions. Routledge, 2014.（R・F.ラッシュ、S・L・バーゴ著（井上崇通監訳、庄司真人・田口尚史訳）『サービス・ドミナント・ロジックの発想と応用』同文館出版、二〇一六年）
Vargo, S. L., Maglio, P. P., & Akaka, M. A., On value and value co-creation: A service systems and service logic perspective. European Management Journal, 26(3), 2008, pp.145-152.
Yamauchi, Y., & Hiramoto, T.,Reflexivity of routines: An ethnomethodological investigation of initial service encounters at sushi bars in Tokyo. Organization Studies, 37(10), 2016, pp.1473-1499.

さらに学びたい人のために

高田公理編『料理屋のコスモロジー』（ドメス出版、二〇〇四年）
日本フードサービス学会編『現代フードサービス論』（創成社、二〇一五年）
新村猛・野中朋美『食の設計と価値づくり「おいしさ」はいくらで売れるのか』（昭和堂、二〇二

一年)

演習問題

1. 自分の好きな飲食店は、どんな要素をサービスとして工夫しているか。お店に行って気づいたことをあげてみよう。
2. これからの世の中の価値観にあわせた飲食店のサービスを考えてみよう。

［第11章］

茄子の花と食育

櫻井　要

一……食育とは

「子供の好き嫌いが多いんです」「よく噛まずに食べるみたいなんです」「風邪を予防する食べ物を教えてください」食育をする場面で聞く、たくさんの要望がある。皆さんは考えたことはないだろうか？　食育とは何なのであろうか、と。

出汁を取る、栄養について学ぶ、地域の食を学ぶ、食文化に触れるなどなど、これら全てが食育として実施されている。食育という言葉が一般的な言葉として利用され始めて約十五年が経った。食育の実施方法や事例もたくさん紹介されている。けれど、そもそも食育とは何なのかを知らないと、あれも食育、これも食育、食に関わる事を学べば全部食育となってしまう。正直それでもいいのかもしれない。今や食育に限らず食への関心は高まり、食育イベントは集客を上げるのに一役買っている。ただ、これから和食文化を学びたいと思っている皆さんは知っていて損はないだろうと思う。食育と和食文化はとても強い関わりがある。掘り下げていくほど、日本の食育とは日本の文化、精神、地域、食への考え方を含めた「食」を学ぶことにあり、これは煎じ詰めれば和食につながっていく。

この章では、食育の定義、求められる背景、実際の現場での食育の実態、日本と海外の食育の比較といった、色々な方面から食育について考えていく。

二……食育とは何か?

(1) 食育の定義

巷には「食育」「食教育」「栄養教育」など食の教育を指す言葉は様々ある。しかし、これらの言葉がはっきりと住み分けされているかと言えば専門家でも困ってしまうだろう。これらの言葉は様々な場面や対象に合わせ使われているが、言葉は違えどその本質と目的は変わらない。「食育」という言葉は文部科学省、厚生労働省、農林水産省でも使われている、広く一般的な用語となっている。

食育を語る上で、二〇〇五年に成立した食育基本法は避けては通れない。この中で、食育とは「1、生きる上での基本であって、知育、徳育および体育の基礎となるべきもの。2、様々な経験を通じて『食』に関する知識と『食』を選択する力を習得し、健全な食生活を実践することができる人間を育てること。」と定められている。後述するが、日本の食育は自分の意思でよりよい食を選択し実践できる人の育成に止まらないところが特徴と言える。『知育』として知識、『体育』として身体のことに加えて、『徳育』として道徳やモラルを同等にしていてる。この三つの基礎となるのが食育としているからである（図1）。言葉では理解できるかもしれないが、この解釈はとても深く興味深い点である。

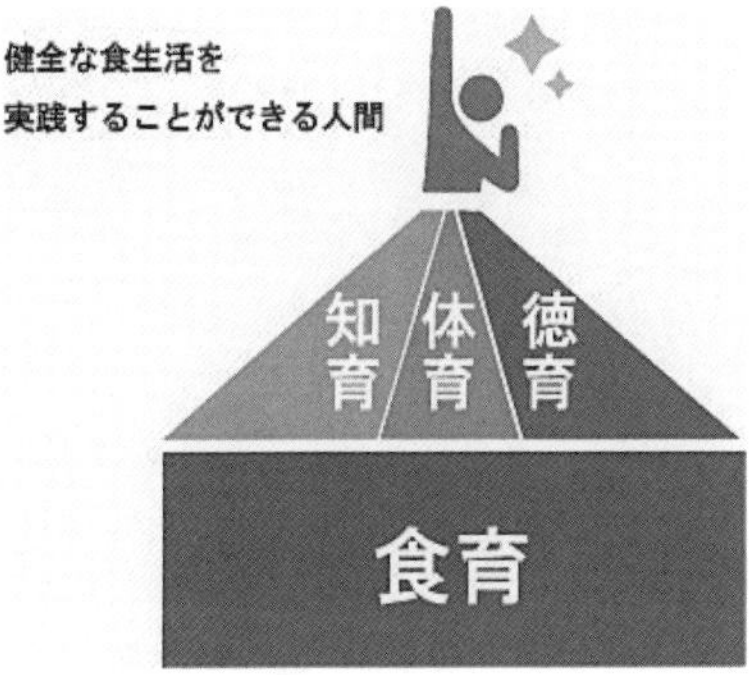

図1　食育の構造「食育とは「生きる上での基本であって、知育・徳育・体育の基礎となるもの」（農林水産省）

（2）食育が求められる背景

なぜこれほど食育が実施されているのだろうか。裏返して言えばそれだけ食への関心が強まっているからだと言える。ではなぜ、食への関心が強まっているのか？

日本は二〇〇七年に高齢化率が二一パーセントを超え、超高齢社会に入った。超高齢社会を一因とする医療費の増大や生活習慣病の増加という社会背景があるからである。付け加えるなら、平均寿命と健康寿命の差も要因として挙げられる。平均寿命とは、〇歳児の平均余命のことで、その年に生まれた子供が何年生きるかを推計したもの。健康寿命とは、WHO（世界保健機関）が「健康上の問題で日常生活が制限されることなく生活できる期間」と定義している。この二つの差が大きいということは、病気を患っている期間が長いということを意味する。農林水産省が発表している「平成30年度食育推進施策（食育白書）」でも健康寿命の延伸は重点課題の一つと位置付けている。少しでも健康でいられる期間を長くすることが医療費の抑制に繋がり、皆さんにとっても望ましい未来に繋がる。

この状況の一つの解決策として、健全な食生活を実践することができる人間を育てること＝食育が大切と注目されている。ただ、食に関心の低い人ほどピンピンコロリ、長患いすることなく死ねると思っている人もいるので、健康寿命の延伸も一筋縄ではいかない。

そもそも、「今日一日、健康な食生活をしたんだ」と一日三日食事に気をつけたからと言って、健康になれるだろうか。当然ながら、なれない。健康になり、これを維持していくためには、健全な食生活を何十年、あるいは死ぬまで続けなければならない。一方で、好きな物を我慢するぐらいなら、長生きしなくてもいいという人もいるので、そこは個人の意思となる。ただ、子供にだけ食育をすればいいというのではなく、全ての人にとってその必要性があるということに変わりはない。

三……食育の現場では何が起こっているのか？――日本での食育の事例

日本の食育の具体的な事例を紹介していく。1：学校と家庭での食育について、2：給食とお弁当の食育について、3：子供と大人への食育について、この三つのテーマに沿って食育を考えてみる。

（1）学校と家庭での食育

「学校で全てを教えてください」子供への食育について、このような要望が上がる時がある。家庭では時間がなく教えられない、どう教えたらいいのか分からないなど、理由は様々あるようだ。これを聞いてみなさんはどう感じるだろうか？　学校で全てを教えるべきか？　それとも違うと思うのだろうか？　ここで整理したいのは、対象が子供（小中学生）であった場合、学校で行う食育と家庭で行われる食育は同じものであるのかということである。

①学校

学校での食育はみなさんにとってイメージしやすいだろう。まず「給食」は食育の最たるものである。季節の食材を使ったり、その地域で作られた物を使うなど工夫されていたかと思う。それから、三月は雛あられや、九月には重陽の節句にちなんで菊を使った料理など地域によって、もしくは学校によって献立は違うが行事食を取り入れている。最近は多国籍になり、粽《ちまき》や油淋鶏《ユーリンチ》、ムニエルなどの海外の料理も取り入れる学校もある。これらは日本の食文化を学ぶとともに、食を通じて海外に触れる機会となっている。

献立だけではなく、「給食」をクラスメイトと食べるということにも意味がある。何度も触れているように、「社会性」の育成である。友達と話しながら食べたり、苦手な物を交換しあったりと食事をしながら色々なことが起きている。家族以外のコミュニティーと食事を共にすることは、子供にとって給食以外にはあまりない機会である。加えて、「いただきます」「ごちそうさま」といった食事のあいさつにより食べ物を大切にする気持ちを養う「徳育」の機会をも提供している。

授業の中では、家庭科などで栄養バランスや栄養学の基礎的な知識を学び、調理実習で実技を体験し、望ましい食生活のための知識と技術を学んでいる（**図2・3**）。

②家庭

では、家庭での食育とはどんなものだろうか。学校で給食が提供されていたとしても、朝と夕ご飯は家で食べることになる。毎回でなくても、家族の誰かと一緒にご飯を囲んで食べているは

図2　出汁をとった後のかつお節を試食。出汁をとる前と後では味はどんな風に変わったか体験中。

図3　自分たちで考えたレシピを調理実習で作ってみる。焦げても、形がちぐはぐでも、味付けを間違えても笑って食べられる。

図4　二十四節気「大暑」をテーマにした献立。本格的な夏がやってくるこの季節。旬の枝豆や茄子、オクラを使って暑気払い。季節と共に生活するのは伝統的な日本の食文化。使われている食材や食器を見れば季節がわかる。

ずなので、「社会性」の育成に貢献していると考えられる。また、お箸の正しい持ち方や食事のマナー、食べる姿勢などの礼儀を親という大人の人を見ながら学ぶ。異なる世代の人、おじいちゃんやおばあちゃんと食べる機会があるのならば、親とは違う話題やコトを学ぶかもしれない。学校の調理実習は年に何回かしかないが、家庭で料理を手伝うと料理技術向上の機会が増えることになる（**図4・口絵⑭**）。

　このように一つ一つ挙げていくと、日々の些細なことである。ただ、これらの些細な積み重ねと家庭の味を伝えておくことは大人になった時の食への考え方や嗜好に影響する。三つ子の魂百までと言うが、子供の頃に覚えた家庭の味はその後の人生の味の原点になるのではないかと思う。詳しくは、後述する子供と大人への食育というところで触れるが、味の原点をより健全なものにしておくことは、大人になった時、もっと歳をとった時の食の選択に影響を与える。

学校での食育が体系だって実施されているのは、当然である。ただ、それだけでは足りないものがあり、学校と家庭どちらの方面からも意識的、無意識的な食育が行われることが互いの効果を高めることになる。

図5　センターからお弁当が届けられる、ランチボックスタイプの給食。給食も色々な形に変化している。

(2) 給食の食育

おそらくこの本を読んでいらっしゃるみなさんは、もう給食を生徒として食べてはいないであろう。そんなみなさんには、記憶に残っている給食の思い出はあるだろうか？

大人の人に食育の調査を行なった時、「給食の思い出はありますか？」と聞くと、多くの人が長い文章で回答してくれた。「時間内に食べきれなくて、一人居残りで給食を食べていた」「友達とおかずを交換して食べて楽しかった」など色々な思い出が二十年、三十年経っても鮮明に記憶に残っていた。他のことならどうだろうか？　小中学校で勉強したことをこれほど鮮明に覚えているだろうかろ。給食というのは「食べる」という体験である。人は座学で勉強したことより、自分で体験したことの方をよく覚えている。記憶の残り方を考慮しても、給食という食育は料理を提供するという物質的な役割だけを担っているのではないと分かる（図5・口絵⑮）。

（3）お弁当の食育——三年間、ありがとう

お弁当と食育は繋がらない人がいるかもしれない。

「三年間、お弁当を作ってくれてありがとう」。高等学校卒業の時、生徒一人一人が黒板の前に立ち、保護者へ一言を伝えるという一幕があった。すると、男女問わず生徒のほとんどが、お弁当を作ってくれたことを感謝していた。彼らはどんな思いから、この言葉を口にしたのだろうか。高校という多感な時期であることから、本当は他に伝えたいことはあったけれど、無難なお弁当に感謝したのだろうか。推測するに、きっと彼らにとって、お弁当は最も身近な事柄だったのではないか。親にとっては、頑張って作ったお弁当もあれば、手を抜いたお弁当もあったと思う。けれど、自分のために作ってくれているという姿を、子供はしっかりと見ていて、その大変さを理解していた。

このことは、お弁当が親から子への様々なメッセージとなっていると同時に、親の無意識な食育であると言える。

(4) 子供と大人への食育

食育の対象は子供だけでなく、全ての人にとって大切であると述べてきた。大人への食育としても色々な活動がされている。当然ですが、子供への食育と大人へのそれは目的は同じだが、意味合いはやや異なる。

図6　野菜の畑で取れる姿を知らないお母さんもいる。もちろん子供も知らない。叩いて、触って、抱きついて。ひんやりしてる、ゴツゴツしてる、硬い…いろんな角度で野菜を楽しむ。

子供への食育は大人になるための基礎や土台づくりが主になる。食に関わる知識、食を選択できる力、料理をする技術、社会性、道徳心など多くの切り口から説明してきた。しかし、いくら子供に対して教育をしても、すぐに望ましい食生活ができるのかと言えば、できるはずもない。好きなものを好きなだけ食べたいし、料理も親御さんが作っていることがほとんどであろう。ゆえに、親御さんへの食育は子供とセットで実施されることも多くなる。学校で実施される場合もあるし、民間団体や企業主催の親子でクッキングを始め、多彩な内容のイベントや活動がされている（**図6**）。

①親御さんじゃない、大人へ

では、親御さんへの食育だけで、大人への食育となるのだろうか。まず、全ての人が親御さんではない。また、親であっても、個人という側面を持っている。よって、親御さんだけを対象にしているだけでは、大人への食育は不十分である。教育をする時に集団を対象にする利点に人数が確保できることが挙げられる。子供なら学校、その背後にいる親御さんという感じだ。これ以外の集団として徐々に注目され初めているのが、「企業」という集団である。

②企業の取り組み

企業が従業員等の健康管理を経営的な視点で考え、戦略的に実践することを「健康経営」と言う。これらの全てが食育というわけではない。しかし、健康づくりのための運動や体操、セミナー、食事指導、メンタルヘルス対策は食育の概念と重なる部分が多分にある。ただ、食育の三つの要素である内の二つ、知育と体育に内容は偏る。

企業は、少子高齢化による従業員の高齢化やそれに伴う健康課題に対策することで、従業員の確保と生産性の維持・向上が目的である。教育という側面で見ると、彼らの健康づくりへの意識を向上させることは、自身の健康への効果と親になった時の家族・子供への効果があることからその波及効果は大きいと考えられる。

健康経営の方法は企業により様々である。社内に自由に使える運動機器を設置したり、健康な食事の提供として食堂のメニュー改善や健康に配慮した配達弁当を導入したり、ＩｏＴの活用としてウェアラブル端末で運動量を測定するなど、自社のテクノロジーを使う事例も出てきた（**図7**）。

図7　健康のことを勉強すると、それまで気にしていなかったことが気になりだす。マヨネーズの中の油を見て驚愕。「でも、美味しいんだよ」「この油の中にうま味があると思う！」議論が止まらない。

③シニア

企業とは別に集団として挙げられるのは「シニア」である。この集団の特徴は、会社をリタイアした後なので、時間的に余裕があることである。加齢とともに内臓機能や味覚が低下し、食欲不振や塩分過多、低栄養が起こりやすくなる。これを防ぐ目的として、都道府県、市町村が主催し料理教室や減塩対策の講座を企画し、民間もシニア向け食育講座を実施している。特に民間がこういったことを始めるということは、一定の参加者が見込めると判断したためであり、ニーズが拡大していることを意味している。

④関心のない人へ

子供とは違い、大人への食育の最も重要な課題は一律に教育機会が提供できないことである。企業に勤めていても健康経営に関心がない企業、そもそも企業に勤めていない人、シニアでも忙しい人がいる。こういった人たちでも、関心がある人たちは自主的に講座やイベントに参加するが、問題は感心のない「無関心層」の人たちである。「無関心層」への具体的なアプローチ方法はなく、実質彼らへの食育の機会はない。関心のある層と無関心層では、圧倒的に無関心層が多いと推測される。曖昧な言い方になるのは、はっきりと計測できない＝分からないからである。食育講座に参加する顔ぶれがいつも同じ、というのはよく聞く話だ。なら、参加しない人は全員が無関心層と言えるのか？　そうとは言い切れない。けれど、参加する人としない人とでは、参加する人の方が意識はあるとは言える。そして、都道府県や市町村単位で考えた時、参加しない人の方が圧倒的に多い。無関心層の人は食育の情報自体をキャッチしていない場合が多く、情報を届けることすら困難である。この層へのアプローチは長年の課題となっている。

実施する上での大人への食育の難しさは、子供へのそれとは全く異なる。子供は大変素直であるが、新しく知ることに感銘を受けてくれても、それを実践し維持していくことは困難である。

一方、大人は自分でお金を稼ぎ、自分で自分の食事もそれ以外も選択できる状態だが、実際に健康のための行動ができるかといえばそうではない。特に食生活という日常に入り込んでいる行動を変えることは容易ではない。ゆえに、子供対象とは違うアプローチが求められる。

⑤醬油だけ

「自分は醬油以外の味付けは認めないんで」。企業で食育活動をした際に、中年の男性が話していた。同じテーブルでお昼を食べていた同僚は、それを聞いてびっくり。「えっ！忘年会の時ポン酢で鍋を食べたじゃないですか」と聞くと、「それは、付き合い」と切り返す。たまたま近くを通りかかった女性は「奥さん大変」、呟き去っていくという一幕があった。

みなさんはこれを聞いてどう思うだろう？「醬油の発明は、日本料理の発達をさまたげた」と言われるほど煮物、おひたし、刺身にと万能の調味料だが、これだけの味付けだと気になるのは、塩分である。減塩対策として一般的なのは、出汁や酢を使い、塩味以外の味を利用することだ。それが嗜好に合わないと、この男性はもっと年配になった時に苦労するだろうな、と。

⑥家の味を

「何が食べたい？」と聞くと、「家の茶碗蒸し」と返ってきた。九十二歳のおじいちゃんが入院し、食事ができなくなった時のことである。病院の食事は全く受け付けなくなり、点滴のチューブばかりが増えていき、寝ている時間の方が長くなった。家の茶碗蒸しをスプーンひと掬いずつ飲み込み、「美味しい?」と尋ねると、頷いていた。食事をするのが億劫になっても、家の味を求めて、それなら身体が受け付けるというのは、どういう意味があるのだろうか。料理の上手下手、塩分が高い低いなどは瑣末な問題で、食事ができるということが生きるということであると感じた瞬間である。

四……色々な国の食育って?

(1) 日本の食育（図8）

食育の最大の目的は健康になることにある。栄養素について学ぶのは、バランスの良い食事が摂れるようになるためである。野菜不足になるとなぜ困るのか、油っぽいものばかり食べるとどうなるのかなど題材は様々。小学校で「出汁をとる」授業がされるのも、出汁を料理に使うことでうま味を覚えて、薄味に馴染んでもらい、結果、減塩へと繋げるといったねらいがある（図9）。これらは望ましい食生活の知識と実践できる技能を学ぶためのものである。注意深く言及するなら、出汁を摂るという教育は望ましい食生活の実践という意味だけでなく、日本の食文化の中で出汁は料理の基礎とも言えるので日本の伝統的な食文化の学びも含んでいる。

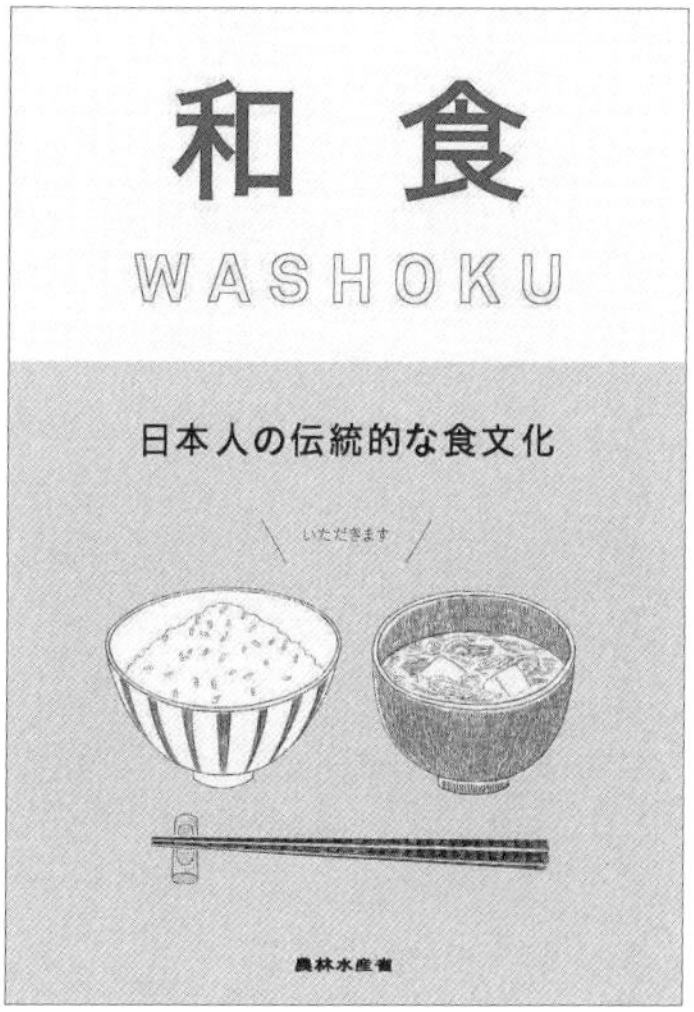

図8　農林水産省「和食― 日本人の伝統的な食文化」(2013年)

図9 「食育の要素」

食育の定義でも触れたが、日本の食育は海外のそれと比べるとある特徴がある。それは、上記で述べた栄養素を含め望ましい食べ方と同時に道徳や社会性といった心と食文化を教えていることである。日本で育ち、特に食育基本法が制定されてから教育を受けている方にとっては、とても当たり前のことに感じるかもしれない。けれど、これはとても珍しいことである。

食育と道徳や社会性と言われても、そんなこと勉強したっけ?と感じる人がいるかもしれない。みなさんは、知らず識らずのうちに学んできたはずである。学校での給食を思い出してほしい。料理を前にして「いただきます」と合掌しなかっただろうか？　食べ終わった後も「ごちそうさま」とクラス全員で声を合わせたはずだ。なぜこの言葉を言っていたのか？　習慣だから言っていただけという人もいると思うが、この意味を知らない人がいるだろうか？　食材そのものへ、料理を作ってくれた人へ、生産者への感謝を表している。精進料理に見られるように、廃棄部分をなるべく出さないように調理するという心がけも、食材や生産者への感謝や尊敬の形である。食べ物を粗末にしてはいけないということを小さい頃から教えられている。

社会性はどうだろう。食事をどのように食べるのか、シチュエーションを考えてほしい。家族団欒の食事や友達との食事、学校・職場での食事の一人黙々と食べるだろうか？　おそらく多くの人が料理の味や日常のことを話しながら食べているだろう。政府広報では食事を囲む人はそうでない人に比べて食事内容が望ましいといった結果を基に、誰かと一緒に食事をする（共食）を推奨している。食事を誰かと共にすることで、会話が生まれコミュニケーション能力を養うことが期待されている。

食育基本法の中でも「国及び地溝公共団体は、伝統的な行事や作法と結びついた食文化、地域の特色ある食文化等我が国の伝統のある食文化の継承を推進するため、これらに関する啓発及び知識の普及その他の必要な施策を講ずるものとする。」と、食文化の継承についての記載がある。また、ユネスコの無形文化遺産に「和食；伝統的な日本の食文化」が登録されたことからも、和食は食文化であるとわかる。そして、食文化は食育の一部に置かれている。つまり、日本の食育は食文化継承のための教育という側面も持っていることになる。

伝統的な食文化には地域食や行事食なども含まれる。地域食とは、北海道の石狩鍋、秋田県のしょっつる汁、沖縄県のゴーヤチャンプルなど、いわゆるご当地グルメである。行事食とは、お正月のお雑煮、桃の節句の菱餅や端午の節句の柏餅といった季節の行事に関わる食を指す。地域食を通すことにより、なぜその地域にその料理が根付いたのか、風土や土地の特性を学び、行事食を通して日本のしきたりや自然に寄り添った生活の形式が伺える。こういった教育を食育に含めている教育が海外のそれと比較した時に稀有と言える。

二〇一九年以降日本では新型コロナウイルスの感染拡大に伴い、「黙食《もくしょく》」が推奨された。マスクを着用していない時の会話は控え、無言で食事をするという意味である。これまで食事におけるコミュニケーションが難しくなったことにより戸惑いが多かったが、黙食やアクリル板越しの会話を通してそれまでの何気ないコミュニケーションの大切さに気づいた人も多いだろう。

(2) 海外の食育

海外の食育と比較する際、先進国と発展途上国の健康課題が異なることは注意しなければいけない。発展途上国での健康課題は、主に飢餓や栄養失調といった食料が不足していることによる問題である。今回は発展途上国の食育と日本のそれは質が異なることから、ここでは詳しく述べない。先進国の事例として、アメリカとイギリス、フランスの健康対策を見ていく。

先進国の健康課題は栄養過多や偏りが原因となる肥満や生活習慣病である。海外の食育は栄養と運動について伝えることを重視している。

①イギリスの食育

イギリスの例を挙げれば、二〇〇九年より始まった「Change4Life」というヘルスプロモーションが有名である。スローガンは“eat well, move more, live longer”で食事と運動にフォーカスを当て、肥満予防・改善のためのプログラムとなっている。当初は小中学校の生徒とその親向けに展開されたもので、現在は中高年もターゲットに含め、食べ方や運動の情報などを提供している。これを推進する背景には、幼少期の肥満はその後の人生において2型糖尿病や高血圧などの生活習慣病リスク

図10　Public Hearth England「Change4Life local supporter's guide」(2009年)

に影響することから、その予防が重要視されているからである。中高年の肥満では、同じく2型糖尿病のリスクに加え、心疾患やガンの原因の一つになることが懸念される。

公式ホームページでは、健康的なレシピの紹介、家の中でできる運動の紹介、住んでいる地域の周りのジムや運動施設、ヨガ教室などを検索できる機能もあり、気軽に健康に関連する情報を手に入れられるようになっている（**図10**）。

②アメリカの食育

アメリカでは、連邦農務省と連邦厚生省が「アメリカ人のための食生活指針（Dietary Guidelines for Americans）」を五年毎に発行していて、現在では第九版二〇二〇~二〇二五年計画が進行中。これは健康増進と病気予防に役立つ「食品の選択」のためのガイドラインで、連邦政府の国民栄養に関する政策及び栄養教育活動の基礎と位置付けられている。アメリカの健康課題は、偏った食事パターンと運動不足が原因で発症する循環器疾患や2型糖尿病、肥満である。日本同様、これらに掛かる医療費の増大が重要な課題となっている。

アメリカでも学校教育における食育の重要性は認識されている。同指針に基づいた内容のメニューを提供するよう義務付けられている学校もある。けれど、アメリカと日本とでは給食の形式が異なり、いくつかのメニューから生徒の好きな物を選べる学校や、学校給食自体が必須では

図11　United State Department of Health and Human Services and Department of Agriculture「2015- 2020 Dietary Guidelines for Americans. 8th Edition」(2015年)

ない所もあるので、食育として積極的に取り組むのが難しいとも言われている。

上記に挙げたのは一例だが、海外の食育はこういった疾病予防のための食事や生活習慣の改善を促す内容が主要である。一方、海外の中でも独自の食育を行なっていることで有名なのがフランスである（図11）。

③フランスの食育

フランスでは二〇〇一年から、全国栄養健康プログラム（Le Programme National Nutritioné）という国民の健康を栄養の観点から改善することを目的としたプログラムを実施している。目的は各種病気の予防であるが、特に肥満予防を重点課題と捉えている。一九九七年には肥満もしくはその危険性のある人口が八・五パーセントだったのが、二〇一二年には一五パーセントと二十年で急激に増加したことが要因だ。この政策に関わるフランス教育省は幼稚園から大学までの教育において「芸術と文化」は「味覚」と深く関係するという考えから、食育として「味覚教育」と「栄養教育」を学校教育に組み込んだ。「味覚教育」では色々な味を体験させて、味覚ならびに他の感覚を目覚めさせること、その味覚経験を言語化することを大切にしている。言語化することにより、食べ物への好奇心が高まり、自分と他人との味覚の違いを受け入れ、他者理解につながるコミュニケーション能力を養おうと試みている。また、食は地理、歴史、科学など様々な分野と繋がっていることを理解して食と向き合う姿勢を学ぶ機会としている。最終目的は自分で味をコントロールし、料理という行動にまで結びつけるねらいがあるとしている。「栄養教育」は、規則正しく食事をすることの重要性や食品群に選別するなど栄養学について学んでいる。フランスの国民的食育イベント「味覚週間」は毎年十月の第三週に開催。誰もが参加でき、いろいろなイベントがそれぞれの地域で開かれるそうだ。

（3） 三カ国の事例を通して

三カ国の事例を紹介しただけだが、これらを見てわかるように、食育に限らず教育とはその国の考え方や社会背景が色濃く反映される。より自分の国を理解するために、他の国のことを知るのは有効な手段である。日本の食育を受けてきたみなさんにとっては当たり前の内容でも、海外から見られた時は違う印象を持たれる。日本の食育で食文化を継承するというのは、野菜を多く使い、出汁を多用することから減塩対策にもなるので疾病予防の一つの方法だが、それだけではないところにとても日本らしさがある。

多くの海外の食育で栄養を重視する考え方は、数字というエビデンス（科学的根拠）を重視する欧米の考え方に基づいていると言える。また、栄養以外の事柄については、国によっては多くの植民地をもった歴史的な成り立ちから、多種多様な食文化を持つ多数の民族が共に暮らす状態となり、斉一的な食文化教育ができなかったのかもしれない。あるいは、健康課題改善のための食育と食文化を教えるということがイコールにならない場合もあったと推測できる。なぜ、日本が食育で多角的に食を教育しようと試みているのか定かではない。見方を変えれば、議論にならないほど、食育で食文化や徳育を教育することは日本にとってとても自然であったといえるのかもしれない。

けれど、世界的なチェーン店や食品メーカが増えるということは、世界中どこに行っても同じ食事ができるということを意味する。これは言い換えれば、自国の食や食文化を変化させる現象である。食文化や和食の継承を教育として行っているということは、多くの人が思っている以上に重要な意味があると分かる。

五……食育の役割

食育と一言で言っても、たくさんの目的や意味、実施の方法があることが分かっていただけただろうか？　無造作に食育を実施しているケースが多いことも事実ですが、そうでないものもある。健康という一朝一夕ではなれない状態を得るため、長いスパンで捉えないといけない。食が何十年、何百年と積み重ねられて食文化になったように、健康も毎日毎日の積み重ねでしかない。ですが、そうして積み重ねた一つ一つが無駄になることはない。

「親の意見と茄子の花は千に一つも仇はない」茄子は花が咲くと必ず実をつけることから、親の忠告には何一つ無駄がないという意味である。食育で育てた健康のためのよりよい選択をする力は、自分・家族・子供の健康に繋がり、この積み重ねが食文化を継承していくことになるのである。

引用文献

京都府北部地域・大学連携機構「平成27年度農林水産省消費者ニーズ対応型食育活動モデル事業ごちジャパプロジェクト報告書」（二〇一五年）

近畿農政局「海外の食育の取り組みについて」http://www.maff.go.jp/kinki/syouhi/seikatu/syokuiku/kaigai.html（二〇一九年九月七日最終閲覧）

経済産業省「健康経営の推進」https://www.meti.go.jp/policy/mono_info_service/healthcare/kenko_keiei.html（二〇一九年九月七日最終閲覧）

国立健康・栄養研究所　栄養疫学・食育研究部　国民健康・栄養調査研究室「イギリスの栄養調査について」（二〇一八年）

国立国会図書館「欧米の食育事情」Issue Brief Number 450（二〇〇四年）

篠原久枝「フランスの味覚教育の現状」（『日本調理科学会誌』Vol.44、No.3（二〇一一年）二五一―二五三頁

田村平次、平野正章著『日本料理技術選集　しょうゆの本』（柴田書店、一九八〇年）一―二、一九二―一九五頁

戸川律子「フランスの小学校教育における食育――味覚教育と栄養教育の取り組み」（『BERD』No15、二〇〇九年）四〇―四五頁

日本貿易振興機構（パリ事務所）農林水産・食品部　農林水産・食品課「日本食品消費動向調査

フランス」（二〇一七年）
農林水産省「和食――日本人の伝統的な食文化」（二〇一三年）
農林水産省「平成28年度　和食給食　食べて学ぶ日本の文化」（二〇一六年）
農林水産省「平成30年度　食育白書」（二〇一九年）
農林水産省「みんなの食育」http://www.maff.go.jp/j/syokuiku/minna_navi/topics/topics5.html（二〇一九年九月七日最終閲覧）
農林水産省「食事バランスガイド」（二〇〇五年）一―九頁
農林水産省「食育による食文化の継承」http://www.maff.go.jp/j/keikaku/syokubunka/syokuiku/（二〇一九年九月七日最終閲覧）
文部科学省「平成26年度委託調査　スポーツ庁の在り方に関する調査研究」（二〇一四年）五七―一一八頁
吉田和代、磯部由香、平島円「日本とフランスにおける味覚教育の現状」（『三重大学教育学部研究紀要』第六十四巻、教育科学、二〇一三年）一四三―一四八頁
Jacques Puisais「子どもの味覚を育てる」（紀伊国屋書店、二〇〇四年）七―一四頁
Public Hearth England「Change4Life」https://www.nhs.uk/change4life（二〇一九年九月七日最終閲覧）
Public Health England, National Diet and Nutrition Survey, Year1 to 9 of the Rolling Programme (2008/2009-2016/2017): Timetrend and income analyses, 2019
United State Department of Health and Human Services and Department of Agriculture, 2020-2025 Dietary Guidelines for Americans. 9th Edition, 2020

図出典

図８：農林水産省「和食――日本人の伝統的な食文化」（二〇一三年）
図10：Public Hearth England「Change4Life local supporter's guide」（二〇〇九年）
図11：United State Department of Health and Human Services and Department of Agriculture「2015-2020 Dietary Guidelines for Americans. 8th Edition」（二〇一五年）

さらに学びたい人のために

江原絢子、東四柳祥子（編）「日本の食文化史年表」（吉川弘文館、二〇一一年）
永山久夫「日本古代食事典」（東洋書林、一九九八年）

演習問題

1．これまでの食育を振り返り、グループで討議してみよう。（どんな経験をして、それにより何を学びんだと思うか）
2．次世代に残したい食文化は何か、グループで討議してみよう。（残したい食文化は何か、なぜそれを残したいのか）

［第12章］

和食と教養

濱崎加奈子

はじめに

和食はなぜ「美しい」と感じるのだろうか。ここでは「茶事《ちゃじ》」（「茶会」ともいう。懐石を伴う正式な茶会を茶事ということが多い。なお、茶道には抹茶と煎茶があるが、ここでは抹茶の茶道を扱う）に注目し、日本の食が文化として進化し続けているひとつの源について視野を拓いてみたい。

一……茶会という食の「場」

(1) 茶会とは

抹茶ブームが続いている。二〇〇一年頃に登場したスターバックスコーヒーの抹茶メニューは定番と化し、二〇一五年頃より「世界的にＭＡＴＣＨＡが人気に」と言われるようになった

(https://nestle.jp/matcha/history/)。駅や空港では抹茶入の土産菓子が多数売られている。抹茶は日本の食文化を代表する存在と言っていい。一方で、抹茶が本来飲まれてきた場である「茶事」については、その実際を知らない人も多いのではないだろうか。

茶事とは、亭主（迎える人）が客をもてなす場である。客は一人の場合もあり複数の場合もある。あらかじめ日時は定められ、亭主はその日のために種々の準備をする。客は定められた場所に到着すると、まず待合《まちあい》で身を整え、庭をわたり、手を清め、茶室に至る。茶室では、炭が起こされ、懐石料理とともに酒が供される。懐石の最後に主菓子《おもがし》が出され、食べ終えれば、庭へと出て席の用意が整うのを待つ。亭主の合図（亭主が露地に出迎えることもあれば、銅鑼などの音を使って客に合図を送ることもある）で再び席に入ると、濃茶《こいちゃ》をいただき、続いて煙草盆《たばこぼん》と干菓子《ひがし》が出され、薄茶《うすちゃ》をいただく。

以上が茶事の概略で、およそ四時間ほどの宴である（客数や趣向などにより異なる。なお、以後の記述においても、客数、趣向、また時代や流派により順序や形式は異なる）。

(2) 茶事と日本料理

そもそも茶事とは懐石のことである［熊倉二〇〇二］。「茶」事と称しながら、四時間ほどの宴のなかで、お茶をいただくのは一時間ほど。さらに、一般的にイメージされるような、泡立てられた抹茶が登場する時間はといえば、最後の二十分ほどのことである。茶事の大部分は、じつは料理と酒をいただく場なのである。

もちろん、時間の長さをもって重要度を測るわけではない。むしろ、最後に出される一盌《わん》の茶を美味しくいただくために、懐石があり酒があると言うこともできるだろう。重要なのは、この懐石が誕生し、発展するなかで、今の日本料理の伝統がつくられてきたということである。つまり、茶事を知らずして、日本料理を理解することはできないのである。

まずは、茶道の歴史を概観しよう。

茶は、平安時代に中国から伝来し、当初は薬効が期待される飲料として貴族や僧侶の間で飲まれた。鎌倉時代には、栄西が禅とともに茶を持ち帰って栽培し、京都の宇治にも伝えられた。この頃から茶は武士にも広まり、茶の銘柄をあてる「闘茶」が流行した。大名は茶道具を収集し、とりわけ伝来の唐物は高価なものとしてもてはやされた。室町時代、十五世紀半ばには、珠光が弟子の古市澄胤に宛てて書いた「心の文」において「和漢の境をまぎらかす」と語り、唐物と和物の道具を融和させることが重要とした。また連歌論などにみえる「冷え枯るる」といった美意識を説いた。これが後に千利休によって大成される「わび茶」へとつながっていく。茶の湯（茶道は、「茶湯」「数寄道」「茶の道」などと呼ばれた）は江戸時代には武家の教養として広まるとともに、町人階級が勃興するにつれ家元制度が成立し、茶道人口は飛躍的に増加。明治時代には封建制度の崩壊とともに茶道も経済基盤を失い、苦難の時を迎えることになるが、武士階級に代わる近代経営者たちが勃興し、財界や女性の教養として普及させることに成功。大正期には財閥の数寄者が茶の湯を復興させていくことになる。

このように、茶道は歴史のなかで姿を変えながら現代に至っている。その中で、懐石もまた、形を変えながら、日本料理の伝統を形作ってきたのである。

ここでは、このような茶道の歴史的な経緯を踏まえつつ、現在行なわれている「茶事」の一端を紹介することで、「和食と教養」の関係について考えてみたい。

(3) 人と人が食を囲むということ――もてなしの原点から

茶道というと、とかく形式が強調されがちだが、根本は人を迎える心にある。人が人を迎える時、また人と人が集う時、食を囲み、あるいは茶や酒を出すことは、今も日常によくあることである。空腹や喉の乾きを補うためではなく、人を「もてなす」ということにおいて、食が重要な役割を担うことを、人は本能的に、また経験的に知っているのだろう。

人をもてなす時、それを通して相手に喜んでもらうことが目的であり、相手と心を通わせることが一つの到達点であると考えられる。では、相手が喜ぶ食べものはどのようなものだろうか。相手と心を通わせるためには、どのような仕掛けをすればよいだろうか。そのようなことを考える時には、当然ながら、相手がどのような人物なのかについて、改めて思いを巡らせるだろう。もてなす相手は、親しい友人なのか、仕事上の相手なのか。時に仲直りするべき知人ということもあるだろう。

実際に、具体的な相手を設定し、顔を思い浮かべながら考えてみるとよい。その人の趣味や、嗜好、普段の行動に思いを馳せながら、「離れて住んでいる両親に感謝の気持ちを伝えたい」「サプライズ誕生会を開いてはどうか」と、相手に対する思いや、喜んでもらえそうな場面が思い浮かんでくることだろう。そうなれば、もうあなたは「茶会の亭主」といってもいい。料理にお酒、器など、次々とアイデアが浮かんでくるだろう。そのような、人への深い思いが茶会の場を生み、そのための道具や手法が様々に編みだされてきたのである。

また、あなたがそのようにして人を招き、喜んでもらえたなら、その相手は逆に、あなたをもてなしたくなるだろう。喜びを得たら、相手にも喜びを伝えたくなるものである。そうしていくうちに、自分が喜びを得ることよりも、喜びを与えることのほうが楽しく、また心が豊かになることを知るだろう。

茶道に「亭主七分《ぶ》に客三分《ぶ》」という言葉がある。客として招かれることが茶会の楽しみと思われがちだが、亭主側の経験を重ねると、客を招き、人に喜んでいただけることの喜びを知ることになる。亭主の喜びの方が大きいということを表している。こうして、「もてなし」のための知恵が積み重ねられていく。茶道が究極のもてなし文化と呼ばれるようになる所以である。

(4) 茶事の実際――全てが亭主の「仕掛け」

茶事の例を見てみよう。お客になった気持ちで読み進めて欲しい。

①まずは、待合《まちあい》へ

茶会の日、客が最初に通される場所が「待合」である(図1)。待合には通常、掛物がかけられている。掛物には書もあるが、待合では絵画のことが多い。亭主は掛物を通して、その日に客に伝えたいメッセージを匂わせている。客はそこからその日の趣向を想像しつつ、連客が揃うのを待つ。コートや大きな手荷物を待合に置くこともある。白湯などが出され、一息ついて、これから行なわれる茶事に期待をふくらませながら、心を整えていく。

図1　待合

②露地《ろじ》をわたる

客が揃うと、「露地わたり」となる（**図2**）。「露地」（待合から茶室に導く庭）に水打ちがされていたらわたってもよい（露地を通ってもよい）という合図。引き戸に手がかりが空いていたら部屋に入ってもよいという印である。看板や人の案内がなくても、迷うことはない。

図2　露地わたり。雨の時は露地笠を用いる。

図3　腰掛待合

図4　蹲踞で手と口を清める

露地草履をはき、しっとりと濡れた飛び石を踏みながら、茶室へと歩を進めていく。露地の中ほどに門があることも多く、門を境に、外露地から内露地となる。そして、腰掛待合へと至る（図3）。腰掛待合は、文字通り、腰をかけて待つ場所である。ここで茶席の亭主と初めて出会うことになる。亭主と無言の挨拶を交わし、蹲踞《つくばい》で手や口を清めて（図4）、いよいよ茶室へ。こうして、いくつもの結界を越えて、客はようやく茶室に入ることになる。

③本席（茶室）に入り、炭が起こされる

茶室に入ると、そこには誰もいない。ただ釜の湯の煮える音が聞こえている。床の間には、待合とは異なる掛物がかかっている。まずは床の間を拝見し（図5）、適当な場所に座し、連客がすべて茶室に入って座すのを待つ。

一同が揃うと、炭手前がはじまる。茶事では三種類の点前《てまえ》（手前）がなされる。炭手前、濃茶点前、薄茶点前の三つである。その中の炭手前は、炭を起こして釜の湯を沸かすための所作である（図6）。懐石をいただく間に、ちょうどよい湯加減になるように、種火のうえに炭を並べ、香が焚かれる。

図5　床の間を拝見する

図6　炭手前（炭道具）

④懐石をいただく

次に、懐石が供される。懐石とは茶の湯の料理のことで、現在の宴会料理としての「会席」とは区別される。江戸時代の説に、禅院で懐に温かい石をいれて空腹を凌いだ（温石《おんじゃく》）ことから「懐石」という言葉が生まれたともされた。したがって、基本的には簡素な料理である。特徴は、最初に飯と汁が出されることだろう。

亭主が最初に運び出すのは、汁碗、飯碗、向付《むこうづけ》をのせた膳である（**図7・口絵②**）。汁は、味噌汁で、夏は赤味噌、冬は白味噌を基本とする。飯は、炊きたてのご飯を一文字に盛る。向付は、膾《なます》や刺身などが多い。続いて、酒が持ち出され、亭主は客に酒をすすめる（**図8**）。

次に、飯と汁のお替りがある。飯は最初の膳から時を経て十分に蒸らされ食べ頃になっているのを楽しめることだろう。そして、メインディッシュとなる煮物碗（澄まし仕立て）（**図9**）が出され、二献目の酒となる。そして焼物となり（**図10**）、ここまでで一汁三菜の料理となる。また、和え物や炊き合わせなどの強肴《しいざかな》（**図11**）があり、三度目の飯が出される。この時、客は亭主に「相伴《しょうばん》」つまり、一緒に食べるようにとすすめるが、亭主側は遠慮して水屋（準備する部屋）でいただくことが多い。そして、小吸物となる（**図12**）。小吸物は、箸や口中を改める役割をする。

次に、「八寸」が登場する（**図13**）。「八寸」とは、八寸（約二四センチメートル）四方の器のことだが、その器に盛り付けられた料理のことも八寸と呼び、酒肴としての海のものと山のものを盛

図7　汁椀、飯椀、向付

図8　燗鍋、引盃

図9　煮物椀

図10　焼物

図11　強肴

図12　小吸物

図15　主菓子

図13　八寸

図14　湯桶、香物

ることが多い。そして、三献目の酒が出される。この時のやりとりは、亭主と客との間で盃が行き来するため「千鳥の盃」と呼ばれる。最後に湯桶《ゆとう》（おこげと湯）と香の物（漬物）が出され（**図14**）、湯漬けをいただき、膳が引かれて、「主菓子《おもがし》」が出される（**図15**）。

⑤再び庭から茶室へ、そして茶を飲む

主菓子をいただき終わると、露地に出ることになる（「中立《なかだち》」）。酒に酔い、主菓子の甘味を口に残しつつ、腰掛待合で庭を眺めながら一息つく。その間に、座敷の方では室礼《しつらい》が改められ、床の間の軸は外され、花が飾られる。

亭主の合図で客は再び席に入り、濃茶の点前がはじまる。濃茶は、同座する客全員で一盌の茶を回し飲みする。中世に興った一座建立（主・客が心を通わせ一体感を生みだした状態）の考え方を体現する重要な場面といえる。

その後、煙草盆が出され、干菓子と薄茶をいただき（**図16・17**）、茶事は終了する。

図16　干菓子

図17　薄茶をいただく

(5) 茶事を「読み解く」喜びを知る

茶事において使われる道具は、すべて亭主がお客の顔を思い浮かべながら選び、またこの日のために制作したものである。それら道具の「取り合わせ」によって、茶の湯の空間が成立しており、その空間全体から、客は亭主からのメッセージを読み取っていくのである。メッセージとしてわかりやすいのは掛物だろう。掛物の言葉や絵が茶事のテーマを表していることが多い。その他にも、釜や水指、茶碗、茶杓《ちゃしゃく》など、それぞれ時代、素材、形、銘（道具や菓子に付けられた名）など、さまざまな情報を客は受けとめ、見極め、想像することによって、「もてなし」の深い心を受け取ることができる。それらは、言葉によって説明されるような知識としての情報だけでなく、色や光、匂いや音、またそれら道具のもつ気配など、さまざまな身体感覚にかかる情報であり、それらすべてをメッセージとして客は受けとめ、味わうのである。

道具の中には、数百年以前に有名な武将や茶人が所持していたという「履歴」をもつものもあり、そのようなものは、幾人もの人の手にわたりながら、現代にまで伝えられている。いま目の前にあり、自身も同じ器を手にすることができるというのは、まさに一期一会、奇跡のような瞬間とも言える。そして自身がその器で茶をいただくなら、それはまた、その器に一つの履歴が重ねられたと言える。自身が道具の履歴の一部になる、ということである。

道具は単なるモノではなく、割れては継がれ、所有者を替えたりしながら、幾人もの人の目と手に触れられてきた、「茶の場」の歴史の証人なのである。

古いものに限らず、新しいものも用いられる。古い道具と新しい道具の取り合わせはまた、新たな感覚を呼び起こす。

客は道具に込められた亭主の思いとともに、道具そのもののもつメッセージをも受けとめることになる。その時、亭主が仕掛けた「謎かけ」が解かれるのである。そして、亭主もまた、客に「伝わった」という実感を得ることができる。そうして、茶事を通したコミュニケーションが成立するのである。

二……茶席の菓子

茶事はテーマをもって客をもてなすが、そのテーマをもっとも象徴的に表すのが菓子ともいえる。亭主の思いは、菓子に凝縮されているといってもよい。

さきに述べたように、茶事において菓子は二度、供される。一度目は、懐石料理のあとに出される主菓子。二度目は、濃茶のあと、薄茶の前に出される干菓子。それぞれの特徴を紐解いてみよう。

①主菓子

懐石膳が引かれたあとに出される生菓子である。生菓子とは、およそ五〇グラムほどの水分含量の多い菓子で、干菓子に対して称される。こなし、薯蕷饅頭《じょうよまんじゅう》、きんとん、錦玉《きんぎょく》など、さまざまな素材と形のものがある（**図18・口絵①・図19**）。

茶事の全体と同様、相手のことを思い、色や形、素材を考えていく。茶事の亭主が作ることもあれば、菓子司に注文して作ってもらうこともある。いずれにしても、菓子がいつ、どのような場所で、どのような目的で、食べられるのかを、考え、一席ごとに作られる。

色や形、素材を考える際に、季節や気温、湿度などは重要な判断の決め手となる。もちろん食べる人の好みも鑑みて判断していくことになる。色や形は器によっても見え方が違うため、時間や場所によって異なる光の具合をも想定して作られる。

主菓子は、抽象的な意匠であることが特徴である。その造形が何を表しているのかが一目瞭然であるよりも、「何だろうか」と食べ手に考えを巡らせさせるような工夫をほどこしている。その時、その菓子が何を表しているのかを見出すヒントが「銘」である。銘は菓子ごとに決まっているのではなく、一席ごとに亭主が与えるものである。従って、同じ菓子でも毎回異なる銘を付けることもできる。

銘は、和歌や物語などの文学作品から採られることも多い。和歌や古典文学は、想像力を豊かに広げるための言葉の宝庫であり、そこから採ることで、一つの語以上に、その背後に広がる世界を受け手に届けることができる。

たとえば、白と紫のグラデーションに染め分けた外郎《ういろう》生地に餡を包んで三角に折り、ひだをつけた菓子（**図20**）。見ただけでは何をあらわしているのか、明確にはわからない。ところが、銘が「からごろも」と聞けば、『伊勢物語』東下りの段の「からごろも　きつつなれにし　つましあれ

図18　花びら餅。茶道裏千家十一代家元の玄々斎が幕末に宮中の歯固の儀式でだされた菱葩から考案されたもので、裏千家の初釜の菓子として受け継がれている。

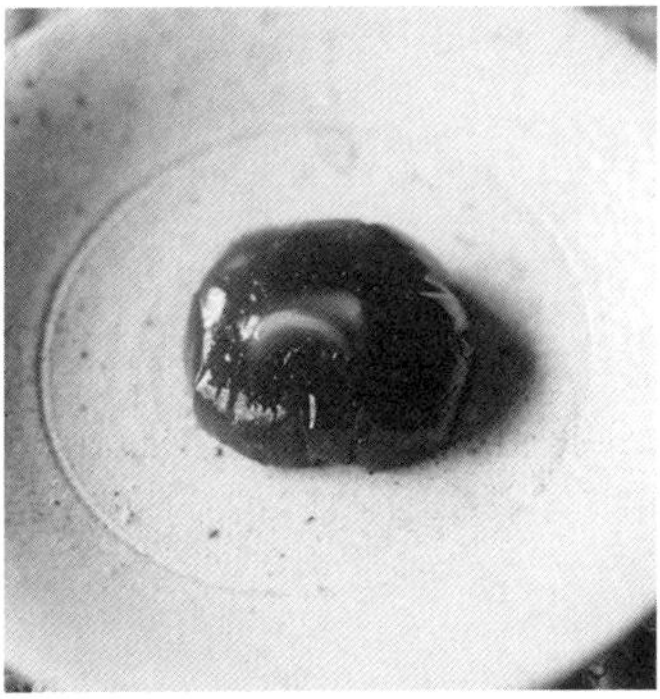

図19　初雁。秋の訪れを告げる雁の飛ぶさまを、黒糖をあわせた葛に沈む百合根で表現する。夏の主菓子に使われる葛は、季節がうつろうごとに色を濃くしていく。

図20　唐衣

ば　はるばるきぬる　たびをしぞ思ふ」という歌を想起するだろう。折句として有名な歌で、句頭の文字をつなげば「かきつばた」となる。菓子は杜若の花を表しているのだと思い至る、というわけである。そして、単に花の種類がわかったというだけでなく、伊勢物語の世界にもイメージが広がり、茶の場でわき起こる物語やメッセージを重層的にしてくれるのである。

②干菓子

濃茶のあとに出される干菓子は、落雁《らくがん》や有平糖など、全員分が一つの器に盛られている。主菓子とは対照的に、具象的な意匠であることが多い。主菓子と濃茶の時間が、亭主からのさまざまな仕掛け謎かけを客が受けとめる集中度の高いシーンとすれば、その後に続く干菓子と薄茶は、緊張感を解き、リラックスする中で茶事を終え、日常へと戻っていくための時間と言える。

二種の菓子と二種の茶の絶妙な関係において、茶事は締めくくられるのである。

三……茶道と教養、美の感性を育む場としての茶

(1)「道」であるということ

以上にみてきたように、食を伴い人が集う場において蓄積された知恵が、茶道として伝えられてきた。

茶道という言葉には、そのための修養という意味合いも込められている。現在はとくに「道」である側面が強調されがちで、堅苦しいイメージもつきまとう。しかしながら、「日常茶飯」という言葉があるように、そもそも茶は暮らしのなか、もしくはすぐ隣にあった。日常の飲料でもある「茶」が「茶道」として洗練され、身体の型や室礼の形式として伝承されてきたのである。これは実は大変興味深い現象といえるのではないだろうか。ここには、食の文化性・芸術性を考えるための大きなヒントが隠されているように思う。

そもそも茶道では、なぜ人前で茶をいれるのだろうか。歴史を紐解けば、もともとは、茶は水屋で点《た》てられてから、客のもとへと運ばれていた。それが、十五世紀後半頃より、客の目の前で茶を点てるということが行われるようになった。その時の所作を点前(手前)という。一説に「手が舞うから手前」とも言われるように、美しい所作は客の心を整え、時に鼓舞し、それゆえ茶も一層美味しく感じられるのである。

この時の所作は、茶を点てる上において「無駄のない」動きが前提となる。しかしながら、無駄のない、つまり合理性だけでは説明することができない動作もあることは注目される。例えば、柄杓を扱う「切柄杓《きりびしゃく》」という所作がある。茶を点てるために湯を茶碗に注いだ後、釜に柄杓を置く時の所作である。その時スッと手の平を垂直にたてるのだが、動作の合理性においては、なくてもよい動きとも言える。しかしながら、この所作は、手先に視線を集中させる効果をもち、これから茶を点てるのだという、ひとつのクライマックスを予感させるのに成功していると言える。このような、点前の間に幾度か行なわれる柄杓の扱いのバリエーションは、点前に緩急のリズムを与え、一連の動作を「美」と感じさせるための仕掛けの一つとなっているといえよう。それは時間的・空間的な「間」の演出であり、人と人との間の無言の対話を促すきっかけを作り出していると考える。また亭主と客の呼吸を同期させていくための仕掛けともいえるだろう。つまりそれは共感や一体感をうみだすための装置なのである。

そのような所作が、人から人へと伝えられ、蓄積と削ぎ落しを繰り返して「型」として伝承されているのである。

(2)「美しく食べる」は必要か

「型」を学ぶということは、実は、臨機応変に対応できる技を身に付けることでもある。一つ一つの動作は、水をこぼさないように、茶がすばやく最適の量をいれられるように、器を清潔に保つことができるように等の目的に従って組み立てられている。しかしながら、日々温度や湿度、器や場所といった環境、また精神的な状態も異なるのが現実である。それでもなお、その時その瞬間においてもっとも美味しいお茶を相手に届けるために、型は用意されている。茶道は、あらかじめ決められたことを、型どおりにやっているだけのように思われがちだが、実際はそうではない。型を本当の意味において身につけていれば、何があっても対応できるのであって、そのための型であるといえる。

型はまた、コミュニケーション能力を磨くための知恵でもあるだろう。茶を点てる側の亭主だけでなく、客側もそれを身につけておくことは、大事なことである。飲み物や食べ物をいただく作法など、現代においては必要ないと思われるかもしれないが、そうではない。少なくとも、なぜそれが大切にされてきたのかを考える必要があるだろう。

人と食を囲むにあたって、所作が美しいということは、共に食する人もまた、より美味しく、より心地よくその空間と時間を楽しむことができる。よりよい人間関係を築くための知恵といえるのではないだろうか。

型を身につけた人の所作は「美しい」と認識される。その理由は、的確な判断力にあると考える。物の置き方や、物と物の素材や色のあわせ方、光の具合や時間にあわせての選択、人と人の距離の取り方など。茶事においては、それらを、一瞬一瞬に次々と判断していかなければならない。常に、頭と身体と感性を総動員して、判断と選択をし続けているのである。そして、客のほうも、亭主の判断を瞬間的に受けとめている。茶道の修養は、そのような、瞬時の判断力を培っているとも言えるのである。

(3) 茶道が教養をはぐくみ、教養が茶道をはぐくんできた

一節(5)で茶事を「読み解く」ことが茶会の喜びであるとした。数々の道具や料理は、しばしば演劇における登場人物にも譬えられるが、そのように考えるなら、客はそれらの関係性やストーリー、演出を読み解き、また推理を楽しんでいると言えるだろう。それら人物(道具など)には歴史的な背景があり、文学的な要素をもつ銘などもある。そうなると、茶会を十分に楽しむためには教養が必要ということになる。では教養がなければ楽しめないのだろうか。実は、茶道を通して教養を身に付けることもできるのである。茶会に行くごとに(さらにいえば茶会を開くごとに)、未知のもの・ことに出会い、発見を重ねることによって、教養は身に付いていく。そして、それらが身に付くに従って、さらなる発見を得ることができ、喜びも深く、大きくなる。伝統芸能は「奥が深い」といわれる所以である。

「芸能」というと、とかく「趣味」であり「鑑賞すべき対象」と思われがちだが、日本の芸能

はそれだけではない。これまでも述べてきたように、主客（主＝もてなす側と、客＝もてなされる側）が一体となって場を成立させるものであり、どちらかが完全に受け身であれば成立しない。芸能の場は、双方向の参加によってはじめて成立するものなのである。このことは、茶道だけでなく、能楽や歌舞伎といった舞台芸能も同様の側面があるということも付記しておく。また、和歌や文学といった共通の知識を使った知的なあそびでもある。そうして、私たちは「食の芸能」を成立させたのである。食は生きるために必要なものだが、それにとどまらず、芸術であり、教養なのである。

おわりに――茶道をめぐる危機と食の未来へ

最後に、日本料理の伝統において重要な役割を果たしてきた茶道が、現在、危機的な状況にあることを伝えておきたい。

筆者は京都市内にある御所（京都御苑）の西側にある五五〇坪の敷地に広がる庭と建物を保存する活動に携わっている。二〇〇九年にリーマンショックの影響を受けて保持していた企業が手放し、マンション建設の計画が立ちあがった。建物も庭も荒れ果てていたが、二つの茶室を擁し、露地庭には腰掛待合が二箇所、蹲踞が四箇所あった。保存活動により何とか取り壊しは免れ、維持のための活動は今も続けられている。その間、日々の手入れによって庭は再生し、本格的な茶事を頻繁に行なっている。

この建物が重要なのは、「ほんの少し前までは普通に〝そのへん〟にある家だった」ということである。訪れる方は「懐かしい」と口々に言う。それもそのはず、当時も今も、京都市内の町家は一日二、二軒のペースで壊され続けている。それら町家には、茶室や庭があるものも多く、つまり茶の場は日常のすぐ隣にあった、ということである。

これまで述べてきたように、茶事をするには、茶室と庭が必要である。もっとも、茶事そのものは、コンクリート造の現代的なビルの一室でも開催することはできる。しかしながら、本来は露地庭をわたり、床の間のある茶室に至り、そこで風や鳥のさえずりを感じながら過ごす中で、季節の食材と、亭主の心づくしの器などを総合的に楽しむのが茶事である。そのような本来的な茶事のできる場が、いま、急速に失われつつある。茶事はおろか、和室が消滅するのではないかと言われているのが現状である。

食が、素材や器の上にのせられたものだけでなく、それが食べられる「場」が極めて重要な役割を果たしてきたことを、もっと積極的に考えるべきだろう。床の間の掛物と食の関係、庭と食の関係、土壁と食の関係、等。高層ビルの一室でいただく食と、庭から露地をわたって障子越しのほの暗い自然光のなかでいただく食は、同じメニューでもまったく異なるものとして心身は受けとめるのではないだろうか。

茶事をしていると、人は自然の一部であるということを実感する瞬間を幾度も味わう。炭を見れば、火を起こして調理をすることを知った人類の歴史に思いを馳せ、風で障子が揺れれば、自然の細やかな変化を肌身に感じることができる。いま、日常では、スイッチひとつでを湯が沸き、温かい食べ物をいただくことができ、寒さ暑さを容易にコントロールすることもできる。そのような時代だからこそ、あえて、便利でないこと（炭を起こして湯を沸かすような）、手間ひまをかけること（器や食材を相手のために時間をかけて一つ一つ選び、作るような）の意味を、捉え直すことが大切ではないかと考える。

茶事は、準備に手をかければかけるほどに、喜びも大きい。また、計画通りに運ばない偶然の出来事を、有り難いと感じることができる。一盌の茶を、「どれほど有り難くいただくことができるか」ということは、その時の自らの人間の幅の広さ、深さ、つまりは、「教養」の深度をはかるものさしになるかもしれない。ささやかであっても、供された食が「有難い」と思えた時、また「美しい」と思える時、人が食を文化として、また芸術として作り上げてきた歴史の恩恵のバトンを受け取ったということなのである。

図版出典

図1～5、17　有斐斎弘道館　動画「茶会はじめ」より
https://vimeo.com/ondemand/chakaihajime
図6～16　撮影＝久保田康夫　参考：暮らす旅舎編『京都はお茶でできている』（青幻舎、二〇一六年）
図18～20　撮影＝相澤裕明

さらに学びたい人のために

熊倉功夫『日本料理文化史　懐石を中心に』（講談社、二〇二〇年。初版は人文書院、二〇〇二年）
筒井紘一『懐石の研究――わび茶の食礼』（淡交社、二〇〇二年）

演習問題

1．できるだけ多くの種類や産地の日本茶を用意して、味や香りを比べてみよう。また、急須や器によって味や香りが異なるか、試してみよう。そして、その違いを記述してみよう。
2．茶会の亭主になった気持ちで、客の顔を思い浮かべながら、主菓子をデザインしてみよう。

［第13章］

和食の総合政策

新川達郎

はじめに――なぜ政策論議なのか、和食と和食文化が必要とする政策的な観点

和食と政策のかかわりを考えるというと、奇異に感じる人もいるかもしれない。和食は日本の食事であり、多くの人々の日常の生活に定着した食の様式である。和食を支えるものには、農林水産業など原材料の生産や流通そして消費、市場や家庭におけるその調理方法や食材選択、また食べ方や提供の仕方、それらのお作法、あるいはその背景にある歴史や文化、その風土との関係、さらには宗教や信仰との関係などもありそうである。とはいえ、政治や行政にかかわる政策やその選択とのかかわりは、あまりないように見えるかもしれない。

しかしながら政策という概念に少し踏み込んで考えてみると、和食それ自体の見方も変わってくるし政策的な観点から和食を考える視点の意味も改めて見いだせる。直ちに思い浮かぶのは、

国民の食料の確保や食品の安全を守ることが国の使命であり、国民にとっての食を考えるという意味でそれを和食と捉えれば、まさに和食を守るための政策対応が必要だという主張ができる。この国民の食を和食と捉えてそれを守ること、つまりは和食を国民の食としておくことは、国民のアイデンティティや国民文化を維持するうえでも重要かもしれない。個人レベルで見てもこれまで暮らしを支えてきた食という意味で国民の栄養を満たし、さらに健康などウエルビーイングへの貢献もあったのみならず、歴史的伝統的に培われてきた社会的文化的な価値という点でも、また食料の生産、流通、消費という経済が市場において成立していて経済価値があるという点でも、それを保護し継承していくことは当然ということができよう。

しかしながら、グローバル化が進む現代社会において、国民生活の変化の速度が速くまた食料の世界的移動がある中で、食事の調理法や食事のあり方が急激に変化している時代にあって、伝統的な和食を継承すること自体は極めて難しいかもしれない。私たちの食卓を考えてみてもその変化は著しいものがある。新しい食材や調理法が次々に紹介されており、それらの情報は世界各国の多様な地域から伝えられているのである。もちろんその一方では、和食が世界に広がっているという側面もある。

こうした時代にあって、和食をどのように捉えなおし、和食文化を位置づけていくのかは、個人の生活においても、また社会的にも、日本全体の大きな課題になっている。だからこそ、改めて和食や和食文化のあり方が政策的な議論となり、その確保や継承が政策課題となるのもまた必然である。そしてこうした和食を守りそれを継承していこうとすれば、当然ながら、和食が日本社会においてその地位を確立し国民に広く受け入れられるべく、和食とその文化の価値を再発見し、その発展や広がりを目指すことも政策的には重要な課題となる。

加えて、グローバル化が進む中で、和食が世界の中でどのように受け入れられていくのかも政策課題となる。文化政策として世界の中に日本の文化の受容を広げていくことも日本文化の発展に寄与することは間違いない。しかしながらその一方では、文化変容をも受け入れざるを得ない側面もある。和食文化の発展と、グローバル化の中での変化を、どのように受け止め方向づけていくのか、またそうしたグローバルな影響を和食文化としていかに受容し、和食の発展に結びつけていくのかが政策課題となるのである。

一……和食に関する政策の範囲

(1) 食に関係する政策分野

食の政策にはどのような範囲のものが該当するのであろうか。食が人間社会のあらゆる側面にかかわっていることを、その特徴から整理してみると、一つは、食が人の生存に直結していること、二つには、その食をめぐって多様な人々や事業者がかかわっていてそれが生業となり、経済活動となっていること、三つには、食はまた歴史的に文化的に培われてきたものであり風土や日々の暮らしに直結し人々の生き方に結び付いていることが明らかである。

そうした食の特性からは、政策的に見ると、一つには、生物として人が生きるために食べるという側面に着目する分野が想定できる。そこには栄養を補給するという側面からは、そもそも食料を獲得・供給するという政策があり、その栄養を通じて健康や医療にかかわる食政策が想定できるし、また広く個人の日常生活の基盤として福利厚生にもかかわることから食の福祉的保障の政策という側面もある。和食についていえば、健康な食として注目され、健康政策あるいは保健医療政策として注目する向きもある。

さらに二つには、食を確保するという政策的な側面からすると、食料や食材そしてその流通や調理にかかわる政策が求められる。自由市場経済を基本とする我々の社会においては、食産業政策や食経済政策の側面が重要となる。具体的には、個人の食に関する消費生活を維持するという食消費政策、その食品の安全や衛生を維持するという食品安全政策、その食料生産にかかわる農林漁業政策や食品産業政策、国民の食料確保にかかわる食料安全保障政策、また食料の流通や小売りなどの食産業流通政策、そして消費者に料理を提供する飲食業などの食関係事業政策がある。食品や食材など食の流通は伝統的に地域内循環が基本であり、和食も地域ごとにその固有の発展を遂げてきているところがあり、地域経済政策としての側面も強い。そしてこの地域循環的な性質が和食の特徴をつくってきていたのであるが、歴史的には、常にその地域外からの様々なインパクトによって変容を余儀なくされてきているのである。

三つには、食の文化的な側面に着目すると、日本の食の文化政策は和食文化政策ということができる。この和食文化の領域は、文化政策の分野でいえば生活文化に属するものとして位置づけられている。家庭や地域ごとそして時代ごとに異なる和食とその生活文化を維持・継承・発展させようという和食生活文化政策である。さらに和食の食材や調理を維持し発展させようという和食文化財保護政策、和食文化の学習を通じて維持し広げようとする教育啓発政策、また和食文化の歴史や風土またその祭祀や習俗とのかかわりを調査研究する和食文化研究政策があろう。これらは教育学、歴史学や文化人類学、宗教学などの諸分野とともに、文化政策学や和食研究においても重視されている分野である。

（2）食の政策の担い手と対象

それでは食の政策といった時にその政策現象は誰が主体となりまた客体となるのか。いわば政策主体とその働きかけの客体との関係はどのように表れているのか、そこを考えてみよう。前述のように一般的には政策というと国や国家間、あるいは地方自治体の方針、またそれらの活動がイメージできるし、その働きかけの対象は基本的に国民や住民であることからも、多様な食政策や食文化政策が想定できよう。

国際機関においても和食に関連が深い国際的な政策決定がなされている。二〇二〇年にノーベル平和賞を受賞した世界食糧計画（ＷＦＰ）は、国際的な食料政策のための機関であり、国家間の食料需給に関する研究調査や企画調整、食料危機対応などを行っているのである。また国際連合食糧農業機関（ＦＡＯ）は、飢餓の撲滅のために食料生産及び分配の改善そして生活の向上を目指している。そのために政策提言を各国に行っている。特に和食との関係では二〇一三年には、ＵＮＥＳＣＯが和食を世界無形文化遺産に登録した経過がある。これには官民が連携して国を挙げて取り組んできたのであるが、そのこと自体も国や関係者にとっては政策であるし、登録ができたということ自体は国際的な和食文化政策の実現として特筆されるべきであろう。

国際的には、国連の「アジェンダ２０３０：持続可能な開発目標（ＳＤＧｓ）」が話題になっている。二〇一五年に採択された開発目標であるが、その採択に賛成した日本を含む世界各国では、その具体的な目標である「だれ一人取り残さない」、「貧困撲滅」、「健康と福祉の保証」、「持続可能な農業と食糧」の実現に向けて努力をしてきている。

もちろん、食の政策には、前述した国の食料政策や食品安全政策、農業政策があるし、地方自治体でも健康づくりや学校給食あるいは地域の特産品づくりなどにおいても、和食が政策的に取り上げられている。

これら公共部門の政策という意味での政策の理解は、それ自体は正しいが、日常的に政策という言葉を思い起こしてみると実に様々な使い方がされている。例えば民間企業でも経営政策ということがあるし、個人でも「私のポリシー（政策）です」という使い方がされることもある。指針、方針、考え方、将来の目標などを指して、政策という場合もある。「我が家では家族そろって食事をすることがポリシーです」とか「緑黄色のお野菜を毎日一度は食べることにしています」といった方針も、家族や個人の政策といえるかもしれないのである。公共政策の対象となる国民や住民、事業者なども、自分自身がそれぞれの政策主体となり同時に公共政策の影響のもとにある。日常の食事やその習慣、風俗を包含した和食文化という観点からは、国民の生活に根差した和食文化は、国民自身の生活上の政策選択であるが、そうした選択の維持や発展のための公共政策という側面をもっている。

このように食の政策は多様な主体と対象を扱うことを必要としている。和食それ自体が多様な食材、多様な流通、多様な調理、多様な摂食形態、多様な廃棄方法、そして地域と時代による違いと変化を経てきているのであって、その政策の主体もまたそれが対象とする現象もまた多様で複雑なものにならざるを得ない。

二……政策から見た和食

(1) 和食は政策的に重要な意味があるのか

食べることは人間が生きていくうえでの必須の条件であり、これを欠いてしまっては、人間は存在できない。人は食べるために懸命に努力してきたともいえる。その結果として、食に関する政策が重視されることになる。その中心は、当初は食料生産の政策に向かうが、食が文化としても考えられる時代になるとその政策の範囲は大きく広がることになる。食料供給は政治の主要課題になるし、政治権力の源泉にもなる。日本でいえば、米作を中心とする食料生産は、長きにわたって国家権力の基盤であり、国家経済を支える主要な政策課題であり続けたのである。この事情は、食の多様化や豊かさが求められる時代になっても根本的には変わらず、近代そして現代においても食やその生産は主たる政策課題である。加えて、グローバル化による食料や関連物資の流通と多様な食文化への接触は、日本の食を大きく変化させることになり、それに対応した政策展開が求められるようになってきた。

前述したように、こうして和食の政策は単なる日本人の食料確保というだけではなく、世界との関係や国内の都市化・工業化との関係において、生産と流通に大きな変化を迫ることになってきたし、消費の様相を大きく変えることになり、それに対応した和食の政策と関連する和食文化に関する政策を必要とすることになっている。和食やその文化に関する政策は、政治的にも国民生活を左右する大きな課題となり、それに加えて政治的なシンボルやアイデンティティとしての和食という意味を持つようになっている。

一方、行政にとっては、政治による和食政策重視への対応が基本にあるが、その任務としては食料確保という観点から、生産・流通・消費における安全や安心、供給量や品質の保障が中心的な課題となる。さらにこれに加えて、和食に関する文化の継承発展が課題となることから、和食文化に関する教育や啓発あるいは調査研究に関する政策、和食関連産業の振興、国内地域における和食文化の伝統や歴史の保全継承、和食文化の国際的な発信が課題となる。

（2）和食に関する「政策」とはどのような過程と構造をもつものなのか

和食やその文化に関する政策を考えるとき、そもそも政策とは何かというところから考えなければならない。最も広い定義からすると、政策とは目的とそれを実現する手段の組み合わせである。政策の目的は、特定の価値を実現しようとすることにあるから、その価値選択をすることが政策決定をするということでもある。同時にその政策価値実現のためには、その実現方法を用意しなければ政策は単なる空想になってしまう。

こうして、政策にはその実現手段が、目的達成のためにできる限り合理的でかつ包括的に伴うことが必要になる。和食やその文化に関する政策は、伝統的に存続してきた和食の価値を継承し、維持発展させることにその基本的な目的があり、そのための最も効果的で効率的な、そして総合的な方策を用意することになる。政策目的達成のためには政策手段の効果や効率を測定評価し、政策目的と手段の合理性や実現可能性あるいは経済性などを検証する必要がある。目的を達成できるからこそ政策とする価値があることから政策の維持管理や評価と改善や修正あるいは廃止が検討されなければならない。そのために、国においては府省ごとに法律に基づく政策評価が義務付けられており、評価結果が毎年度公表されている。また六割以上の地方自治体においては、行政評価として、政策評価・施策評価・事務事業評価や業績測定などが、条例や計画等に基づいて実施されている。

このような政策過程を図式的に示すなら、以下の**表1**ようになる。

表1　政策過程のモデル

社会問題の発生と認知
↓
政策テーマのアイデア提案
↓
政策議題設定⇕アジェンダ・フォーラム
↓

政策課題抽出⇕問題分析
←政策代替案提示⇕実現可能性調査、シミュレーション
←政策選択・決定⇕事前評価、優先順位付け
←政策実施⇕実施状況評価と修正実施
←政策評価⇕業績測定、成果評価、社会的インパクト評価
←政策継続・修正・廃止検討
←政策継続・修正決定、政策廃止と新たな政策形成へ

一方で、和食や和食文化に関する政策といってもそこには様々なものが含まれる。和食やその文化を継承し、維持発展するという政策の実現手段は、農業政策や食料政策、教育政策、文化政策など、様々な政策によって成り立っている。政策目的を実現するためには、多くの政策がそれを支える形で機能しなければならないのである。政策は宣言だけでは意味がなく、その目的を実現していくことができるからこそ政策という呼び名にふさわしいのである。

このように和食あるいはその文化に関する政策と一言でいうが、実はその政策が含んでいるも

のは、政策の体系という言葉で言い表されるようなところに広がっていくのである。一つの政策に見えるものの中に、複数の政策が含まれており、政策の目的を実現しようとする手段が、別の政策の目的となり、そこにはさらに具体的な手段が用意されるのであり、それは何段階にもわたることになる。上位と下位の関係にある政策のグループが見いだされる場合が実際にはほとんどである。図式的に示せば、次のようになる。

「上位の政策目的（抽象的一般的）
・その実現手段＝中位の政策目的
・その実現手段＝下位の政策目的
・その実現手段（具体的、実践的）」

このように政策といっても必ずしも一つの目的で成り立っているわけではないし、その実現方法が一つに限定されてもいないということが多い。目的は一つであるとして、一般的にそれは抽象的であり、その実現のためには多くの具体的な目標を実現していく必要があり、その目標ごとにまた実現手法が複数あるといった具合である。そしてそれらの政策を決定し実行して行く作業も、同様に複雑な多くの活動の集合となるのである。これら公共部門の政策を中心に簡略化したのが次の定義である。

〈公共政策の構成〉

・政策の真の主体：国民、住民、

・政策の受益者・被規制者：国民、住民、事業者等

・政策決定の主体：国会、司法、行政府（府省と出先機関）、都道府県、市区町村

・政策の法体系：憲法、法律、条令、政令、省令、規則等

・法に基づく政策体系：基本方針・基本政策（構想、ビジョン）、政策、基本計画、実施計画、施策、事業

・政策手段：給付（施設設備やサービス提供、財源資金や物品など資源提供等）、規制（特定の行為の禁止・抑制・助長）、誘導（情報提供、教育啓発、環境づくり）

(3) 食料政策の考え方

例えば食料政策というとき、基本的には国民の食をより良く維持するということが政策目的となるが、そのためには食料の生産や流通そして供給の確保が必要であり、国民の食料需要を満たすとともに、安全性や栄養価の面でも一定の水準を維持し、市場で流通する価格は国民の購買力

に見合ったものでなければならない。食料需給における目標達成のためには、生産調整や流通規制、価格統制、品質基準などが設けられるし、それらを目標年次までに実現しようと、具体化するための計画が策定される。そして、毎年の事務事業として予算化され人員や機材を配置し、また関係団体に働きかけをしなければならない。

食料政策に見られるように、国民の食を確保するという抽象的な意味で政策目標を立てるという場合には、将来実現したい目的と目的に近づくための手法ないしは手段のセットとして政策を定義することができる。しかし、現実にはその政策の中には多くの下位的な目標やそれに付随する多くの手段が、個別具体的な下位的な政策として用意されなければ、目的を実現することはできない。食料生産は重要な政策の柱であるが、それらは農林水産業の収穫や売り上げを考えてみても、農地や農家あるいは漁場と漁家が生産し、流通部門が機能し、消費者が選択できることが前提であり、その前提条件としてのインフラ対策や事業基盤対策、それらの流通対策や市場規制、食品安全や品質保証等が必須となる。そしてそのための政策手段として、公共事業や補助事業、調査研究事業、規制事業、情報提供や教育事業が実施されることになるのである。加えて、食料政策は国内の生産・流通・消費だけではなく、食料自給率が四割に満たないとされ、多くを海外に頼っている日本においては、グローバルな視点も重要となる。

こうした食料政策の構図は、図式的に示すと以下の**表2**のようになる。

表2　日本の食料政策の構図

農林水産省基本政策：食料・農業・農村基本法
↓
・食料・農業・農村基本計画の目的：食料自給率向上、食料安全保障の確立
↓
・政策手段：産業政策、地域政策
↓
・施策体系：
1．食料安定供給の確保
2．農業の持続的な発展
3．農村の振興
4．東日本大震災からの復旧・復興と大規模自然災害への対応
5．団体に関する施策
6．食と農に関する国民運動の展開等を通じた国民的合意の形成
7．新型コロナウイルス感染症を始めとする新たな感染症への対応
↓
・施策に基づく各種の事業や取組

これらの政策の実施は、農林水産省の本省や地方農政局など出先機関ですべて実施できるわけではない。多くを他の行政機関や民間事業者に委ねて、実現されていくことになる。とりわけ、都道府県や市町村などの地方自治体は、住民生活に身近な活動をしていることから、重要な農業

政策や食料政策の担い手となる。地方自治に委ねられるところもあるが、また法律や国の計画に従って政策実施がされているところもある。加えて、生産の担い手としての農家、林家や漁家の役割、関連事業者の活動、農業関係の経済団体や関連団体などは、政策の対象あるいは政策の顧客であるが、同時に重要な政策実施の担い手である。

三……和食と和食文化の政策とその展開

和食と和食文化の政策において見られるのは、国際機関（ユネスコ）、国や地方自治体におけるその政治や行政などで、食に関する様々な政策が、様々な名目のもとに展開されることになるし、もちろんそれらと連動する形で、民間企業や個人の選択がされていき、政策に直接また間接的に影響する状況である。その政策に相当していたり類似していたりする性質のものは、多くの異なる言葉で、異なるレベルで使われていくことになる。例えば、方針、方策、指針、構想、計画、取組、事業あるいはビジョン、プラン、プログラム、プロジェクトなど様々な表現があるが、これらの用語は、国際機関においても、また日本国政府内でもそれぞれの地方自治体においても実は共通して政策として、つまりは政策の目的と実現手段のセットとしての性格を持っているのである。

前述のように和食や和食文化に関する政策は、その日常生活とのかかわりや歴史と文化に根差したものであるという観点から、単純な問題解決と将来の理想の実現という政策合理的な構造をもった政策と、その効果的かつ効率的な実施の展開によって目的達成ができるというには、かかわるべき領域や要因が幅広くかつ複雑に絡み合っている。加えて、食文化という観点からは、世界各国でその食の固有性や独自性が主張され、文化的歴史的価値を主張するようになってきており、問題を複雑にしている。二〇一〇年にユネスコの無形文化遺産にフランスの美食術（ガストロノミー）が登録されたことに触発されるかのように、世界でもそれぞれの食文化を無形文化遺産に登録する動きが一挙に進んだ。そして日本国政府においても登録を目指した結果、「無形文化遺産の保護に関する条約」に従って、和食の保護と継承を確保する責務が発生し、そのための政策を進めなければならなくなったのである。

和食や和食文化政策にかかわる国の行政機関には、農林水産省、文部科学省、文化庁などがあるが、そこにおける政策体系は複雑であり、まずはそれらを整理しながら検討してみたい。

（1）国際条約と国内政策

和食文化の政策過程は、日本国政府やその行政府においてのみ完結するわけではなく、世界との関係で形作られているところがある。そしてその政策の構造は日本国政府内においてのみ成立するものでもなく、世界の農業や食料事情によって、また世界の食文化との関係で影響を与え合う関係にある。特に前述したように、ユネスコの無形文化遺産登録によって、和食文化は、世界の文化の保護のための政策的な枠組みの中に入ったのである。和食文化の維持や継承は、国際条約である「無形文化遺産の保護に関する条約」によって、締約国である日本の責務となった。

「無形文化遺産の保護に関する条約（平成十八年条約第3号）」においては、条約の締約国は、「自国の領域内に存在する無形文化遺産の保護を確保するために必要な措置をとる（第11条（a））」ことが義務づけられており、また、「一般公衆、特に若年層を対象とした教育、意識の向上及び広報等の手段を通じて、社会における無形文化遺産の認識、尊重及び拡充を確保すること（第14条（a）（i））」に努めることとされている。

日本国政府は、国際条約によって国内法の上位に立つ規範として、和食文化の保護を約束し、その履行の責務を負うことになったのである。そのために、条約に沿った活動方針を具体化するべく、国内法や政策を整備して和食文化の保護を確保しなければならないのである。もちろん、この条約締結とユネスコ無形文化遺産登録は日本国民と日本国政府が望んだことであり、それに伴う責務は明確に認識されていたはずである。しかしながら、具体的に和食文化が登録された以上、それに伴う責務をやはり具体的に果たしていく必要があり、それを政策としなければならないのである。

この登録自体は、二〇一三年十二月四日に、ユネスコ無形文化遺産として、「和食：日本人の伝統的な食文化」の登録が決定したことによるものであるが、もちろん日本には、これまでにも無形文化遺産として、能楽や文楽あるいは結城紬《ゆうきつむぎ》など、芸能や伝統工芸などが登録されている。和食については、日本人の伝統的な食文化として、歴史的に培われてきた食習慣のなかで、年中行事での節句ごとの食の伝統や、自然や季節の移り変わりを反映した食文化などが、その主たる構成要素とされ、登録されている。

政策的には、この食文化を未来に向けて守り伝えていくことが求められており、継続的な広報啓発による関心の維持や、とりわけ地域ごとにある食文化の伝統、郷土料理に代表される食文化の保護・継承が重要な論点となる。そしてユネスコの無形文化遺産保護の考え方からも和食文化の保護と継承においては、特に若年層に焦点を当てることが求められているのである。今日の和食文化政策は、和食のユネスコ無形文化遺産登録を契機として、従来にも増して活発に展開され始めたということもできる。

(2) 農林水産省の和食の維持発展政策

和食の保護や継承を中心的に担う国の行政機関は農林水産省である。農林水産省は和食や和食文化に限らず幅広く食料や農林漁業を所管する官庁であり、その設置法に基づいて活動しているが、その基本となる政策は「新たな食料・農業・農村基本計画」（令和二年三月閣議決定）であるといえよう。そのもとで八十項目近い「施策」が立てられている。主要な枠組みとしては、「TPP対策」、「攻めの農林水産業対策」、「経営所得安定対策」「農山漁村の六次産業化」などがあげられ「その他」の施策の一つとして「食文化」がある。なお農林水産省は、食料・農業・農村基本法、森林・林業基本法、水産基本法の三つの基本法を所管し、それぞれに基本計画を策定していることは先述のとおりである。

「食文化」においては、主に和食に関する取組が掲げられている。「ユネスコ無形文化遺産登録」、「和食文化の保護・継承」、「地域の和食文化ネットワーク」、「和食文化継承リーダー」、「うちの郷土料理」、「食育の推進」、「日本の食文化の海外展開」である。このうち、「和食文化の保護・継承」については、「1．子育て世代への和食文化普及推進事業」、「2．全国子ども和食王選手権」、「3．和食給食の取組」、「4．「和食」の保護・継承推進検討会」、「5．和食文化パンフレット」、「6．地域の食文化の保護・継承の取組」、「7．和食文化学習

図1　農林水産省「和食文化普及啓発冊子」
出所：https://www.maff.go.jp/j/keikaku/syokubunka/culture/

図2　農林水産省　小学生用和食文化学習教材「君も和食王になろう！和食BOOK」
出所：https://www.maff.go. jp/j/keikaku/syokubunka/culture/

図3　農林水産省「平成28年度　和食給食　食べて学ぶ日本の文化」
出所：https://www.maff.go.jp/j/keikaku/syokubunka/culture/

教材の提供」が、事業あるいは取組として掲げられている。

「1．子育て世代への和食文化普及推進事業」においては、幼稚園・保育所や小学校の教諭・栄養士のための研修事業や普及啓発冊子の発行を行っている（**図1**）。

「2．全国子ども和食王選手権」では、和食や郷土料理への子どもたちの関心を呼び起こすために教材作成を行い、郷土料理や和食を子どもたちが紹介しそれについて審査を行い、和食王のタイトルを目指す和食王選手権を実施している（**図2**）。

「3．和食給食の取組」では、

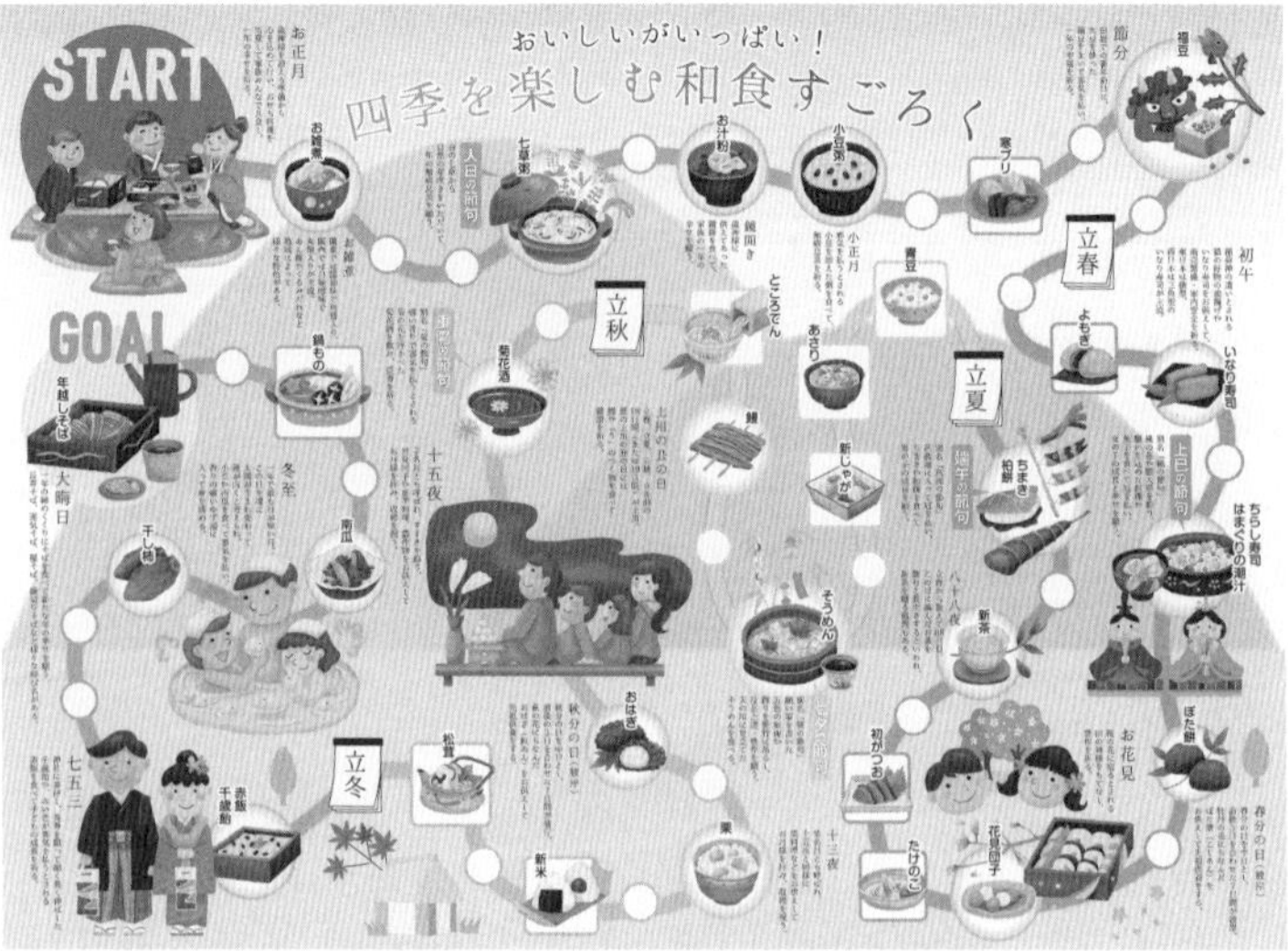

図4　農林水産省「四季を楽しむ和食すごろく」
出所：https://www.maff.go.jp/j/keikaku/syokubunka/culture/

学校における和食給食の推進を行い、そのための講師派遣事業やテキスト作成なども実施している（図3）。

「4．「和食」の保護・継承推進検討会」では平成二十六・二十七年度に検討会を行い、報告書を明らかにしている。

「5．和食文化パンフレット」の作成を行い、「和食ガイドブック」や「和食：日本人の伝統的な食文化」を作成している。

「6．地域の食文化の保護・継承の取組」では、地域の伝統的な食文化や郷土料理を次の世代に継承するなどその保護・継承の取組として、全国各地の事例集を作成している。

「7．和食文化学習教材の提供」では、「おせちのペーパークラフト」の無料配付、「四季を楽しむ和食すごろく」の提供なども行っている（図4）。

和食と和食文化を保護・継承するための政策は、日常生活や社会生活における様々な食にかかわる場面において、和食への関心を集めることが、基本的な戦略となっているように思える。そのために教育や研修活動が活発に進められ、PRのためのイベントやパンフレットづくり、啓発教材づくりが進んでいる。さらには、和食の知識や技術をわかりやすくまとめて、普及用の教材化する工夫も様々に行われている。

（3）食育政策における和食文化

和食と和食文化の継承と発展にとって、教育の現場における食育への取組は、重要な政策の目標となっている。二〇〇五年に制定された「食育基本法」においては、「国は、伝統的な行事や作法と結びついた食文化、地域の特色ある食文化等我が国の伝統のある優れた食文化の継承を推進するため、これらに関する啓発及び知識の普及その他の必要な施策を講ずること」（第24条）とされている。この法律に基づいて、食育推進基本計画が策定されているが、二〇一五年のユネスコ無形文化遺産登録後の第三次計画（二〇一六～二〇二〇年）では、重点課題の一つに「食文化の継承に向けた食育の推進」が位置づけられ、食育活動を通じて、郷土料理、伝統食材、食事の作法等、伝統的な食文化に関する国民の関心と理解を深めるなどにより伝統的な食文化の保護・継承を推進することとしていた。これに対して、第四次計画（二〇二一～二〇二五年）でも、基本的に従来の計画を踏襲しつつ、七項目ある計画内容の六番目に「6．食文化の継承のための活動への支援等」が掲げられている。そこでは、「中核的な人材の育成や郷土料理のデータベース化や国内外への情報発信」、「地域の多様な食文化の継承につながる食育の推進」、「学校給食等においても、郷土料理の歴史やゆかり、食材などを学ぶ取組を推進」することとしている。

第三次計画では、「地域や家庭で受け継がれてきた伝統的な料理や作法等を継承し、伝えている国民の割合」の二〇〇〇年目標を五〇パーセント以上としてきたが、現状値として五〇・四パーセントとなって目標を達成している。また特に二十歳代、三十歳代において「地域や家庭で受け継がれてきた料理や味、箸使い等の食べ方・作法を受け継いでいる割合」は二〇〇〇年の目標として六〇パーセント以上としてきていたが、二〇一八年において既に六六・三パーセントを達成している。

これらを踏まえて、第四次計画では、和食文化の継承発展に関するその達成目標として「地域や家庭で受け継がれてきた伝統的な料理や作法等を継承し、伝えている国民を増やす」こととした。具体的な数値目標は、「地域や家庭で受け継がれてきた伝統的な料理や作法等を継承し、伝えている国民の割合」を現状では五〇・四パーセントであるところ、二〇二五年には五五パーセント以上に、また新たな目標指標として「郷土料理や伝統料理を月一回以上食べている人の割合」を二〇二〇年の現状では四四・六パーセントであるところ、二〇二五年には五〇パーセント以上とすることにした。

食育政策においては、この間に、若年層への和食文化の継承に特に重点を置いて、子育て世代への継承や青少年への情報発信に努めてきた。具体的には、学校給食における和食給食の普及を推進してきている。和食給食の献立の指導やレシピの提供、全国各地の和食給食事例の紹介、栄養教諭や学校栄養職員による和食給食の提案の発信などを行っている。そのほか、子育て世代に対する和食のワークショップの実施や企業の協力によって子どもたちに和食を食べてもらう「Let's　和ごはん」事業なども実施されてきた。

食育による和食と和食文化の保護・継承は、学校と家庭、あるいは子育てを通じて実現されようとしている。具体的には、和食と和食文化を伝えること、その理解を深め適切に評価すること、そしてより多くの人々に和食を食文化として定着させること、そのために学校給食を始めとした和食の提供、そのレシピや調理法の伝授、和食の作法の教育機会などを、多様な場と手段で実現しようとしているのである。

これらは、和食文化の教育政策ということもできる。和食文化の発展可能性は、こうした和食の食育成策によるところも期待されるのである。次の世代に歴史的遺産として引き継ぐのみならず、生活文化として継承・発展を目指すこととしており、そのための和食と和食文化の教育政策が展開されている。

(4) 和食の文化政策

ユネスコの無形文化遺産登録でもよくわかるように、和食は文化政策にも深くかかわるのであり、和食文化政策というべき領域がある。二〇〇一年に制定され二〇一七年に改正された「文化芸術基本法」においては、生活文化の例示の一つとして、茶道、華道、書道とともに「食文化」が位置付けられている。国は、食文化の振興を図るとともに、これらに関する活動への支援その他の必要な施策を講ずることとされている（同法第12条）。食文化は、生活文化の重要な柱であり、その例示として食文化が示されている。二〇一七年改正では、文化施策の推進に当たって、観光・まちづくり・産業等の関連分野との連携に配慮するよう規定されている。また、二〇一八年の文化財保護法改正では、地域における文化財の計画的な保存・活用の促進を図る仕組みが整備されることとなり、地域の食文化がクローズアップされることになった。

食文化の保護という観点では文化財保護法において、重要有形文化財として酒造用具や製塩用具、コメ作り用具、砂糖製造用具、醤油や酢の醸造用具、などが指定されている。また、重要無形民俗文化財として指定されているのは、能登の揚浜式製塩技術である。そのほか、登録有形民俗文化財にはコンニャク、茶、葡萄酒、梨、寒天などの栽培、加工、製造用具が指定され、記録作成等の措置を講ずべき無形の民俗文化財には、酒造習俗や酒樽製造技術、発酵茶の製造技術などが指定されている。これらは従来型の歴史文化的な遺産遺物の保護政策の延長でもある。

文化庁ではその他の食文化施策も様々に展開している。生活文化としての食文化の保護と継承として、より地域の食文化に着目した取組も進んでいる。日本遺産において、食文化関係が含まれる事例を認定しており、日本茶（京都府）、醤油醸造（和歌山県）、「琉球料理」と「泡盛」（沖縄県）、「伊丹諸白」と「灘の生一本」（兵庫県）などが指定されている。また、「文化芸術創造拠点形成事業」において、地域に伝わる食文化を体感・発信する事業等を鶴岡市、金沢市、名古屋市などで支援している。「文化芸術による子供の育成事業」において、専門家を小学校・中学校等へ派遣し郷土料理に関する講話、調理実習等を長野市で実施している。「伝統文化親子教室事業（地域展開型）」において、地域の伝統料理の体験活動等、食文化の継承の取組を徳島県つるぎ町ほかで支援している。「第34回国民文化祭・にいがた2019」において、「日本料理の饗宴～よみがえる豪農伊藤家の婚礼料理～」（新潟市）、「雪国の料理教室」（南魚沼）などが取り上げられている。

農林水産省でも和食文化情報発信事業の取組がある。前述したように二〇一六年から「行事食」や「郷土料理」等和食文化の普及のため、全国子ども和食王選手権を開催している。二〇一六年から一八年まで和食継承普及事業として、子育て世代向けに和食文化への理解を深め実践してもらうためのワークショップを全国で開催、乳児・幼児検診等で子育て世代と接する機会の多い自治体の栄養士等向けに和食文化を継承してもらうための研修会を全国で実施している。また、二〇一九年からは和食文化継承の人材育成等事業として、子育て世代や子供たちに対して和食文化の普及活動を行う中核的な人材の育成を実施している。

和食文化の維持発展のための政策展開としては、文化政策としての和食の保護と保存、その維持と継承、さらには教育啓発と発展政策が、文化振興政策としても推進されているといえよう。保護や保存を基礎としながら、その継承と維持を積極的に進めようとしている。そのための具体的な手法は、文化財保護型の施策と、生活文化の継承発展のための次世代教育にかかわる施策に重点があるといえそうである。

(5) 和食の地域政策

和食や和食文化の重要な特徴の一つは、郷土料理に代表されるようにそれぞれの地域に特徴的な和食や和食文化があるという点であり、その保護と継承が、日本の和食文化の保護と継承あるいは発展に向けての政策課題となっている点にある。国においては、こうした和食文化を保護・継承し、また世界に発信することで和食文化の確立を図ろうとしている。その一方で、地方自治体においては、郷土料理やその食文化は地域社会の文化統合のシンボルであり、地域社会の発展のための貴重な資源でもある。地方自治体では、食育や健康づくりのみならず、それぞれの食文化に着目して、政策展開を始めている。

地方自治体における郷土料理や地域の食文化の保護と継承の背景には、それぞれの地域づくりの取組として、農林水産業の活性化、その流通・加工・消費による地域経済の発展や日常生活の豊かさの確保、そして地域の生活文化の継承とそのアイデンティティによる地域の活性化、さらには食文化が持つ諸資源を活用した地域活性化などが模索されている事情がある。二〇一五年制定のまち・ひと・しごと創生法に基づく地方創生総合戦略としても位置付けられる食文化政策や特産品政策がある。

実際に、観光のような産業経済活動の進展は、食文化や郷土料理、特産の食品の活用などと容易に結びつく。食育に着目した新たな教育体系の構築においては、全国的にも地産地消と学校教育や学校給食における地元料理への注目や提供などが進んでいる。健康な食による保健政策という観点からは、和食の健康への寄与を基礎とした健康づくり運動やヘルスツーリズムの動きもある。調理法や食事の様式（料理のコース設定等）の保護と継承・発展については、日本料理の伝統の継承やその革新が試みられている。食や食材の伝統技術の保護継承や技術開発についても、地域の特性を生かし、特定の産品の地域表示や商標登録など地域ブランド化などを目指し、産業としての発展を考えているところも見られる。

地域づくりないしはまちづくり全体を食文化の観点から進めて行こうとする地方自治体も登場してきている。一つは、鶴岡市である。ユネスコの創造都市ネットワークに食文化部門で加盟しており、日本では最初に認定された都市である。このネットワークは、国際的な都市の連携により創造的な地域産業の振興、文化の多様性の保護、世界の持続可能な発展に寄与することを目的としている。そのために鶴岡食文化創造都市推進協議会を設置し、食文化の次世代継承と関連産業の振興を目指しており、生産者・料理人・研究者・行政による在来作物の価値の見直しなど公民の連携を進めている。また鶴岡市では食文化プロジェクトとして、特産品や時代の担い手の紹介、食文化にかかわるイベントや活動の広報など地域の食文化の情報発信に努めている。

小浜市も「食のまちづくり」を目指す都市である。二〇〇八年に「食のまちづくり条例」を制定し、原則を定めて基本計画の策定や施策展開を規定している。そのため、食にかかわる産業振興や観光・交流の推進、健康福祉の増進、教育、環境保全や食の安心安全など、まちづくりの全方位にわたる施策が、食をめぐって位置づけられている。その中でもすべての子どもたちに郷土の食材や料理体験を試みるキッズキッチン、それを実施する場であり食文化発信の拠点ともなる「御食国若狭おばま食文化館」の設置運営、健康づくりと関連させた元気食生活実践ガイドの作成、小浜市元気食育推進計画の策定などの特徴的な施策が進んでいる。

食文化の位置づけは基本的には前述した通りではあるが、それぞれの地方自治体によって特徴があり、独自の展開が試みられているところも多い。京料理で知られる京都府では二〇一二年に「京料理・会席料理」を無形文化財に指定し、京都市では「京都をつなぐ無形文化遺産」制度を設けて、二〇一三年には「京の食文化」を、二〇一七年には「京の菓子文化」を選んでいる。新潟県では、酒造組合と「日本酒学センター」を設置し、新潟大学とも提携して分野横断的な教育研究を進めている。このほか各都道府県や市町村では、それぞれの郷土料理や食文化を無形民俗文化財として、また特産品の保護振興策として、政策展開をしている。

四……和食と和食文化の総合政策に向けて

(1) 和食と和食文化の多様性に着目する政策の必要性

我々が議論の対象とする和食については、それを捉える視点にも留意が必要である。和食が意味しているのは単なる食材や調理法の問題ではなく、それが日本の気候風土や歴史文化によって発達してきたこと、したがって、時と場所によって大きく異なった存在でありながら、なお和食という枠組みで理解できるということである。和食を和食たらしめている共通の枠組みは、和食の材料調達から消費後の循環までを捉える視点と、それが歴史的地域的に形成されてそれぞれに固有性を持っていること、したがって和食の範囲に入る料理のレパートリーは無限大に広がる可能性がありながら、なお、和食の文化として一体性を保持していることになる。

別の言い方をすれば、和食の大きな特徴は和食といいながらその多様性と変化にあり、それを踏まえた捉え方をしなければ和食を語ることは難しいのである。その時、政策という観点から和食をどのように理解していけばよいのか、そして少なくとも和食の維持や発展を目指すとすれば和食の政策はどのように展開していくことが望まれるのであろうか。

和食の政策、あるいはその背景にある和食文化の政策を考えようとするときに、和食の多様性とその変化の多様性の二つに着目しなければならない。そしてその和食の文化が持っている多様性と可塑性にも合わせて注目しなければならない。加えて、文化に着目するとき、文化政策もまた多様性と生成発展を基本的な性格とすることに注目しなければならない。和食と和食文化の政策を考えるとき、そうした視点をいかに組み込んでいけるのであろうか、それが次の課題である。

(2) 和食と和食文化の政策を総合的に考える必要性

それでは、実際に、和食と和食文化の政策を考えようとするときに、どのようにその多様性を組み入れて行けばよいのであろうか。その鍵は、総合政策的に考えるという点にある。多くの分野に関係する政策であり、長い歴史と文化を持つ政策であり、地域性や時代性が強く反映される政策領域であることを踏まえて考えるなら、和食と和食文化の政策は、従来の政策分野や専門領域あるいは役所の所管範囲を超えたものとならざるを得ないのであり、学問的に言えば学際性や超学際性に当たるところが重視されなければならない。それをここでは和食と和食文化の総合政策ということにしたい。

もちろん政策論として基本的な前提として第一にはその政策の目的が明らかにされなければならない。和食の理想の在り方を実現することが究極の目的であることは言うまでもないが、そこに至るための中間的な目的や様々な具体的目標が設定できる。そして第二には、その目的を達成するためにどのような手段を用いるのかを考える必要がある。第三にそれが誰のものとしての政策であるのか、そして第四にだれのための政策であるのか、第五にその政策は誰が担うのか、人々や団体つまりは政策の主体が誰であるのかを考えなければならない。そして第六に、どのようにして実現できるのか、実行体制や組織がなければならない。最後に、政策として、本当に成果を生み出すことができているのか、途中段階でも最終段階でも検証しておかなければならない。

このような政策の基本的な視点に基づきながら、なお、和食と和食文化が持つ多様性多元性に対応した政策を考えようとするとき、単線的な目的と手段のセットとしての政策の議論では十分に対応できないことも確かであろう。そこで必要となるのが、総合政策的な視点である。和食を政策という側面から理解し、和食の本質を政策的に解明するとともに、和食が必要とする政策を考えるには、食と食文化が持つ豊富な意味内容に対応できる枠組みが必要であり、それはいわば総合的体系的に政策を構築していくことにおいてはじめて可能となる。

そこにおいて必要とされる視点の第一は、食の基本となる食材の全プロセスを捉える必要があるという点である。原材料の生産、流通、加工、調理、提供、摂食、廃棄にいたる循環的なプロセスを、政策的な視点でとらえ直すことが必要であるし、そのことによって和食と和食文化の本質の基盤を政策的に考えることができる。

第二の視点は食が持つ文化的な基盤やそれを培う歴史や風土への注目である。郷土料理や地域の食材に特徴づけられる和食は、そうした多様性が歴史的に風土的に醸成され作り上げられてきた食文化を背景としており、その食習慣は生活文化として人々の中に息づくことになる。食文化の持つ空間的時間的な多様性に基づいた政策を議論しなければならない。

第三の視点は、和食がきわめて個人的な意識と行為に基づいて選択されている一方では、それは食の習慣としてまた食の文化として人々の中に息づいているという点である。一方では、変わりにくい保守的な個人の意識と行動がありつつ、他方では新しいものに容易に好みを変え関心を向ける食の習慣もある。和食と和食文化の保守性と革新性の双方に着目しなければならない。

第四には、変化にさらされている和食という観点からは、和食の危機あるいは和食の変化をどのようにとらえるかという観点から政策を考えるという点である。和食と和食文化は、常に変化にさらされ、その一体性の危機に直面し続ける。そうした変化をどのように捉えて政策的対応を考えていくのか、その際に変化の中にどのような政策価値を見出すのか。まさに総合的かつ体系的に和食と和食文化を考えざるを得ないことになる。議論はあるとしても、和食と和食文化の保護や維持発展をめざす政策的な観点からの検討においても、こうした変化を踏まえた議論は必要と考える。

(3) 和食と和食文化の総合政策に向けて

和食や和食文化を総合政策的に見る場合の政策科学的視点はどのように構成できるのであろうか。そこで考えるべき論点あるいは留意点をいくつか明らかにし、今後の課題解決に向けての手掛かりとしておきたい。

前節で触れたように、和食とその食材が様々な分野にかかわっていること、歴史や文化そして地域性に大きく左右されて多様であること、そして世界とのかかわりにおいても常に変化の中にあることといった点から、その政策の前提条件における広がりが大きいという点にまず注目しなければならない。和食や和食文化の政策は、政策対象や政策目標という観点からも、政策主体という観点からも極めて広い範囲にかかわる問題を考えなければならないのである。

政策主体という観点からは、既にふれてきたように、和食や和食文化の政策にかかわっているのは、国や地方自治体、その政治や行政などでいわれる政策はもちろん、民間企業の経営戦略や経営政策、あるいは個人でいわれる政策や人生設計、そしてそれらに相当していたり類似していたりする性質のもので、多くの異なる言葉で使われているものがすべてかかわってこざるを得ないのである。

同時に政策対象という点では、単に「食」の材料というだけではなくそれを扱う人や場を問題にし、その背景にある社会や経済そして政治や行政を問題にし、その歴史やプロセスを踏まえ、その文化や風土を勘案しなければならない。生産から廃棄そして循環に至るプロセス、またその中での各局面、例えば生産における投入から収穫までのプロセスへの注目が、歴史文化的にまた風土的にも多重的に求められるのである。

政策の目的という点でも前述のように、多様な目的が相互に複雑に絡み合っているのが、和食と和食文化の政策の特徴である。一般的には和食と和食文化の保護・継承そして発展を目指すとしても、その具体化のために獲得すべき目標は多様に広がっている。生産、流通、消費だけではなく、教育や啓発において、空間的にも時間的にも多様な目標設定を余儀なくされているのである。

政策目的を実現する手段という点でも多様な視点が求められる。情報提供型、サービス給付型、そして規制統制型の政策が考えられるが、現時点では、和食や和食文化については、保護や継承に焦点があり、教育政策や啓発政策に重点があるように見える。また、実際に効果がありそうなのは和食給食のようなサービスであり、学校の食育のような教育サービスによるところの効果が大きい。もちろん食品の品質や原産地呼称などの規制などにより和食の保護を考えることもでき、直接間接に国民に和食を義務付けることも考えられないわけではないが、太平洋戦争時の食料統制のような事態でも発生しない限り大きな効果を発揮することは考えにくいかもしれない。

ともあれ、和食と和食文化の政策が含んでいる範囲は、政策の体系という言葉で言い表されるだけではなく、そこに総合性がなければならないところまで広がっていく。一つの政策に見えるものの中に、複数の政策が含まれており、上位と下位の関係にある政策のグループが見いだされる場合が実際にはほとんどである。また、別の政策と思っていた政策同士が、相互に関係しあって政策の効果を高めているといったポリシー・ミックスの状況も見られる。政策は一つの目的で成り立っているわけではないし、その実現方法が一つに限定されてもいないということである。目的の実現のためにはより多くの具体的な目標を実現していく必要があり、その目標ごとにまた実現手法が複数あるといった具合である。そしてそれらの政策を決定し実行して行く作業も、同様に複雑な多くの活動の集合となるのである。

和食を政策という側面から理解し、和食の本質を政策的に解明するとともに、和食が必要とする政策を考えるには、どの主体であれ、どのレベルの政策であれ、総合的かつ体系的に政策を構築していくことが必要となる。和食や和食文化の問題状況あるいは和食の変化をどのようにとらえるかは、議論はあるとしても、和食の保護と継承、その維持発展をめざす政策的な観点からの検討の条件は明らかである。もちろんこれらすべてを組み込むことは難しいが、同時に様々な主体が、和食と和食文化政策の特性を理解してその公共政策決定に取り組むことは可能である。

おわりに

和食や和食文化の政策は多様に展開されているが、本章ではこれらの政策の基本に触れつつ、これから必要とされる総合的体系的な政策展開について検討を深めることとした。実際に和食に関する政策の範囲は広く、和食文化政策といっても、和食の食材や調理に関する政策、和食の教育政策、農林漁業政策、農山漁村政策、食料政策、流通政策、食品産業政策、食品安全政策、消費者保護政策など多様である。そこにかかわる和食の政策の対象についても、多様な食材、多様な流通、多様な調理、多様な摂食形態、多様な廃棄方法など、地域と時代による違いと変化は大きい。また和食の政策には多様な担い手と多様な対象がかかわっており、国と地方自治体、民間営利企業、民間非営利団体、市民、その他の利害関係者、現実には事業者、生産者、消費者などが関係者となっている。

和食は政治的に重要な意味があり、そもそも食料の確保は政治や行政にとって優先的課題である。また食文化は、一国の歴史や文化、また国内各地域の歴史や文化にとって、重要なシンボルでありアイデンティティでもある。そうした和食の保護と継承、また維持発展のための政策展開が求められている。

総じて和食文化の維持発展には、次の世代に、歴史的遺産として引き継ぐだけではなく、社会・経済・環境などの条件変化の中で、未来に発展的に展開できるための政策が求められている。そのためには、分野を横断し、様々な主体を通じて、多元的な時間軸や空間軸を通観する総合性や体系性を備えた総合政策的な視点が重要となる。

さらに学びたい人のために

小林哲『地域ブランディングの論理——食文化資源を活用した地域多様性の創出』（有斐閣、二〇一六年）
小林真理編著『文化政策の現在1 文化政策の思想』（東京大学出版会、二〇一八年）
佐藤一子『地域文化が若者を育てる——民俗・芸能・食文化のまちづくり』（農山漁村文化協会、二〇一六年）
新川達郎編著『政策学入門——私たちの政策を考える』（法律文化社、二〇一三年）

演習問題（ディスカッションの材料）

1．「和食政策は多様な対象を扱うことを必要としているがその代表的な料理一品を選んでその背景にある政策を考えてみよう」
＊多様な食材、多様な流通、多様な調理、多様な摂食形態、多様な廃棄方法、地域と時代による

違いと変化が、和食の背景にある政策に表れている。

2.「和食文化を保護し継承していくために、学校の食育においては何をすることが有効なのか考えてみよう」

＊文化としての和食の維持発展政策には、教育や啓発が欠かせないが、現実にどのような方策がとられているのか、それらが効果的に実践されているのか、検討しておく必要がある。

3.「郷土料理や地域の食習慣について調べてみよう。地域の食文化がどの様に作り上げられているのか、地域の食材とどう結びついているのか、考えてみよう」

＊郷土料理や地域での食の習慣は、和食の基礎であり、その保護や継承は重要な課題となっている。

4.「和食は生活文化として文化政策に位置付けられているが、和食の保護と継承を目指すには和食文化政策における具体的な方法としてどのような手段をとればよいかを考えてみよう」

＊和食文化政策の発展可能性を考えるには記録保存だけではなく、次の世代に、歴史的遺産として引き継ぐという視点が重要であり、そのための政策として日常の実践につながるものが必要となる。郷土料理や地域の食文化はその手掛かりとなる。

おわりに

わたしたちはこれまで、和食の多様な側面に目を向けてきた。人が生きるためになにかを食べる。これだけのことに、なぜ、これほどの彩りがあるのか。それは食というものが、人びとの社会生活のありようを刻み込んだ文化だからにほかならない。たとえば食には歴史の文化が刻み込まれる。今宮神社のあぶり餅、下鴨神社のみたらし団子、北野天満宮の粟餅や長五郎餅、三宅八幡宮の鳩餅、城南宮のおせき餅など、京都の、少し郊外にある寺社仏閣の門前（あるいは境内）ではしばしば、素朴な餅菓子や団子を売っていて、これが名物になっている。そしてだいたいの場合、これらの菓子には、豊臣秀吉が褒めたので名を馳せたとか、昔の人びとが食べて飢餓を凌いだとか、誰かの歌に詠まれたといった、その起こりについての物語がある。場所と歴史、食材と製法とが結びつき、できあがったその文化の結晶としての餅を食べると、まるで自分が歴史上の人物にでもなったかのような気がしてくることもある。

さて、和食の文化はいま、その価値が世界に認められる一方で、様々な問題にも直面している。行事食や郷土料理の忘却、人びとの暮らしからの季節感の喪失、食生活の変化、農業の衰退、飲食店の人手不足等々である。そうした様々の問題について考えるには、一面的なものの見方では足りず、多角的でバランスの取れた見方と幅広い知識が欠かせない。その理由は第一に、食文化の問題は常に複合的な要因から生じるからであり、第二に、副産物として生じる弊害に目をつぶりながらいずれかの解決を優先させる、というやり方が、現代社会ではなかなか許されないからである。

たとえば、日常の食卓に、栄養バランスにすぐれた一汁三菜を毎日用意するような家庭は少なくなってきている。この傾向の背景にあるのは、外食や中食の普及、料理をつくる人の技術の低下、主なつくり手であった女性の社会進出、食嗜好の変化、伝統的価値観の希薄化などの複合的な要因である。これらを余すところなく見通し、また要因間の相互関係を把握するには、人間について、社会について、食材について、食品について、栄養について、調理法について、文化について、技術について、経営について、制度について、歴史について、倫理について、価値観について、人権について等々の広い視角と知識が身についていたほうがよい。では、これを解決するために、時計の針を巻き戻して、再び女性を家の中に閉じ込め、家事に専念させる世の中をつくればよいのか。もちろんそんなことはないだろう。わたしたちは、食にかかわる性別役割分業

――女性が家の中で食べものをつくり、外で働いている男性はそれを食べるだけ――が、いかに女性たちを抑圧してきたか、またその抑圧がいかに根深く残り続けているかを認識しているし、それがどれだけ社会の多様性を損なってきたかも知っているはずである。

こうしたわけで、和食文化についてよりよく知り、その実践的諸問題に取り組んでいくためには、せいいっぱい目を見開き、幅広い知識と物の見方、考え方を吸収していく姿勢が大事になる。この態度はまた、急激に変化していく食環境に適応していく力を得ることにつながるだろう。この本を準備しているあいだにも、コロナ禍により食の世界は大きく様変わりしてしまった。飲食産業は大きな打撃を受けた。事業縮小、休業、倒産、リストラなどが、いたるところで起きている。それだけでなく、コロナ禍は、人の社会生活に欠かせなかった、共飲共食の根本を揺るがしている。人と同じ食卓を囲んで言葉を交わすことや、心を通わせることが、感染病のおかげで難しくなってしまった。コロナ禍をどう乗り切って和食文化の次のページを綴っていくか、この本に直接の答えが書かれているわけではないけれども、目を配るべき事柄と、とるべき心構えについての示唆は得ることができるはずである。

本書の「はじめに」で述べたように、和食に明確な定義を与えるのは難しい。しかし、本書を通してその多様性――たとえば和食の空間・和食のいろいろ、和食の歴史・和食の変遷、和食の材料、和食の思想、宗教、教育の違い――について学んできたなら、和食とは何か、このことがおぼろげながらもみえてきたのではないかと思う。和食の文化は多様であるから、この本でもカバーしきれなかったトピックも多い。いくつか挙げてみれば、菜食主義（ヴィーガニズムなど）と食倫理の関係、衛生面や安全性の問題などの食糧の安全保障、多文化性を備える家族の食習慣についてなどの食の多文化共生、列島規模の食の歴史の全体像の解明、環境変化による食生活への影響、災害と食の関係などのトピックは、今後の検討課題になるだろう。

まだ取り組むべきことは山のようにある。本書執筆の母体となった和食文化学会をはじめ、和食にかかわる人びとが手をたずさえてこれに向き合い、考えていかなければならない。読者のみなさんも、ぜひ、この本を片手に、和食文化の様々な側面に目を向け、積極的にその世界に飛び込んでいってほしい。この希望を添えて筆を置くことにする。

平本　毅
アイスン・ウヤル槙林
鎌谷かおる

執筆者一覧

【編者】

佐藤洋一郎（さとう・よういちろう）

京都府立大学教授、総合地球環境学研究所名誉教授。専門は植物遺伝学。

主な著書に『森と田んぼの危機』（朝日新聞社、一九九九年）、『イネの歴史』（京都大学学術出版会、二〇〇八年）、『食の多様性』（勉誠出版、二〇一四年）、『食の人類史』（中央公論新社、二〇一六年）、共編著に『海の食料資源の科学――持続可能な発展にむけて』『縮小する日本社会――危機後の新しい豊かさを求めて』（生命科学と現代社会シリーズ、勉誠出版、二〇一九年）などがある。

【執筆者】（掲載順）

アイスン・ウヤル槙林（あいすん・うやるまきばやし）

同志社大学グローバル地域文化学部准教授。専門は国際関係論、国際政治経済、地域主義、地域環境ガバナンス。

主な論文に"Regional Cooperation while Responding to Environmental and Infrastructural Changes", in In the Way of the Road: The Ecological Consequences of Infrastructure, Eds. Richard T. Griffiths and Alice C. Hughes, 2021, "Environmental Regionalism in East Asia", in Globalizing Regionalism and International Relations, Ed. Beatrix Futak-Campbell,2021などがある。

熊谷真菜（くまがい・まな）

食文化研究家、日本コナモン協会会長、全日本・食学会理事。

同志社大学大学院文学研究科修了。
主な著書に『たこやき』（講談社文庫、一九九八年）、『ふりかけ――日本の食と思想』（学陽書房、二〇〇一年）、『大阪新発見散歩』（編著、昭文社、二〇〇一年）、『大阪たこ焼33ヵ所めぐり』（西日本出版社、二〇〇三年）、『「粉もん」庶民の食文化』（朝日新聞社、二〇〇七年）などがある。

朝倉敏夫（あさくら・としお）
国立民族学博物館名誉教授。専門は文化人類学、韓国社会論。
主な著書に『世界の食文化　①韓国』（農文協、二〇〇五年）、『韓国食文化読本』（国立民族学博物館、二〇一五年）、『コリアン社会の変貌と越境』（臨川書店、二〇一五年）などがある。

柿木央久（かきのき・てるひさ）
株式会社太郎カンパニー代表取締役・株式会社くいだおれ専務取締役・音楽批評家。
主な著書に『決定盤 ボサ・ノヴァCD100選』（河出書房新社、二〇〇五年）、『ばかたれ、しっかりせくいだおれ会長山田六郎伝』（講談社、一九九六年）『くいだおれ太郎のつぶやき』（共著、マガジンハウス、二〇〇八年）、『大阪がもし日本から独立したら』（マガジンハウス、二〇一〇年）、『大阪ブルース！』（Sankei Web、連載二〇一五～二〇一八年）、記事に「ボサノヴァに想いあふれて」（BRUTUS、一九九三年十月十五日号）などがある。

鎌谷かおる（かまたに・かおる）
立命館大学食マネジメント学部准教授。専門は歴史学（日本史）。
主な編著書に『気候変動から読みなおす日本史　第五巻　気候変動から近世をみなおす――数量・システム・技術』（共編著、臨川書店、二〇二〇年）、『気候変動から読みなおす日本史　第一巻　新しい気候観と日本史の新たな可能性』（共編著、臨川書店、二〇二一年）、論文に「日本近世における年貢上納と気候変動――近世史研究における古気候データ活用の可能性をさぐる」（『日本史研究』六四六号、共著、二〇一六年）などがある。

野中朋美（のなか・ともみ）
立命館大学食マネジメント学部准教授。専門は生産システム工学、サービス工学。
主な著書に『食の設計と価値づくり』（共著、昭和堂、二〇二一年）、論文に「顧客満足度を考慮した従業員満足度モデル――レストランにおける職種による差異の分析」（共著、『日本経営工学会論文誌』Vol.67No.1、二〇一六年）、Takeshi Shimmura, Tomomi Nonaka, Satomi Kunieda, Service Engineering for Gastronomic Sciences: An Interdisciplinary Approach for Food Study, Springer, 2020などがある。

奥村彪生（おくむら・あやお）
伝承料理研究家。奈良県香芝市「奥村彪生料理スタジオ・道楽亭」を主宰。日本各地の伝承料理を記録やフィールド調査を基に復元を試みるなどの活動を一貫して行ってきた。その成果の一部である全国各地の「雑煮」の復元は、福井県小浜市の「食文化館」に展示されている。
主な著書に『聞き書――ふるさとの家庭料理』解説執筆（農山漁村文化協会、二〇〇二年）、『増補版日本めん食文化の一三〇〇年』（農山漁村文化協会、二〇一四年）、『日本料理とは何か――和食文化の源流と展開』（農山漁村文化協会、二〇一六年）などがある。

赤嶺　淳（あかみね・じゅん）
一橋大学大学院社会学研究科教授。専門は食生活誌学。
主な著書に『ナマコを歩く――現場から考える生物多様性と文化多様性』（新泉社、二〇一〇年）、『鯨を生きる――鯨人の個人史と鯨食の同時代史』（吉川弘文館、二〇一七年）、『マツタケ――不確定な時代を生きる術』（翻訳、みすず書房、二〇一九年）などがある。

石川智士（いしかわ・さとし）
東海大学海洋学部教授。専門は国際水産開発学・地域研究。
主な編著書に『地域が生まれる、資源が育てる』（共編著、勉誠出版、二〇一七年）、『地域と対話するサイエンス』（共編著、勉誠出版、二〇一七年）、『海の食料資源の科学――持続可能な発展にむけて』（共編著、勉誠出版、二〇一九年）などがある。

中村考志（なかむら・やすし）
京都府立大学文学部和食文化学科教授（兼任：京都府農林水産技術センター研究調整役）。専門は食科学。

主な論文にNakamura, Y., Sasaki, A., Park, E.Y., Kubo, N., Nakamura, T., Kubo, Y., Okamoto S, "Expectations of health benefits in plant materials in Southeast Asia based on Washoku (Japanese cuisine) study focusing on Kyo-yasai (heirloom vegetables in Kyoto)", Mahidol Univ. J. Pharm. Sci., 42, 2015, Nakamura, T., Nakamura, Y., Sasaki, A., Fujii, M., Shirota, K., Mimura, Y., Okamoto, S., "Protection of Kyo-yasai (heirloom vegetables in Kyoto) from extinction: a case of Sabaka-daikon (Japan's heirloom white radish, Raphanus sativus) in Maizuru, Japan", J. Ethn. Foods, 4, 2017, Sasaki, A., Nakamura, Y., Kobayashi, Y., Aoi, W., Nakamura, T., Shirota, K., Suetome, N., Fukui, M., Matsuo, T., Okamoto, S., Tashiro, Y., Park, E.Y., Sato, K., "Contribution of Katsura-uri (Japan's heirloom pickling melon, Cucumis melo var. conomon) at the completely ripe stage to diabetes control", J. Nutr. Sci. Vitaminol., 66, 2020などがある。

末原達郎（すえはら・たつろう）

龍谷大学農学部教授、京都大学名誉教授。専門は比較農学論、食料人類学、農業経済学。

主な著書に『赤道アフリカの食糧生産』（同朋舎出版、一九九〇年）、『人間にとって農業とは何か』（世界思想社、二〇〇四年）、『文化としての農業・文明としての食料』（人文書館、二〇〇九年）などがある。

平本　毅（ひらもと・たけし）

京都府立大学文学部和食文化学科准教授（大阪経済大学非常勤講師）。専門はサービスマーケティング、社会学。

主な論文に「どんな店か、どんな客か――江戸前鮨屋の注文場面の応用会話分析」（水川喜文、秋谷直矩、五十嵐素子編『ワークプレーススタディーズ――働くことのエスノメソドロジー』共著、ハーベスト社、二〇一七年）、「鮨屋の注文場面における「時間」への意味付与の会話分析」（『社会言語科学』21（1）、共著、二〇一八年）、Yamauchi, Y., & Hiramoto, T. Performative Achievement of Routine Recognizability: An Analysis of Order Taking Routines at Sushi Bars. Journal of Management Studies, 57(8), 2020などがある。

櫻井　要（さくらい・かなめ）

別府大学食物栄養科学部食物栄養学科助教。専門は栄養教育論。
主な著書に『ごちジャパハンドブック（消費者ニーズ対応型食育活動モデル事業）』（一般社団法人京都府北部地域・大学連携機構、食育監修、二〇一六年）、『ごちジャパプロジェクト報告書（消費者ニーズ対応型食育活動モデル事業）』（第二章担当、一般社団法人京都府北部地域・大学連携機構、二〇一六年）、「報告：未就学児、小・中学生の親の食に関わる意識調査」（『和食文化研究』創刊号、共著、二〇一九年）などがある。

濱崎加奈子（はまさき・かなこ）
京都府立大学准教授、公益財団法人有斐斎弘道館館長。専門は食芸術学、伝統文化。
主な著書に『京菓子と琳派――食べるアートの世界』（淡交社、二〇一五年）、『香道の美学――その成立と王権・連歌』（思文閣出版、二〇一七年）、『平成のちゃかぽん――有斐斎弘道館　茶の湯歳時記』（淡交社、二〇一七年）、『京都かがみ』（MdN出版、二〇二一年）などがある。

新川達郎（にいかわ・たつろう）
同志社大学名誉教授、和食文化学会副会長。専門は公共政策論、行政学。
主な論文に「「和食文化学」における政策科学からのアプローチ」（新川達郎『和食文化学』創刊準備号、二〇一八年三月）、「和食とその文化の継承のための総合政策とは（特集 和食とは何か）」（『科学』第88巻第12号、二〇一八年十二月）、「大学生の食行動に影響する要因探索研究――和食文化の視点から」（太田はるか・新川達郎『和食文化研究』第2号、二〇一九年十二月）などがある。

編者略歴

佐藤洋一郎（さとう・よういちろう）

京都府立大学教授、総合地球環境学研究所名誉教授。専門は植物遺伝学。

主な著書に『森と田んぼの危機』(朝日新聞社、1999年)、『イネの歴史』(京都大学学術出版会、2008年)、『食の多様性』(勉誠出版、2014年)、『食の人類史』(中央公論新社、2016年)、共編著に『海の食料資源の科学――持続可能な発展にむけて』『縮小する日本社会――危機後の新しい豊かさを求めて』(生命科学と現代社会シリーズ、勉誠出版、2019年)などがある。

知《し》っておきたい和食《わしょく》の文化《ぶんか》

編者　佐藤洋一郎

制作　㈱勉誠社

発売　勉誠出版㈱

〒101-0061 東京都千代田区神田三崎町二―一八―四

電話　〇三―五二一五―九〇二一㈹

二〇二二年二月十日　初版発行

印刷・製本　中央精版印刷

ISBN978-4-585-33001-1　C0039

食の多様性

安さの追求と大量生産の結果、食の多彩な世界が危機に瀕している。植物遺伝学の大家が、食材、調理法、生産地等の切り口から、食の大切さ・面白さを語り尽くす。

佐藤洋一郎 著・本体一八〇〇円（+税）

食卓の日本史
和食文化の伝統と革新

世界に誇る和食。食材の広がりや食事の作法まで、歴史的検証を重ねながら、長く深い伝統を持つ日本人の食の知恵を紹介する。読めば腹鳴る、日本食卓事情。

橋本直樹 著・本体二四〇〇円（+税）

知っておきたい和食の秘密

海山の潤沢な恵みを、ゆっくりと時間をかけて料理する和食。豊富なエピソードで和食のさまざまな秘密を解き明かしながら、日本の豊かな食文化とその底に流れる精神を探求する。

渡辺望 著・本体九〇〇円（+税）

くいもの
食の語源と博物誌

天麩羅・鮨・おでんにかまぼこ・蕎麦・ちくわから餃子にハヤシライスまで。身近な食べ物の語源を辞書・随筆ほか諸文献から博捜。日本人の知恵と感性を味わう。

小林祥次郎 著・本体一六〇〇円（+税）